羅馬人的故事X

條條大道通羅馬

塩野七生　著
鄭維欣　譯

三民書局

作者介紹

塩野七生

一九三七年七月生於東京，畢業於學習院大學文學部哲學系，一九六三～一九六八年間遊學義大利。一九六八年開始寫作，於《中央公論》發表〈文藝復興的女性〉。一九七〇年，首部長篇作品《凱撒波吉耳抑或優雅的冷酷》獲頒每日出版文化賞，之後長住義大利。一九八二年以《海都物語》得到三多利學藝賞。一九八三年，獲頒菊池寬賞。自一九九二年起，以羅馬帝國千年興亡為題，著手寫作《羅馬人的故事》系列，並以每年一部作品的速度發表。一九九三年《羅馬人的故事I》獲頒新潮學藝賞。一九九九年再獲司馬遼太郎賞。二〇〇一年發行《塩野七生文藝復興著作集》共七冊。二〇〇二年榮獲義大利政府頒授國家功勞勳章。二〇〇五年獲日本政府頒贈紫綬褒章，二〇〇七年再獲文部科學省評選為文化功勞者。

三十周年經典紀念版序

《羅馬人的故事》新版發售之際，作者送給臺灣讀者的話

這部既不算是研究歷史的專業書籍，也不是歷史小說，在歐洲稱之為「歷史散文」的作品，我持續執筆了半世紀多，最在意的其中一件事情就是，為什麼這個國家能在完全認同個人思想與表現的同時，維持歷時長久的獨立與繁榮。

因而執筆了《羅馬人的故事》與《海都物語》兩部作品。《羅馬人的故事》是為了想知道大國發生過什麼事。另一部《海都物語》則是因為想了解，為何即使是小國，在確保個人思想與自由表達下，同時也能達成國家的獨立與繁榮。

其次，舉例古羅馬帝國與中世紀文藝復興時期的威尼斯共和國作為代表大國與小國的典範，也是有原因的。因為這兩國即使國家規模大小有所不同，卻都有能享逾千年長壽的共同點。有些國家在鎖國的情況下也維持了長治久安。像是古希臘的斯巴達或江戶時期的日本。然而，持續開國方針而能長命百歲的國家卻很少。羅馬與威尼斯在這部分也有相同點。

我同樣建議目前居住在臺灣的各位讀者也務必閱讀《海都物語》。因為日本也是小國，而

臺灣也是小國之一。小國自有小國的生存之道，只要正視這個事實，也有付諸實行的強烈意志，就會讓國家邁向獨立與繁榮。

還有，如果可以的話，再推薦各位閱讀我的另一部「文藝復興小說」（暫譯，原名「小説イタリア・ルネサンス」）全四集，我會感到十分榮幸。在這部作品中我創造了兩位虛構的主角穿插在這段真實的歷史中。希望能讓讀者領會，個人的思想與表達的自由如何能成為創新的泉源。幾乎也可以換句話說，在那種無法保證絕對自由的社會下不會產生創新。因為正是這種自由，誕生了達文西與米開朗基羅為首的義大利文藝復興。而佛羅倫斯、威尼斯，無論在地理、人口規模上都只能算是小國。

儘管如此，大國的磨難也並未比小國少。羅馬與威尼斯相比的話，無論「磨難」的種類或數量，都令人感到十分類似吧。我覺得這才是閱讀歷史真正的樂趣。因為畢竟可以說「歷史總是一再重演，只是表現的型態不同」。

二〇二二年春天，於羅馬

塩野七生

修訂二版說明

《羅馬人的故事》不是一部正統的羅馬史。

塩野七生說：

我以「羅馬人的故事」為題，如果將日文的書名譯為拉丁文，故事與歷史的意義幾乎是相通的。……使用“Gestae”這個字，所謂“RES GESTAE POPULI ROMANI”，可直接翻譯為「羅馬人的各種行徑」。

換句話說，這是一部詳盡蒐羅史籍與資料，進而細膩描繪人物的經典作品。當我們隨著作者富有文學性的筆調，逐冊閱讀《羅馬人的故事》時，便會發現比起事實的陳述討論，塩野七生在這部作品裡更著重於「人」的故事。羅馬人在面對各種挑戰時如何解決？在面對強敵的進逼時，羅馬人是如何逆轉取勝？平息內憂與外患後，又如何迎向和平？羅馬著名的公共建設，其目的是「使人過得像人」？偉大的建築背後，隱含怎樣的思考邏輯？

無論思想或倫理道德如何演變，人類的行徑都在追求無常的宿命。

隨著作者的引導，我們得以像羅馬人一樣思考、行動，了解身為羅馬人，言行背後的思想與動機。羅馬從義大利半島上的一個小部族發跡，歷經崛起壯大，終致破滅衰亡的過程，不僅是歷史上一個橫跨歐亞非三洲的輝煌帝國史，或許也可在其中發現「羅馬人」的群體生活史。

在《羅馬人的故事X——條條大道通羅馬》中，作為帝國核心的羅馬，為了實踐「使人的生活過得像人」之理想，不僅在橫越歐亞非的帝國中建造各式各樣的公共建設，也在醫療、教育、郵政制度上進行改革，只因羅馬想給予所有生活在帝國內的子民一個安穩舒適的環境，同時也悄然地將「羅馬式文化」融入各個行省當中，令人不禁思考，這是否為羅馬統御其他民族的手段？作者透過側寫羅馬人於公共建設上的思慮，讓讀者深切體會到「條條大道通羅馬」的「道」，不僅有道路之意，而是足以穩固龐大帝國的「國之根本」。

希盼本系列能與您一同思考：羅馬何以成為羅馬？羅馬的千年興衰，對世界有何影響？更重要的是，羅馬人留給現代哪些珍貴的遺產？期待在讀完本書之後，能帶給您跨越時空的餘韻。

編輯部謹識

序言

這次在本書的一開頭，筆者要將著作時遇到的問題通通攤開來，讓各位讀者知道，原本「著作」這個東西，就是要有作者與讀者雙方才能成立的表現形式。而在本書第X冊中，筆者尤其需要各位讀者的幫助。這是因為本書與之前的九冊，以及今後預定的五冊，在結構上不得不大異其趣。

當筆者開始執筆第I冊《羅馬不是一天造成的》之時，已經計畫要將全書預定十五冊的《羅馬人的故事》其中一冊特別獻給羅馬人的公共建設，而且當時也已經將標題定為《條條大道通羅馬》。因為筆者相信，不論是譯為「公共建設」、「基礎建設」也好，或是譯為「社會資本」也好，沒有比“Infrastructure”更能明確表現一個民族的資質了。

現代人對於公共建設的重要性理解甚深，這一點可說與羅馬人是共通的。現代人甚至因此稱羅馬人為「公共建設之父」。Infrastructure這個英文單字，是到了近代才出現的合成新詞。語源來自羅馬人所使用的拉丁文中，意為下部或是基礎的“Infra”，以及意為結構或建造的“structura”。而這個詞在英文以外的其他歐系語言中，也只是拼音不同而已。比方說人稱義大利文是「拉丁文的長女」，義大利文的「公共建設」則是“infrastrutura”。不管怎麼說，筆者認為語源同樣來自拉丁文這件事，就是羅馬人為「公共建設之父」的最佳證據，也足以充當將這個主題獨立成為一冊的理由了。

可是市場上卻沒有任何名為《古羅馬公共建設》的書籍存在。當筆者透過網路到各大學的出版部門調查時，所得到的答案都是「找不到此類著作」。在二十世紀，學術界盛行動員各個時代的專家為個別主題整理做統合敘述。然而在這些通史之中，卻連單獨討論羅馬公共建設的章節都沒有。為什麼沒有任何人提到呢？筆者不禁感到疑惑。而同時，筆者也感到志得意滿。因為筆者想要挑戰的，是還沒有任何學者挑戰過的領域。

到了學習研究漸深以後才知道，學者們沒有挑戰這項主題，並非因為他們不懂得羅馬公共建設的重要性，而是因為他們知道這是一項不可能綜合論述的主題。相對地，突發奇想要著作一書名為《條條大道通羅馬》，因此感到自鳴得意的筆者，才真是初生之犢不畏虎。

那麼，為什麼不可能呢？

羅馬人觀念裡的公共建設，包括道路、橋梁、港口、神殿、公會堂、廣場、劇場、圓形競技場、競技場、公共浴場、水道等。然而這僅止於硬體的部份，在軟體的公共建設部份，還包括國防、治安、稅制，以及醫療、教育、郵政、通貨系統等。如果沒有把上述的各個項目通通囊括，就稱不上已經完全探討了羅馬人的公共建設。

然而現代學術界的特徵，卻在於專門化，以及因專門化而衍生的細分化。所以學者們為了克服這個「不可能」採取的方法，就是細分成如果有人研究道路，另一個人就以橋梁做研究課題。而細分之下的結果，理所當然地往技術方面推演。以現狀而言，探討羅馬公共建設任何一部份技術問題的專書，真的是多如牛毛。

學術界既然是這個樣子，也就無法回答下面這些雖然單純，其實卻是根本的問題。為什麼羅馬人在已經有踩踏而得的道路情形下，還要花費龐大的資金與勞力鋪設羅馬式的道路？而羅馬位於臺伯河旁，又忙於處理七座山丘湧出泉水的排水問題，一點都不必擔憂用水問題，為什麼還要花費勞力興建羅馬水道，從遠處引來水源？學術研究目前無法回答這些根本的問題。

「不可能」的第二個理由在於敘述的困難。一般的歷史，好比河流一樣，可以順著時間演變從上游寫到下游。可是如果以公共建設為主題，就沒有個明確的流向了。也就是說，沒辦法順著時代演進依次敘述了。光是以道路為例，不在西元前三世紀到西元五世紀這八百年之間來回奔馳，根本無從下筆。

簡單來說，想要探討羅馬人架構的軟、硬體公共建設時所遭遇的困難，就必須自由往來橫跨歐洲、中東、北非的羅馬世界，以及長達千年的羅馬時代，具有這種超越時間、空間兩方面的能力。如果真的這麼做了，想必在現代這種講究專門細分化的學術界有可能會被打入冷宮，所以學者們不願意挑戰。而就算真的這樣做了，由於主題實在是太廣大，也有最後內容淪為淺薄的風險。

對身在學術界之外的筆者來說，這也是不能忽視的問題。因為當執筆時會感到困難，也就意味閱讀時必定伴隨著痛苦。對於筆者這種搖筆桿維生的文人來說，這實在太不利了。以筆者為例，除了冒著文章內容可能慘不忍睹的風險之外，還加上了讀者可能看不完全書的風險。連專家都不願意挑戰的困難主題，一個外行人又哪有辦法做到呢？到了這時，筆者已經開始想要放棄《條條大道通羅馬》一書了。但是在調查某件事情的時，筆者的想法又開始有了轉變。

羅馬人是個注重公共建設的民族，因而現代人稱其為「公共建設之父」，在創造公共建設這個合成詞的時候，也不得不以拉丁文為原本。我們可以說，羅馬人與公共建設之間的關係可以劃上等號，就好像每個人一定都聽過「條條大道通羅馬」這句話一樣。

那麼羅馬人的語言拉丁文之中，應該會有 **"Infra structura"** 這個詞囉？可是實際上偏偏沒有。就是因為沒有，所以到了現代才迫於需要重新造字。

羅馬人創造了那麼多質量兼具的公共建設，卻沒有用於表現這個意義的文字，不是很奇怪嗎？因為語言本是在現實中有表現意義的需要，因而創造的產物。就在筆者抱著這個想法調查的時候，發現了另一個片語。

就是 **"moles necessarie"**，如果試著翻譯的話，應該可以譯成「必需的大事業」吧！而且在使用這個片語的某段文章之前，緊接著「為了讓人的生活過得像人」這麼一句話。

這不就代表說，羅馬人認為公共建設是：

「為了讓人的生活過得像人，而必需的大事業」嗎？

這件事情讓筆者為此推敲了許久。在這件事情之前，筆者心中的概念，只知道現代產生的合成詞「公共建設」的語源，來自拉丁文的"Infra"（下部），以及"structura"（結構）。還有史學家讚賞公共建設是「羅馬文明偉大的紀念碑」。

然而在羅馬人留下的文字之中，不論是文獻也好碑文也好，都沒有任何文字意指流傳後世的紀念碑。羅馬人不是為了讓事蹟流傳後世才進行這些大事業，而是為了讓生活過得像個人才迫於需求進行的。公共建設成為羅馬文明偉大的紀念碑，也不過是個結果而已。

筆者一直推論到這裡才開始認為，不管最終結果有多不完整，還是有必要專門為羅馬的公共建設寫上一本書。

另外還有一件事。這是當筆者正在猶豫是否要動筆時，讓筆者打斷迷思的一段插曲。在數年前，有一位公認未來可能成為日本首相的政治人物與筆者會面。這個人問說，如果他將來當上日本首相，應該要做些什麼？這時筆者馬上回答說：

「推動一套立足點與既有觀念完全不同的、治本又劃時代的稅制改革，除此之外別無選擇。」

這個人回答說，稅制的話題太沒有夢想了吧。而筆者也馬上回話說：

「每個人有每個人的夢想與希望，決定政策時並沒有一套不可或缺的基準存在，這不是政務官或事務官應該領導的問題。我認為政務官與事務官的工作，就是整頓一個基礎，讓每一個國民能擁有各自的夢想與希望。」

過了一陣子看到這個人發表的政見後，筆者知道上面這段建議是白費了。可是這段故事卻對寫羅馬史產生助益，因為這促使筆者思考下列的問題：

活在古代的羅馬人，是怎麼樣看待「公」與「私」的分別呢？而在探討羅馬人定義為「為了讓人的生活過得像人，而必需的大事業」的公共建設時，是不是能獲得這個問題的答案呢？

所以在此，想向各位讀者請求。

第一個請求是，假若撰寫時困難的話，閱讀時應該也會感到困難。那種可以一口氣看完，或是緊張得手心冒汗的快感，只屬於閱讀戰爭場面多的第II、IV、V冊的時候。在閱讀本書時請不要抱持這種期待。

第二個請求是，請各位讀者在閱讀的時候，腦海裡能容納兩千年的時間。在本書中多得是前一段還在談羅馬大道，後一段卻跳到十九世紀中期鐵路建設之類的例子。

第三個請求是，請各位讀者閱讀時，腦海裡裝著一張世界地圖。使得在看到西方大國羅馬與東方大國中國的比較時，能夠順利的吸收。

至於第四點，由於以公共建設為主題，因此常常有看文字敘述不如看圖或照片來得容易理解的情況。所以本書也不得不加上大量的地圖、插圖和照片，弄得有些書不像書，這點請各位多多包涵。

總而言之，筆者是要在閱讀前就告訴各位，請先做好心理準備才開卷。以身為作者的角度來說，這真是奇怪的言論。然而既然這本書是經歷一再猶豫，最後才決定應該動筆的，那麼這也是無可奈何的事情。不過，如果各位耐著性子一一閱讀每一項說明，並且能對照圖表慢慢進行的話，筆者可以保證一件事情：

各位將能夠理解，條條大道通羅馬的「道」，並不只是道路的意思，而這也是羅馬人真正偉大的地方。

目次

三十周年經典紀念版序
修訂二版說明
序言
第一章　硬體建設　1
街道　2
帝政時期的羅馬街道網路略圖與中國各個時代的萬里長城　4
由羅馬到布林迪西之間的道路複線化　14
羅馬大道的基本型態　17
阿庇亞大道的一號里程碑　19
羅馬大道的剖面圖　20
穿越山腰的羅馬大道復原想像圖　23
共和時期本國義大利的羅馬街道網路　31
羅馬時代的隧道　35

沿著山腰修建的大道剖面圖　36

橋　梁　45

羅馬時代的舟橋與木橋　47
羅馬時代的長橋　48
羅馬時代的石橋　50
道路、橋梁的排水機制　55
橋墩施工法　57
明石海峽大橋側面圖　58
南法尼姆地方的水道橋　62
羅馬時代的各種橋梁　65
道路、橋梁及水道必需用地的寬度　66

使用硬體設施的人　69

凱撒、奧古斯都、臺伯留的肖像　76
羅馬時代的郵務馬車浮雕　77
攀越阿爾卑斯山的羅馬大道（由瓦蘭斯至特里諾）沿線各種設備　79
四條攀越阿爾卑斯山通往高盧方面的路徑　81
羅馬時代旅行用的銀杯　89
銀杯的表面展開圖以及由加地斯至羅馬的羅馬大道圖　91

“Tabula Peutingeriana” 的部份 94
葡特雷艾歐斯地圖範例 94
“Tabula Peutingeriana” 部份圖（「亞歷山大回首處」、山脈、森林） 98
“Tabula Peutingeriana” 部份圖（六個主要都市） 100
“Tabula Peutingeriana” 部份圖（羅馬周邊、拿坡里周邊） 101
“Tabula Peutingeriana” 部份圖（波斯灣、尼羅河口） 102
“Tabula Peutingeriana” 部份圖（「公會堂」、基威塔威加、西西里） 104
“Tabula Peutingeriana” 部份圖（旅社、溫泉地） 106
羅馬時代的測量儀器 109
休息中的旅人 111
以雙頭馬車旅遊的家庭 111
雙輪馬車 111
水道 121
羅馬水道的原型圖 127
Domus 的雨水利用法 130
Porta Maggiore 134
馬庫斯・阿古力巴 137
特雷威噴水池 142

由水源地到羅馬 148
羅馬市區內部的各水道 149
羅馬水道斷面圖 154
"castellum"（分水設備） 157
龐貝的共同水槽 161
龐貝城的阿本坦札大街想像圖 166
鉛管的製作方法 167
哈德良長城旁的士兵用浴場遺蹟 169
卡拉卡拉浴場平面圖 171
浴室的剖面圖及浴缸加溫的機制 172
「華尼西之牛」 172
「勞康父子」 172
第二章 軟體建設 175
醫 療 176
提貝利那島的復原模型 181
阿斯克雷比斯神像 181

圓形競技場的階梯式觀眾席 184
診察患者的醫師 189
羅馬時代的醫學院校所在地 193
浴場內的樣子 195
占田軍團基地的軍醫院平面圖 200
教育 206
羅馬時代的算盤 212
羅馬時代的學校風景 216
公共浴場的中庭 216
結語 221
彩圖 225
阿庇亞大道 226
各地修築的羅馬大道 228
克勞狄亞水道橋 230
各地修築的水道 232
“Tabula Peutingeriana” 234

義大利地圖（羅馬時代／現代） 236
義大利的主要遺跡 238
迦太基的金幣與羅馬的銅幣
圓形競技場（坡佐里）
哈德良帝的別墅（提伯利）
奧古斯都帝凱旋門（利米尼）
圖拉真帝凱旋門（貝涅維特）
羅馬近郊地圖（羅馬時代／現代） 240
羅馬市內的遺蹟 241
萬神殿
卡拉卡拉浴場
特雷威噴水池
「真實之口」
羅馬文明博物館的羅馬復原模型 243
羅馬市內的遺蹟與復原模型 244
羅馬市區內〔橋〕 246
拿坡里近郊地圖（羅馬時代／現代） 248
龐貝遺蹟 249

西班牙、葡萄牙地圖（羅馬時代／現代） 250
西班牙的遺跡 252
圓形競技場（義大利加）
劇場遺跡（美里達）
阿爾幹塔拉之橋
水道橋（賽革比亞）
北非地圖（羅馬時代／現代） 254
北非的遺跡 256
蘭貝茨的四柱門（阿爾及利亞）
雷布提斯．馬格納的劇場遺跡（利比亞）
提姆加德的羅馬大道遺跡（阿爾及利亞）
迦太基郊外的水道橋遺跡（突尼西亞）
高盧（法國、德國）地圖（羅馬時代／現代） 258
高盧（法國、德國）的遺跡 260
尼姆的水道橋“Pont du Gard”（法國）
亞耳的圓形競技場（法國）
尼姆的神殿“Maison Carree”（法國）
特里爾城門（德國）

科隆的城牆護塔（德國）
尼祿皇帝紀念柱（德國梅因茲）
英國地圖（羅馬時代／現代） 262
英國的遺跡 264
要塞（里奇巴勒）
要塞遺蹟（奇切斯特）
哈德良長城（諾札巴蘭）
羅馬時代的浴場（巴斯）
圓形競技場遺蹟（聖・歐爾本斯）
多瑙河流域地圖（羅馬時代／現代） 266
多瑙河流域的遺蹟 270
日耳曼長城沿線要塞遺蹟（德國艾尼）
圖拉真橋的骨架（南斯拉夫）
圖拉真帝戰勝紀念碑遺蹟（羅馬尼亞亞當克里西）
布達佩斯的遺蹟（匈牙利）
戴克里先帝宮殿遺蹟（克羅埃西亞共和國斯普利特）
“Tabula Traiana”（南斯拉夫）
希臘地圖（羅馬時代／現代） 272

希臘的遺跡 274
「腓利比會戰」的紀念像
哈德良帝城門（雅典）
科林斯的浴場遺跡
腓利比近郊的艾格那提亞大道
土耳其（小亞細亞）地圖（羅馬時代／現代） 276
土耳其的遺跡 278
阿波羅迪夏斯的競技場遺跡
阿斯貫多斯的會堂
愛菲索斯遺蹟內的大道
愛菲索斯的半圓形劇場等
愛菲索斯的圖書館遺蹟
中東地圖（羅馬時代／現代） 280
中東的遺跡 282
沿著凱撒利亞海岸建造的水道橋（以色列）
凱撒利亞遺蹟的拱門群（以色列）
馬薩達要塞攻防戰時搭建的羅馬基地遺蹟（以色列）
列柱廣場（約旦捷拉許）

巴爾貝格的神殿（黎巴嫩）
埃及地圖（羅馬時代／現代） 284
埃及、昔蘭尼加的遺蹟 286
圖拉真帝的浴場（利比亞薛哈塔）
圖拉真帝的紀念建築物（埃及斐萊）
亞歷山大的劇場遺蹟（埃及）
龐培柱（埃及亞歷山大）
阿庇亞大道的終點（布林迪西） 288

參考文獻 289

圖片出處 300

拉頁地圖

羅馬帝國主要街道網全圖

第一章

硬體建設

街道

在羅馬人使用的拉丁文中，鋪設道路叫做“viam munire”。viam 的意思是道路，munire 的意思則是建設。不過“munire”原本具有「建設城牆」(murus) 的意思。也就是說，古羅馬人認為鋪設綿延不斷的道路，與建設綿延不斷的城牆是同樣的事情。而實際上，這兩樣建設在物理學上也沒有太大的差距。羅馬式大道在幹線部份的設計，包括石板鋪面、寬四公尺多的車道，以及兩側各三公尺的行人步道，寬度超過十公尺。道路的四層地基結構深度則有一公尺以上。如果把「水平」的道路改成「垂直」挺立，馬上就成了一道堅固的長牆。

而西元前三世紀，正好是地球的東西兩側同時興建大規模土木建設的時代。

在東方有萬里長城——除了西元前三世紀由秦始皇改建的長城以外，再加上十六世紀明代新建的長城，全長達五千公里。

在西方則是羅馬的道路網——從西元前三世紀到二世紀這五百年間，羅馬人鋪設的道路，僅幹線部份就有八萬公里，加上支線全長則有十五萬公里。

為什麼中國與羅馬在興建國家規模的土木建設時，一邊選擇了建設長城，另一邊則選擇修築街道呢?當然，古代的中國並非沒有道路建設，同一個時代的羅馬人也並非沒有建設城牆。

差距在於將重點置於長城或是道路上。

很明顯的，問題不在技術方面。這兩個民族只要有意願，都具有將「垂直」與「水平」互換的能力。而羅馬人也並非沒有遭遇外敵入侵。換句話說，並非對國防毫不關心。在確立羅馬和平之前，以時代而言是西元前的共和時期，羅馬人整天忙著對外作戰。儘管如此，羅馬人還是將道路建設的順位排在建設城牆之上。這麼一來，建設長城的中國人與建設道路網的羅馬人，差距就在於雙方認為國家規模的建設應為何者的想法不同了。城牆將異族阻絕在外，築路卻促進融合發展。也就是說國防最重要的目的，是藉由阻絕與異族之間的往來，或是藉由促進國內各族往來實現的差異。

兩個民族在這方面想法的差異，對於中國與羅馬這兩個古代大國而言，也決定了今後國家發展的型態。

羅馬不像同一時代的中國人一樣，翻山越嶺的建築一道綿延的城牆，而是選擇修築十倍、二十倍長的道路。我們可以認為，在羅馬人的觀念中，道路也就等同國家的動脈。所以他們不認為修築一條兩條道路就可以滿足了，而是要建設一個道路網。既然人類需要經由血管將養份送到身體的每個地方，那麼一個國家要過得健康，當然也需要血管網路。道路並非羅馬人的發明，然而將道路網路化，而且在網路化的同時，也注重到維修方面，則是羅馬人的創舉了。注意到網路化可以大幅提升道路功能的這件事，也讓日後的羅馬人發展成注重現實合理的民族。

正因為公共建設需要投入龐大的經費與無數的人力，加上長期累積才能化為現實，所以不僅在

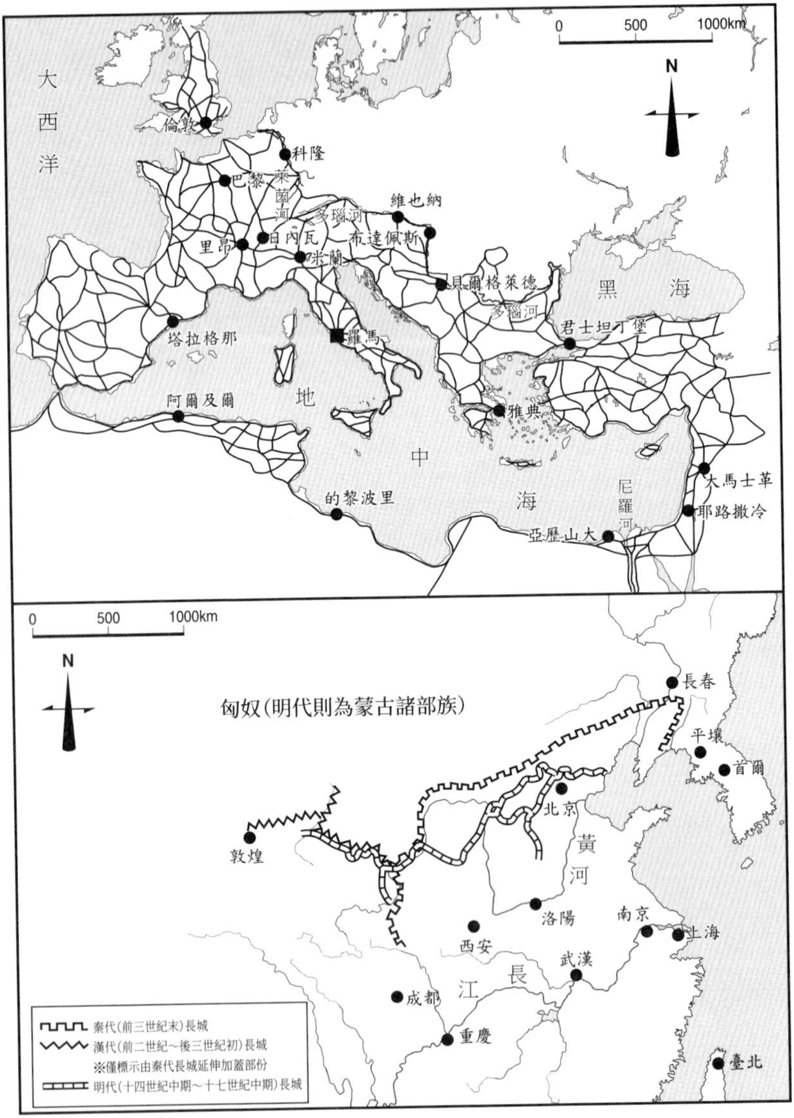

帝政時期的羅馬街道網路略圖（上）與中國各個時代的萬里長城（下）：比例尺相同

硬體方面留下成果，也會對軟體方面，亦即精神的方面造成影響。換句話說，如何完成公共建設，也決定了一個民族日後的走向。

那麼羅馬大道又是如何成為現實並且不斷維持的呢？不過在這裡討論的，僅限於方才提到的「動脈」部份，亦即八萬公里的幹道部份。

一、由誰提案的？

二、由誰下決定的？

三、建設費用的財源在哪裡？

四、由誰實際動工？

五、由什麼人負責包括維修在內的日後營運？

六、營運維修費用由誰負擔？

七、使用費？

這些問題的詳細答案容後敘述，簡單來說則條列如下：

一、當時的最高權位者。

二、元老院。

三、國庫。

四、軍隊。

五、相當於現代的公共建設負責部門公路局，或是公辦民營的道路機構。
六、由國家或是道路所在地的地方政府。
七、免費。

如果將這些問題，轉到同為羅馬人的公共建設之雄的水道上，那麼答案會不大相同：

一、當時的最高權位者。
二、元老院。
三、國庫。
四、由透過招標制度得標的“societas”負責施工。
五、相當於水道局，或是公辦民營的水道機構。
六、由國家或是地方政府。
七、如果以容器盛裝二十四小時流入公共水槽的水免費使用。只有延伸水道到自宅的人才須付費。

看到上述的內容，想必任何人都會認為，羅馬人在興建這些建設時不計成本了。而實際上，羅馬人也的確將這些他們認為是「為了讓人的生活過得像人，而必需的大事業」的公共建設，視為應當由「公共」負擔的領域。

在共和時期，這些建設案必須由財務官或是執政官提案，並向元老院提出。由元老院討論其重要性與可行性之後進行表決。如果表決通過，則由提案人成為工程最高負責人，開始進行施工。

進入帝政時期之後，法案多由皇帝提出。不過由元老院針對法案進行表決的制度依舊沒有廢除。儘管說皇帝個人能夠獨斷推行臨時措施法，不過羅馬人大概認為道路建設不屬於只有皇帝在位時有效的「臨時法」統轄範圍內。因此，道路建設法案依舊要由國策決議機構元老院進行議決。要等到元老院許可之後，才可以由皇帝擔任最高負責人開始施工。

至於財源方面，既然不論是共和時期或帝政時期，提案者都是國政的最高負責人；而且決定權又在立法機構，地位相當於現代國會的元老院身上，那麼當然費用該由國庫負擔。換句話說，建設費用是由國稅負擔。

羅馬人並沒有發行建設國債充當建設經費。在羅馬與迦太基(Carthage)之間進行布尼克戰役，為國家存亡決一死戰時，已經有類似發行國債的概念存在了。不過這種國債的概念比較接近戰時國債，是在國家面臨存亡關鍵時，向資金有餘裕的人幾近強制徵稅的措施。正因為如此，這項制度在戰勝迦太基之後便廢除了。

也就是說羅馬人允許國家有赤字財政的唯一實例，僅限於布尼克戰役當時。這與其說是因為羅馬舉國為健全的財政盡心，不如說是因為他們的財政系統尚未成熟。羅馬的稅制相當簡單，行省稅俗稱「十分之一稅」，關稅則俗稱「二十分之一稅」，相當於日本消費稅的營業稅，則以「百分之一稅」的通稱施行。由此可見羅馬人也以不加稅為稅金政策。也許是因為他們認為與其課徵重稅引起叛亂，最後派遣軍團鎮壓，還不如維持低廉、廣範圍的稅金來得聰明。

不過，財政方面的知識不成熟，也促使羅馬人堅守健全的財政狀態。鋪設道路所需的龐大費用，必須由上述簡陋的國庫收入負擔。如此不但產生了必須分清中央與地方政府負擔部份的必要，也因此產生了允許一般公民等「私人」配合「公共」，由各地權貴富商投資公共建設捐贈的方式，藉此彌補國庫的不足。

阿庇亞大道與弗拉米尼亞大道(Via Flaminia)，並非由阿庇尤斯與弗拉米尼烏斯投資私產興建的。不過日後的艾米里亞會堂與朱利斯會堂，則是由馬其頓戰役的勝仗將軍艾米里斯，以及高盧戰役的勝仗將軍朱利斯．凱撒，投資私產興建，並捐贈給國家的公共財產。如果不將這類的「貴族義務」計算在內，羅馬的公共建設是無法成立的。也許是因為與經濟相關的知識並未成熟，所以羅馬人想都沒想過累進稅制。

不過，正因為從沒想過要發行國債，所以羅馬時代的政府也從未苦於設法支付債務的利息。又因為實際上不可能徵收過路費，所以羅馬人也從沒打算過要藉由過路費收入抵消建設經費支出。除了道路以外，水道方面也有同樣的狀況。

對羅馬人來說，公共建設是為了讓日子過得像個人的必需事業。想必羅馬人也認為，讓「公共」負擔這些事業，是比政府抽稅還理所當然的事情。如果古羅馬人看到近現代日本道路公團痛苦的財政狀況，想必會做出不解的表情。

他們一定會說，應該在不舉債的狀況下，於預算內推動可能的建設。正因為如此，首先必須釐清國家可以負擔到何種程度，而其他的哪些部份則由地方政府負擔，或是期待私人的公益情懷。因為既然決定要在不加稅又不舉債的狀況下推動建設，如果不先弄清楚可能負責的範圍，將其他部份委由地方政府與私人進行，是萬萬不可能推動規模龐大的公共建設工程。

至於實際施工的人選，在道路方面是由軍隊負責。羅馬大道的起源，本就是為了建設功能完善的軍用道路。

而至於建設後由誰負責維修與實際營運，道路與水道兩方面都是由中央及地方政府負責。由上可以得知，羅馬人深信公共建設應當由公家負責。而這個想法直到羅馬帝國覆滅為止都沒有改變。雖說羅馬的統治者是如此的頑固，不過他們也具有相當的彈性，即使某項事業是由風評極差的前任人士起始，只要判斷其為良好的事業，後任者也會繼續推動。而羅馬人對公共建設的這種想法，也使得最後得以發展出涵蓋羅馬帝國疆域，全線鋪設石板路面，長達八萬公里的幹線道路。學者之間也一致公認，這個羅馬道路網才是羅馬帝國的動脈。人類交通運輸的速度要超越羅馬道路網，得等到西元十九世紀中葉鐵路開始普及後。

至於水道方面，人類到了二十世紀時，終於得以享受每個家庭只要水龍頭一開，就能享受用水的進步環境。不過相對的，我們必須付費使用。而且並不是全球的人們都能享受這種生活。世上有許多人苦於水資源不足，這個問題被視為二十一世紀人類的重大課題之一。

羅馬人也常以「文明」一詞，來表示「人的生活過得像人」。而所有意為「文明」的單字，不論是英文、法文或是義大利文，全都來自拉丁文的 "civilitas"。

人們光是用兩腳，就可以踏出一條道路。所以有人類居住的地方，也一定有道路存在。羅馬人初期的道路，想必也是這種型態的道路。在阿庇亞大道 (Via Appia) 出現之前，羅馬已經有幾條自古流傳下來的道路存在。

「薩拉里亞大道」(Via Salaria) 意為「鹽道」。在早年，臺伯河口一帶出產的食鹽是裝在袋子裡，利用小船逆流而上運至羅馬上岸。之後在羅馬改由驢子馱運，經由「鹽道」前往內陸，之後賣給住在義大利半島山岳地帶的人。對於初期的羅馬人來說，食鹽幾乎是唯一一項生產多少就能賣出多少的物產。從這條道路自然而然獲得這個稱呼就可得知，「鹽道」對於當時的羅馬人來說有多麼重要。

「拉提那大道」(Via Latina)

「提伯利那大道」(Via Tiburtina)

「諾門塔那大道」(Via Nomentana)

這三條道路的意思，分別是通往拉提那的道路、通往提伯利的道路，以及通往諾門托姆的道路。這些是連接羅馬以及早期與羅馬人有往來城鎮的道路。這幾條道路和「鹽道」一樣，都是自然產生的道路。從建國起算四百年左右，對羅馬人來說，道路大致是這個程度的東西。

若要對於道路的想法有所變革，則要等到西元前三一二年開工的「阿庇亞大道」出現。這已經不是專為用於運輸物品的道路，也不是專門通往何處的道路，道路的名稱是由人名而來。阿庇亞大道的意思是「阿庇尤斯的道路」。是由當年的財務官阿庇尤斯提案，經元老院通過，由財務官本人擔任工程總監督進行鋪設，因此獲得這項名稱。羅馬人慣以提案人的姓名稱呼法案，例如「善普羅尼斯道路法」、「朱利斯農地法」。法律的制定也就是政策的定案，換句話說羅馬自此進入將鋪設道路列入國政的時代。

想必在當年，提案人阿庇尤斯·克勞狄斯在元老院的議場曾經說明過這項在新觀念下啟動的道路工程，進行到了什麼樣的程度。這條道路初期一直延伸到加普亞，因為當時加普亞位於羅馬勢力範圍的南端。這項工程也開了羅馬征服一地後，由羅馬兵鋪設道路的羅馬統治方式之先河。到了西元前二六八年，貝涅維特納入羅馬版圖之後，阿庇亞大道也隨之延伸到此。之後又陸續延伸到了維諾莎，以及其後的塔蘭托。等到最後延伸到布林迪西時，已經是這個面對亞德里亞海的港都納入羅馬版圖二十年以後的事情了。從開工到全線暢通，前後花了七十年的時間。這是因為羅馬維持僅將道路延伸到統治領域內的方針，因此工程也必須分梯次進行。等到阿庇亞大道全線開通時，阿庇尤斯已經遠離人世。又過了二十年後，在地球的另一端開始了連接七國長城的工程。

羅馬人稱呼阿庇亞大道為道路女王(regina viarum)。這並不只因為阿庇亞大道是第一條羅馬大道，也不只是因為只要羅馬帝國存在一天，這條大道就是通往東方的大動脈。而是因為阿庇亞大道標示出羅馬大道應有的典範。

首先第一點，羅馬大道必須能夠充分滿足軍用道路的基本功能，要能夠滿足便於軍隊迅速移動的興建目的。

羅馬人原則上不會在征服地區長年派駐占領軍。因為戰勝者的長期停駐有可能引起與戰敗者之間的摩擦。羅馬採取有事件發生時，迅速由基地派出軍隊的方法。西元前三世紀左右軍團的駐軍地點就是首都羅馬，所以軍團的行軍路線也就僅有從羅馬到目的地之間。因此，確保能夠迅速安全到達目的地的道路，也是軍事上的一大課題。

第二點，羅馬大道必須同時滿足政治策略的目的，而阿庇亞大道也正好充分顯示了羅馬人的這種想法。阿庇亞大道通過的地方，在不久之前還是與羅馬敵對部族居住的地區。而羅馬人在這種地方修建道路，也就是說，既然軍隊放下了武器拿起十字鎬開始施工，那麼所有鋪設經費也一律由羅馬負擔。而羅馬大道的另一項特色在於路線穿越城鎮中央。羅馬人心中沒有圍繞城鎮修築環狀道路的想法。因為藉由道路通過城鎮中心，讓除了軍團以外的一般平民也得以使用道路，正是鋪設道路的目的之一。

以往的道路，每當下雨之後滿地泥水，會弄髒行人的雙腳，或讓車輛陷入其中無法行走，但是走在羅馬大道上並沒有這種問題。由於道路平坦，而且路面由石板鋪設，便於人車往來，可以縮短移動所需的時間、增加貨車的運輸量。既然人與物產的流通量增加，也就有助於脫離以自給自足為主的生活。這也連帶使得周邊的居民生活水準提升。

戰敗者再度向戰勝者動用武力，通常是在經濟方面有所不滿，而又失去自治權的時候。羅馬人就不會犯下這種錯誤。昔日戰敗者所居住的城鎮將化為日後的地方政府，在共同體內部獲得完全同等的自由。

《列傳》一書又名《普魯塔克英雄傳》，其作者普魯塔克便表示，羅馬日益強大的最大要因在於戰勝者能夠同化戰敗者。而對於戰勝者同化戰敗者，亦即雙方共同參與形成命運共同體最有貢獻的手段，就是羅馬大道。光是看阿庇亞大道在何時何地鋪設，就可以得知羅馬人的統治哲學。

足以證實活用道路形成命運共同體的政策判斷正確的最佳佐證，就在羅馬與迦太基之間爆發的布尼克戰役。

第一次布尼克戰役爆發的期間，幾乎與阿庇亞大道全線開通的時期一致。由於戰場在西西里島及其周邊海域，正在鋪設除阿庇亞大道以外其他街道的義大利半島，得以倖免淪為戰場。而原本並非海洋民族的羅馬人，與海軍大國迦太基敵對，在歷盡艱辛之後還能獲勝，是因為拿坡里以及塔蘭托等希臘後裔居住的地方都市，提供造船相關技術及熟練的水手。在第二次布尼克戰役時，戰鬥種類是羅馬人擅長的陸戰。然而羅馬人面對的是當時的一流名將漢尼拔，因此陷入了瀕臨滅國的危機之中。漢尼拔連戰連勝，足足在義大利半島，亦即羅馬國內盤據了十六年。

漢尼拔的內心充滿了滅亡羅馬的意志，他也不是沒有考慮過如何攻擊首都羅馬。但實際上，他並未嘗試過包圍羅馬市。這並非因為他沒有意願，而是他沒有辦法執行。想要將一個都市包圍殲滅，必須將都市陷於孤立無援的狀態，並且重複進攻衝擊才行。當時漢尼拔軍連戰皆捷，士氣高昂，因此有足夠能力連續攻擊。然而當時卻無法達成孤立羅馬的目標。羅馬不僅打通道路，還積極向外殖民，以與當地女子通婚的混血政策逐步成功地同化戰敗者。這使得漢尼拔就算執行包圍戰，也必須隨時注意部隊的後方。深陷敵陣時，當然不能執行這種戰略。而最後輪到羅馬反擊，將戰場從義大利移到了北非。史上有名的第二次布尼克戰役的最後決戰，就是在迦太基領土內的扎馬平原上進行的扎馬會戰。

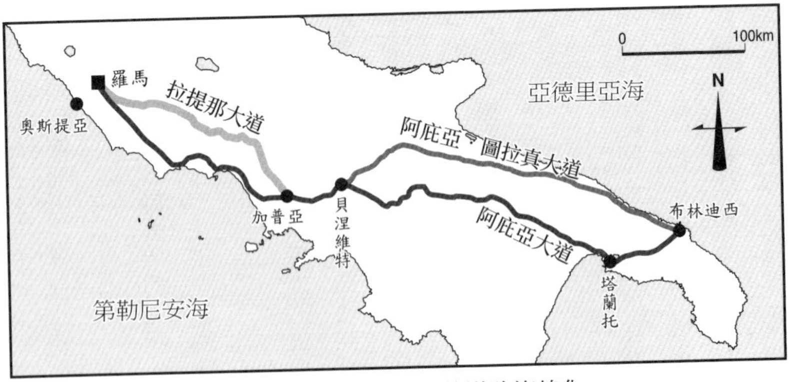

由羅馬到布林迪西之間的道路複線化

漢尼拔在會戰中慘敗於西比奧領導的羅馬軍，僅帶著數騎部下逃回首都迦太基。當時迦太基議會傾向於繼續打一場首都迦太基的圍城戰，只有漢尼拔一個人在會場堅持與羅馬盡早媾和。這是因為漢尼拔有十六年的羅馬經驗，因此可以預知之後的發展。迦太基的社會制度明確分成統治者與被統治者，被統治者若紛紛倒戈到會戰的勝利者羅馬人身邊，首都迦太基將陷入孤立無援的狀況。因此漢尼拔在議會上強烈主張，迦太基維持國家生存的唯一方法，就是在扎馬會戰戰勝的羅馬軍攻擊首都之前盡速與其議和。

迦太基議會最後接受了漢尼拔的意見，與羅馬簽署了和平條約。不過除了漢尼拔之外的其他迦太基人是否了解這時媾和的必要性，這點就令人懷疑了。又過了半世紀之後，第三次布尼克戰役爆發。迦太基被國內其他都市遺棄，在孤立無援的狀況下歷經了三年圍城戰之後失陷。迦太基亡國於西元前一四六年，從此退出了歷史的舞臺。

決定前後三次布尼克戰役勝負的要素，不在於兩國經濟力量，也不在於軍事力量的差距，而在於兩個國家國體的不同。遍布北非一帶的古代道路網，並非迦太基統治時代所修建，而是在成為羅馬行省後修築的。從這段故事便可以得知，公共建設不是因為經濟有餘力而建設，而是在感到有其重要性時進行的事務。

阿庇亞大道修築於迦太基滅亡前百餘年。這條大道成為其後羅馬大道模型的第三個原因在於，其凸顯了道路必須隨時維持複數選擇的必要性。

西元前三一二年之前，羅馬到加普亞之間已經有一條「拉提那大道」。因此照理來說，如果羅馬和加普亞之間有交通、道路方面的重大需求，只需將拉提那大道全線修築重建即可。然而阿庇尤斯卻擱置了內陸現有的拉提那大道，決定沿著海岸修建一條新的大道，並付諸實現。於是羅馬與南義大利的重要都市加普亞之間，便有了兩條幹線道路。又過了不久，加普亞附近的貝涅維特與終點布林迪西之間也完成複線化工程。這條道路在共和時期為「米努吉亞大道」(Via Minucia)，進入帝政時期後圖拉真帝則修築了「阿庇亞・圖拉真大道」。

羅馬人這種認為應該隨時有複數選項的想法，也很自然地衍生出道路的網路化。全線鋪設石板的道路，並非羅馬人的發明。史學家海洛多特斯便大為讚嘆，西元前五世紀的波斯帝國已經有了從波斯灣沿岸通往地中海的道路。不過發現道路形成網路可以大幅提升效益，並付諸實現的則是羅馬人。如果不能體認羅馬大道身為道路網的意義，就無法真正體認羅馬大道偉大之處。

而因為羅馬大道的設計更為便利，才能讓昔日的戰敗者認為，羅馬人鋪設的道路對他們同樣有好處。我們接下來看看，自從阿庇亞大道鋪設之後，羅馬人的道路是什麼樣子。

如果是在平原上，而且地勢適於直線貫通的話，羅馬式的道路基本結構如下圖所述：

圖中所述的是主要道路以及車道的修築方法。羅馬道路的特色之一在於車道的兩側有排水溝。為了維持道路的結構堅固，無論如何都必須避免寬四公尺、深一公尺的主要道路內部積水

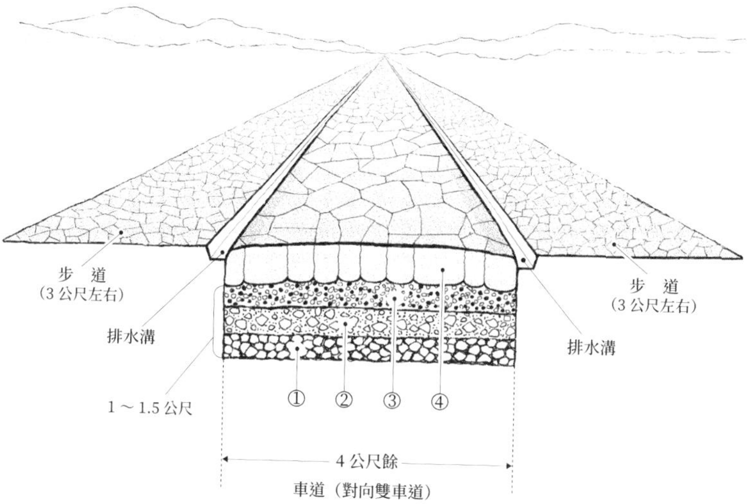

① 最下層 (staumen)——這個部份理所當然地，會隨地勢而異。一般而言是將寬 4 至 4.2 公尺的地面向下挖掘 1 至 1.5 公尺深的地方。挖掘之後抹平地面並鋪設至少 30 公分厚的砂礫。製作這一層地基的用意在於：

(1) 將即使位於平原地帶也不可能百分之百水平的地表完全整平。

(2) 避免降水後深約 2 公尺的四層地基內部產生積水。

② 第二層 (rudus)——鋪設由石頭、砂礫及黏土質泥土混合的材料。

③ 第三層 (nucleus)——在此將人工打碎的小石塊鋪設成略微拱起的弓形面。

④ 第四層 (pavimentum)——使用經人工切割為每邊約 70 公分，切面整齊可以相連的石塊，以緊貼無間隔的方式鋪設在路面上。

最值得注意的事情是，儘管當時水泥已經存在，羅馬大道上完全沒有使用任何水泥。

羅馬大道的基本型態

的狀況。

首先，道路的路面呈弧度平緩的弓形，使得雨水與融化的雪水能夠自然地向兩側流出。雪水、雨水最後會流入排水溝。排水溝內有排水孔，便於水流出道路外側。這個結構可以避免路面發生積水的狀況。羅馬的工程師有一句諺語就是：「岩石是朋友；水是敵人。」

羅馬道路的第二個特色在於，石板道路的兩側嚴禁栽種任何樹木。如果是既有的樹木，也會將其砍伐除去。這是為了避免地底下的樹根侵蝕到道路的四層主要結構部份。而第三個特色則在於，市區內與市區外的道路同樣備有行人步道。在都市附近，或是大的路口等交通量大的地方，車道兩側的步道寬度可超過三公尺，甚至有超過五公尺的地方。即使在交通流量低的地方，通常也會設置有一公尺左右的步道。沒有步道的道路，僅限於山腰地帶，或是隧道裡。而羅馬人認為橋梁是道路的延長，因此橋的兩側儘管面積狹窄，同樣會設置步道。至於穿越森林的道路，在車道、步道合計十公尺的路面之外，道路兩側還會砍除大面積的樹木。無疑地，這是一種治安對策，用於避免強盜盤據襲擊。

當年徒步旅行的人眾多，因此很自然地會有這種對策。不過明確區分車道與步道的理由還不只如此。

我們若是觀察羅馬市區內現存的「科而索街」及「里佩塔街」，以及由廣場向北延伸的「弗拉米尼亞大道」就可得知，古羅馬人修建的道路會在地勢允許的情況下盡可能維持筆直。尤其阿庇亞大道更是維持了四十三公里的直線，連在上頭駕駛汽車都會感到驚奇不已。

不僅如此，古羅馬人還會將平原重新整地、在溼地打入無數的木樁修建土堤，然後才在上頭修建道路。如果遇到山谷，由於羅馬人不喜歡將路修築得上上下下地，因此不管底下是河流或只是個陡坡，都會蓋一座與道路同高的橋梁。在這些橋梁中，他們將沒有跨越流水的橋梁稱為「陸橋」。

至於羅馬人如此堅持講究道路的原因，在於他們認為道路是讓人盡可能提早到達目的地的工具。既然羅馬人有這種想法，他們會將車道與步道分開也是理所當然的事情。如果人車不分道，馬車為避免車禍，必須一路上閃躲行人，如此便失去了馬車與快馬的意義。能夠徒步走在中央車道的，只有通常以三路縱隊行軍的羅馬軍團兵。

阿庇亞大道的一號里程碑

到了西元前一二〇年左右，由格拉古兄弟的弟弟蓋烏斯・格拉古提案，被公認為史上第一部道路交通相關法的「善普羅尼斯法」成立了。根據這項法規規定，所有的羅馬大道，都必須在每一羅馬里路邊樹立一根石柱。而羅馬時代的「里」(milia)，意為相當於「一千步」的距離。若換算

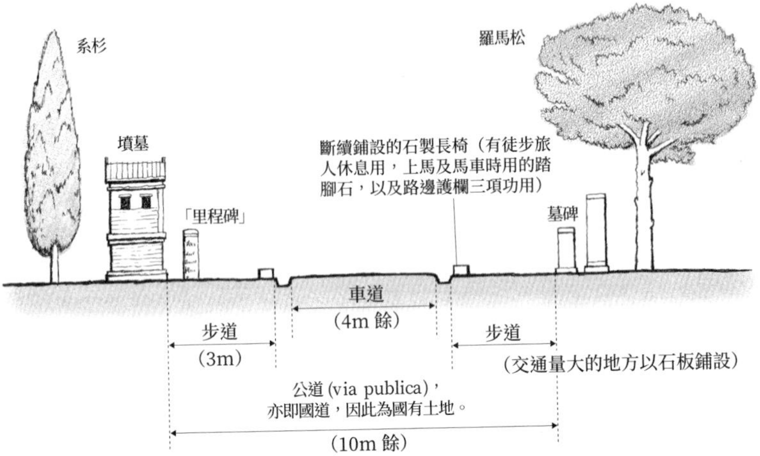

羅馬大道的剖面圖

成公里的話，約為一．四八五公里左右。這種高約與成人同高，直徑三十七公分的「一羅馬里程碑」上面刻有由大道起點數起，該里程碑為第幾根的數字。假設某個旅人走到了阿庇亞大道的十號里程碑前，他可以利用「一．五公里乘以十等於十五公里」的算式，得知自己已經離首都羅馬不到十五公里遠了。羅馬時代的「里程碑」上面，還刻有最近城鎮的距離等資料，兼有各種旅行資料公布欄的作用。同時，還具有標示地址的效用。例如當時的人可以說「我的別墅在阿庇亞大道的七號里程碑附近」。

我們以首都羅馬附近的阿庇亞大道為例，將依照上述程序修建的羅馬大道畫出剖面圖的話，大致上應該如同附圖「羅馬大道的剖面圖」所示。在此補充一點，為羅馬人開創面對公路修建墓碑墓園習慣的也是阿庇尤斯這個人。他在臨死前留下遺言，要將自己的墳墓修建在阿庇亞大道旁。

直到開工兩千三百年後，阿庇亞大道依舊名滿天下，因此在羅馬市郊區的某一路段被指定為重要古蹟。換句話說，任何人到羅馬都能瞻仰這項古蹟。不過被指定為古蹟也是最近的事情。在二次大戰結束後為了修建環狀道路，阿庇亞大道因此慘遭腰斬，這情況至今仍是如此。想要驅車走過阿庇亞大道的人，到了遭腰斬的地方時，必須左顧右盼，一等兩旁車流停止立即衝過路口。然而羅馬政府又不能將大道與環狀道路的交叉點地下化。因為雖然羅馬人習於火葬，墳墓裡只有骨灰，然而基督教徒與猶太人卻習於在地穴中土葬。這類的地下墳墓聚集處稱為地穴墳場 (catacomb)，而偏偏阿庇亞大道下方又綿延著一片地下墳場。因此若以保存阿庇亞大道為重，則必須在環狀道路與大道的交叉點設一高架橋。可是這些自稱為古羅馬人後裔的現代羅馬人，卻以資金不足為由，選擇了腰斬古蹟的方法。附帶一提，現代羅馬人中也只有一部份人自認為是古羅馬人後裔。其他的羅馬市民也好，歐洲人也好，根本沒有人這麼想。誰會這麼想呢！兩千年前的「祖先」們知道集中施工的人力物力，縮短工時，連圓形競技場都只要四年就完工了。兩千年後的這些「後代」連蓋一座醫院都要花上三十年。這已經不是資金的問題，而是想法的差距。

再加上近年的羅馬市政被中間偏左派政權掌握，而左派的口號則是一切為市民。因此被指定為古蹟的阿庇亞大道，也在「必須開放為民眾共有場所」的名目之下，被整頓成羅馬居民散步的地方。

結果，我們得到的是一座兒童樂園。有些羅馬史學者為此大感憤慨，直呼若是古羅馬人看到現狀會氣得暈倒。筆者也認為，自從歌德在此散步遙想古羅馬威容的時代至今，人們已經放置羅馬大道多年，事到如今也不必大張旗鼓要做些什麼改變。因為自從將阿庇亞大道改裝為兒童樂園後，這條大道變得庸俗不堪，有可能讓來此參訪的人因此誤會。羅馬一地，不僅義大利，甚至有大量從歐洲及美洲來此旅遊的學生及遊客，若說真要當成市民散步的地方，這倒也無妨。可是何不維持一段十公尺左右的地段，將這條「道路女王」恢復成當年身為幹道中的幹道時的模樣？阿庇亞大道的特徵包括四層地基結構，未曾使用任何水泥但緊密結合的緩弓形石板路面，兩旁的排水溝，以及更外側的石板徒步步道，四處布置的石長椅，還有每隔一羅馬里設置的「里程碑」，以及使得沿線景物不至於淪為枯燥的墓碑、墓園。只要留下十公尺左右這麼樣的地段，來訪阿庇亞大道的人也就應當能理解，路面的石板邊緣磨損變圓，是由於羅馬帝國衰亡之後長期缺乏維修造成的現象。並可以此聯想到，缺乏維修，是因為負責維修的組織失去功能所致，而國家失去功能後，個人也難逃其影響。保存古蹟就是這麼一件意義深長的事情。羅馬廣場 (Foro Romano) 目前還沒有遭到人手摧殘，但圓形競技場也已是一年比一年更像迪士尼樂園了。

據說打從一開始修築起，阿庇亞大道便符合羅馬時代公共建築物的一貫方針，或者應該說

穿越山腰的羅馬大道復原想像圖（十八世紀銅版畫，比拉內捷作）

是哲學。也就是必須符合堅固、功能性、美觀三大要素。據說工程提案人兼最高負責人阿庇尤斯為了確認道路平坦的程度，曾脫下涼鞋赤腳走在大道上。由於這條道路是幹道中的幹道，在維修方面更是不能有一點輕忽。羅馬人因此設立了專門官職，並全權委任其執行業務。既然這條路是國家的動脈，自然是要竭盡全力讓其不能有一點血液循環不良的現象囉。像我們目前見到的，石板邊角磨損轉圓滑，風吹來的泥土累積在石板間的道路，是不可能提供快馬在上面一天奔馳七十公里的。這種道路會讓馬匹跌倒，即使不出交通意外，也無法達到一天七十公里的標準。若要求迅速且安全地到達目的地，還不如快馬跑在道路沿線的平原上。雖說羅馬時代的工程師誇下海口，要修建百年不需整修的道路。但要維持修築當時的模樣，依舊需要不斷地維修保養。當西元六世紀時，有位拜占庭(Byzantine)帝國的高官曾驚嘆阿庇亞大道在修築八百年後，依舊能維持完美的模樣，而當時羅馬帝國已在半世紀之前滅亡。此外，當羅馬步入帝國末期時，也已經無力照顧到道路的維修工作。因此西元六世紀時，阿庇亞大道已經有三百年以上無人照顧了。其後直到十九世紀中期為止，還沒有另一個民族能明白道路的重要性。古代的阿庇亞大道，在今日除了指定為古蹟的路段之外均改為柏油路面，成為國道七號線汽車車道。直到終點布林迪西為止的五百四十公里路程至今依舊發揮著功能。

因阿庇亞大道而名留青史的阿庇尤斯．克勞狄斯，不僅是羅馬大道的創始人，他同時也是羅馬公共建設另一雄觀——羅馬水道的創始人。而且同樣地，也是在西元前三一二年開工修築。換句話說，修築由首都羅馬起始的十二條大道的阿庇尤斯，也就是為首都羅馬的十一條水道開先鋒之人。他不僅告訴同胞，道路並非僅能靠雙腳踩出來一途；同時也告訴他的同胞，水不一定只能依靠人工打水取得。有時筆者真想看看這男人腦袋裡頭是個什麼樣子。而在羅馬一千兩百年的歷史中，只有兩個人會讓筆者有這種想法，一是朱利斯·凱撒，二則是阿庇尤斯·克勞狄斯。而阿庇尤斯雖未帶兵與其他民族作戰獲勝，更非擴大羅馬疆土的將軍，不過他也並不是完全與軍事無緣的政治人物。我們在此介紹一段他的故事：

故事發生在西元前二七二年左右。當時羅馬遭受希臘猛將皮拉斯攻打，陷入了苦戰，而且已經二度嚐到敗北的滋味。或許羅馬的政治領導人不禁畏縮喪膽了吧，元老院中開始有一股傾向於接受皮拉斯提出和談決議的氣氛。之後的事情，請允許筆者引用第Ⅰ冊《羅馬不是一天造成的》的內容。

「退休的克勞狄斯在知道此事後卻非常生氣。克勞狄斯是鋪設阿庇亞大道的人，在家族中只有他被特別稱為『財務官克勞狄斯』，又因為他已上了年紀眼睛幾乎看不見，所以也有人叫他『盲眼克勞狄斯』。

行動不方便的克勞狄斯在眾人攙扶下，再度回到元老院發表嚴正的演說。

他表示皮拉斯是破壞我們家園的敵人，沒有資格談和解的條件。這一番話使得元老院的氣氛整個為之丕變。」

上述的故事，影響相當深遠。這成為羅馬人另一項傳統的「里程碑」。亦即戰敗時不願和談，對羅馬人而言，媾和只有一種，即戰勝之後與戰敗者簽署的和約。也因此在與大國迦太基展開布尼克戰役時，羅馬人能夠咬緊牙根，拒絕漢尼拔提出的議和案。

然而沒有任何人能夠介紹這位深思國家百年大計，甚至八百年、千年大計的阿庇尤斯的長相。因為我們找不到任何他的肖像。目前僅有文獻證明羅馬時代曾有他的肖像存在，而且也挖掘出立像的底座。然而不只是立像，連半身像都沒有留下來。箇中主要原因，可能是因為歷經了長期對公共建設毫不關心的中世紀所致。相反地在羅馬時代，這位「公共建設始祖」的肖像通常會被設立於兒童的教室之中，同時也經常列席於廣場內的半圓展示場中並列的羅馬偉人像之中。

如果乘汽車接近今日的羅馬市，首先人們會接觸到環狀高架道路。環狀道路會於現代發明，主要在於人們重視汽車的移動效率。然而當乘車行駛於環狀道路時，不禁令人興起一股與身在倫敦或巴黎時不同的感觸。

迎面而來的路標，標示著藍底白字的“SS. 1 VIA AURELIA”。SS是“Strada Statale”的縮寫，意為「國道」，因此這個標誌的意思是「國道一號線，奧雷里亞大道」，讓駕駛人知道要往這條路必須由此入口下橋。若是以順時針方向在環狀道路上跑一圈，依序會看到下列的道路標示。筆者在此加上修築年份作為各位的參考。

國道一號線——奧雷里亞大道(SS. 1 Via Aurelia)——西元前二四一年——由羅馬起始，至熱那亞為止。

國道二號線——卡西亞大道(SS. 2 Via Cassia)——西元前一五四年——由羅馬起始，至佛羅倫斯為止。

國道三號線——弗拉米尼亞大道(SS. 3 Via Flamiria)——西元前二二〇年——由羅馬起始，至利米尼為止。

國道四號線——薩拉里亞大道(SS. 4 Via Salaria)——在阿庇亞大道之前——由羅馬起始，至波爾多比其諾為止。

國道五號線——提伯利那大道(SS. 5 Via Tiburtina)——在阿庇亞大道之前——由羅馬起始，經由提伯利，銜接同為國道五號線，西元前三〇七年開工修築的「瓦雷利亞大道」(SS. 5 Via Valeria)，一直延續到佩斯卡拉為止。

國道六號線——拉提那大道(SS. 6 Via Latina)——在阿庇亞大道之前——由羅馬起始，至加普亞為止。

國道七號線——阿庇亞大道(SS. 7 Via Appia)——西元前三一二年——由羅馬起始，至布林迪西為止。

國道八號線——奧斯提亞大道(SS. 8 Via Ostiense)——在阿庇亞大道之前——由羅馬至奧斯提亞為止。

而至於不由羅馬起始的個位數國道，則有：

國道九號線——艾米里亞大道(SS. 9 Via Aemilia)——西元前一八七年——由利米尼起始，至庇亞伽札為止。

道理很簡單，目前的義大利國道，只是將兩千年前的羅馬大道稍作整頓，將幾乎完全相同的路線鋪上柏油繼續使用。至於該國的高速公路"Auto strada"，直譯則為「汽車道路」，與國道不同的是禁止步行者通行。道路的標示記號為"A"。由羅馬向北直達米蘭的是"A1"，往南至拿坡里的則是"A2"。除此以外還有東向、西向兩條高速公路，皆以環狀道路為起點。

由上所述可知，現代文明的產物高速公路，目前在數量上遠不及改良自古羅馬大道的國道。不過這不表示現代義大利人懶惰，只因為古羅馬人修建的道路已相當優秀，足以歷經兩千年歲月的洗禮。

若說條條大道通羅馬，還不如說條條大道起羅馬來得恰當，只因羅馬正是整個帝國的心臟。而將血液從心臟送到身體各處的動脈，就是羅馬大道了。由首都羅馬起始的十二條羅馬大道，北至酷寒的北海，南至酷熱的撒哈拉沙漠，西至大西洋，東到幼發拉底河。涵蓋地區為整個帝國疆域，包括現今的英倫、敘利亞、德意志、巴爾幹甚至埃及。光是法定必須全線鋪設石板的幹線便有三百七十五條，全長達八萬公里。若再加上鋪設砂礫的支線道路，整個血管網路便達十五萬公里，穿插分布於羅馬帝國這個身體中。而這些道路的第一號，就是阿庇亞大道。

筆者之前說過，人稱道路女王的阿庇亞大道，是一種同化戰敗者的政策手法之一。也說過在道路修築技術方面，阿庇亞大道與之前的道路有著劃時代的差異。而在道路路線選擇的方針上，也是具有革命性的。

筆者曾敘述過，羅馬大道的特色之一，在於穿越城鎮的中央。但並非只要是聚落就能享有這種待遇，須事先判斷哪些城鎮是政略、戰略方面最重要的地方，然後盡可能地讓道路筆直地向該地修築。如果被判別為不重要的城鎮，也並非將其捨棄不理，而是利用支線道路銜接。這種思維不正與現代的高速鐵路及高速公路相同嗎？

繼西元前三一二年興工的第一條人為道路「阿庇亞大道」之後，羅馬人又陸續以羅馬大道的施工法重新修整自然產生的重要道路「拉提那大道」、「薩拉里亞大道」、「提伯利那大道」。不過道路的名稱依舊維持原樣，因為這些道路名稱已經長年使用。

第五條羅馬大道，是據說於西元前三〇七年興工的「瓦雷利亞大道」(Via Valeria)。這條道路並非以羅馬為起點，而是以提伯利那大道的終點提伯利為起點，越過亞平寧山脈直達亞德里亞海濱佩斯卡拉市的道路。由於薩拉里亞大道也直達亞德里亞海濱，因此連接義大利半島西方的第勒尼安海濱，以及東方亞德里亞海濱的道路就此完成複線化。由這條道路的名稱可以推論，這工程應該是出自於當時羅馬的名門貴族瓦雷留斯一門出身的執政官。

其次鋪設的羅馬大道，是在西元前二八七年興工的「克勞狄斯大道」。這條道路自羅馬起始，連接著薩特羅尼亞，也就是敗給羅馬之後、日漸被羅馬人同化的伊特魯里亞民族所住的都市，而該都市位於今日托斯迦納地方的南端。不久後，因為通往托斯迦納地方重要都市佛羅倫斯的幹道「卡西亞大道」(Via Cassia) 完工，這條道路被列入卡西亞大道的支線。而在修建克勞狄斯大道的同一時期，阿庇亞大道也延伸到了南義大利山岳地帶的維諾莎。然而由此年開始的四十年間，羅馬人沒有進行任何一項幹道規模的工事，這是因為羅馬軍團兵已經無法顧及道路工事，必須專心於對抗強敵。首先與南義大利的希臘後裔大城塔蘭托作戰，其次又與塔蘭托請來的援軍伊庇羅斯王皮拉斯陷入苦戰，士兵們根本連休息的時間都沒有。等到好不容易獲勝時，已是西元前二七〇年，原為臺伯河畔一個小村落起家的羅馬，終於成為盧比孔河以南的義大利半島霸主。理所當然地，阿庇亞大道也延長至塔蘭托，不久後又延長到了布林迪西。

然而，當西元前二七〇年義大利半島完成統一，原本應該能全力投入建設道路網的時候，羅馬人並未重新展開道路工事。這是因為短短六年之後，西元前二六四年，羅馬又與希臘小國伊庇羅斯無法比擬的大國迦太基之間爆發布尼克戰役。

第一次布尼克戰役時，兩國都經常發生國力不濟的現象，因此開戰二十三年依舊沒有結

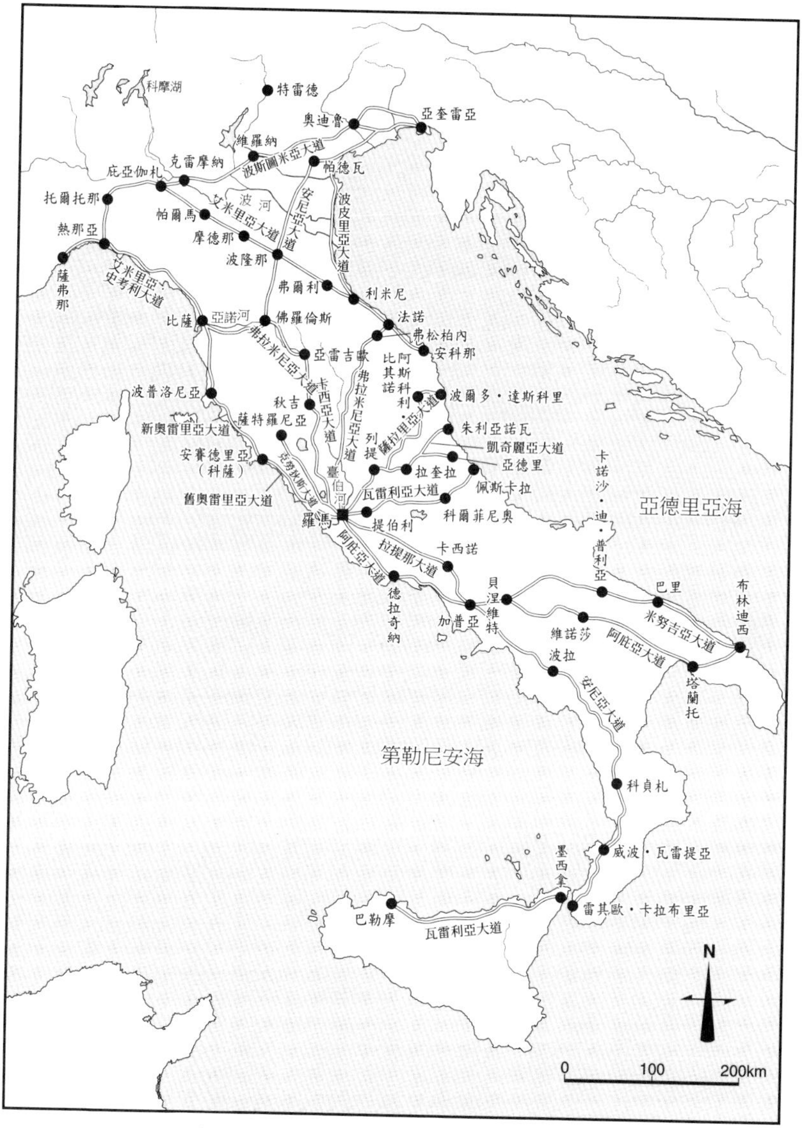

共和時期本國義大利的羅馬街道網路

果。然而，儘管戰場位於西西里島及其周邊海域，國內未曾淪為戰場，義大利半島內依舊沒有任何新的道路工事開工。這應該是因為工事所需的人力、資金及能量，全都用於對迦太基作戰。

筆者手上有一枚據說是西元前三〇〇年左右的迦太基金幣。每當拿起這枚金幣，心中都不禁有一種複雜的感慨，感慨羅馬人竟然能與生產如此精巧優良金幣的國家作戰。在第一次布尼克戰役時，羅馬本身並沒有國產的金幣。就連鑄造銀幣的制度，也是在布尼克戰役爆發的三年前才開始的，兩國的經濟力量差距是如此地巨大。儘管說這是因為墨西拿海峽受到威脅，不得不挺身作戰，然而在與強國迦太基作戰的二十年間，想必根本無力顧及道路。

而在興工修築阿庇亞大道的時候，羅馬人同樣無法鑄造銀幣，但他們依舊展開了必須投資大量人力物力才能完成的公共建設。羅馬人是否認為，公共建設並非是等到經濟力量提升後才開始，而是為了提升經濟力量而建設的東西呢？

第一次布尼克戰役之後，羅馬人最大的收穫不在賠款而在土地，西西里也由迦太基的領地成為羅馬的國土，當然羅馬人也在這個島上修築了羅馬式的道路。由執政官瓦雷留斯完成的這條大道就名叫「瓦雷利亞大道」，這條道路連接最接近義大利半島的墨西拿，以及迦太基統治的根據地巴勒摩。西西里長年受經濟力量豐厚，但不熱心於道路修築的希臘人以及迦太基人統治，瓦雷利亞大道因此成為地中海第一大島上首條正式的道路。而本國義大利半島，在第一次布尼克戰役結束的同時，又重新開始了道路工程。

由羅馬北上直達熱那亞的「奧雷里亞大道」，是在羅馬與迦太基和談後立即興工的。由此可見羅馬人對於道路工程的熱情。這條兩千年後的國道一號線，沿著第勒尼安海濱北上，經由比薩通往熱那亞，是條與阿庇亞大道同樣漫長的道路。沿線名稱分別為至科薩為止的「舊奧雷里亞大道」(Via Aurelia Vetus)、至比薩為止的「新奧雷里亞大道」(Via Aurelia Nova)，以及至熱那亞為止的「艾米里亞．史考利大道」(Via Aemilia Scauri)。由此可知工程也一共分為三期。到了帝國時代，才將這三條路段統稱為「奧雷里亞大道」。這條大道的名稱由來，按例是由提案人兼修築負責人的姓名而來，因此「奧雷里亞大道」就是「奧雷留斯的道路」之意。而這條道路的修築計畫預定將持續延伸修築，通過南法地區與西班牙的大道相銜接。西元前三世紀的熱那亞只是個小漁村，還不是有資格成為大道終點的都市。

第一次布尼克戰役結束後的第二波道路工程，是以西元前二二五年開工的「米努吉亞大道」為起始。這應該是由一位家門名為米努吉斯的執政官向元老院提案，通過後由其擔任工程負責人所修築的吧。這條大道在三百年後，由圖拉真帝全面翻修之後易名為「阿庇亞．圖拉真大道」(Via Appia Traiana)。

這條道路在貝涅維特脫離阿庇亞大道，以其他路徑通往終點布林迪西與阿庇亞大道會合。至此阿庇亞大道的複線化工作，不僅羅馬與加普亞之間完工，也完成了貝涅維特與布林迪西間的路段。

複線化讓走在路上的人有複數的路線可供選擇，其效果主要發揮在兩個方面。第一點在於發生天然災害時。假設因洪水或山崩造成暫時無法通行的狀況，這時有無其他路線可供選擇，對於共同體的功能會有莫大的影響。第二則是國防上的對策。假設敵軍控制某一路段時，我方可選擇其他路段，避免淪入無路可逃的局面。請各位不要忘記，羅馬大道的肇始原本就在軍用目的。而對於羅馬人來說，防衛疆土應當排在基礎建設之首，已經是個常識。

西元前二二〇年，該年的執政官蓋烏斯・弗拉米尼烏斯開始了在史書上的出現次數可與阿庇亞大道相比擬的「弗拉米尼亞大道」修築工事。若說「阿庇亞大道」是向南的最重要幹道的話，「弗拉米尼亞大道」就是朝北延伸的第一幹道了。在長度方面，弗拉米尼亞大道的三百四十公里不及阿庇亞大道的五百四十公里長。但與多半通過平原的阿庇亞大道相較，弗拉米尼亞大道通過的地帶幾乎都是山區。要穿越亞平寧山脈直達利米尼，建設一條長達三百四十公里，車道、步道總寬度超過十公尺的大道，實在是件艱辛的工程。我們現在所看到的「弗拉米尼亞大道」，是在修築後兩百年由開國皇帝奧古斯都全線改建後的樣子。由於穿越山區，經過的溪流也多，羅馬工程師考量到水面上漲時的情況，讓大道沿著山腰修築，並修築許多具高度的橋梁，甚至修築了寬六公尺、長四十公尺的隧道。

話說回來，現代的「國道三號線弗拉米尼亞大道」並非完全照著古代的「弗拉米尼亞大道」路線修築。有些路段相互重疊，也有些路段相互平行，但還有些路段是相差甚遠的。不過，若我們仔細觀察路段的重疊、並行與遠離是發生在什麼樣的地段時，就能知道當初開闢道路時的地勢判斷有多麼恰當。路線固然是沿著山腰開闢，但古羅馬人會選擇降雪量較少，或是降雪後路面不會凍結的地方。羅馬大道要通過哪裡固然是政治判斷，但要決定如何通過，則委由實際負擔工程的軍團技師處理。道路直接從山谷底下經過會較容易修築，而古羅馬人選擇將路修築在山腰，顯然是顧慮到不要讓道路在水量增加時遭湧水沖走。筆者先前讚嘆阿庇亞大道路線筆直的設計，而在面對弗拉米尼亞大

弗拉米尼亞大道沿線的弗爾科隧道

（右為共和時期，左為維斯帕先帝時代的隧道）

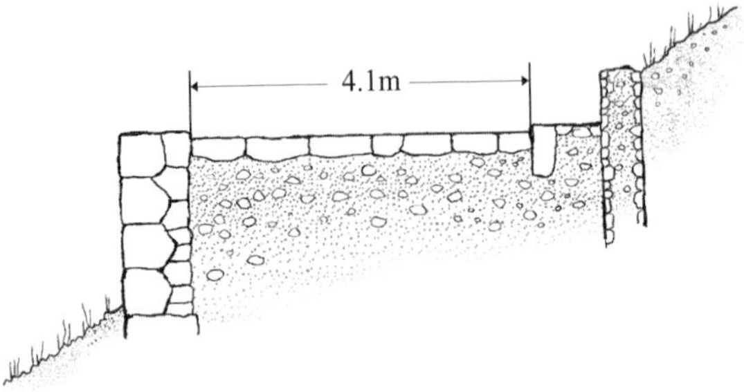

沿著山腰修建的大道剖面圖

道一面克服複雜環境一面修築的成果時，真覺得只能說「哎呀，好啊」。

不過「弗拉米尼亞大道」的工程只怕還沒修築到終點利米尼就宣告中斷了，因為第二次布尼克戰役爆發了。一心想打倒羅馬的迦太基猛將漢尼拔帶著戰象穿越阿爾卑斯山，直衝進義大利半島。這年是西元前二一八年。第二年從首都羅馬出擊的軍隊，在離弗拉米尼亞大道不遠的特連吉梅諾湖岸邊戰鬥大敗。「弗拉米尼亞大道」的工程負責人、亦即身為該年執政官，因此兼任軍司令官的蓋烏斯．弗拉米尼烏斯也在此殉國。

所謂第二次布尼克戰役，指的是由漢尼拔展開軍事行動的西元前二一九年開始，到西元前二〇二年羅馬在迦太基國內的扎馬進行會戰勝利為止的十七年間。這段期間內羅馬人完全與道路工程脫離關係。另外在西元前二〇一年與迦太基達成和議之後，又馬上得將精力都放到以馬其頓稱霸戰為起始的希臘稱霸戰。因此羅馬大道暫時無人理會。不過，雖然文獻中沒有記載，但想到羅馬人的性子，想必他們已經完成了至利米尼為止的弗拉米尼亞大道工程。因為當西元前一八七年開始第三波羅馬大道修築工程時，也是由利米尼起始，直達庇亞伽札的「艾米里亞大道」(Via Aemilia) 開工的年份。附帶一提，這條幾乎直線貫穿羅馬尼亞平原的道路，目前依舊以國道九號線的身份發揮完美的功能。而喜好網路化的羅馬人也理所當然地，在庇亞伽札與熱那亞之間鋪設一條道路，將其與奧雷里亞大道相銜接。這是為了強化無法抵擋漢尼拔進襲的義大利北部所實施的政策。而羅馬人一貫固執地，選擇以修築道路網來代替築牆維持國防。其後的羅馬人雖然步調較緩慢，但依舊紮實地進行著義大利半島的道路網整頓工作。

由羅馬起始，直達佛羅倫斯的「卡西亞大道」在西元前一五四年左右開工修築，亦即今日的「國道二號線」。而在同一時期，羅馬人又鋪設了由佛羅倫斯穿越亞平寧山脈，直達沿「艾米里亞大道」設置的波羅尼亞軍團基地的道路。在現代，則鋪設有與這條路線並行的高速公路及鐵路。

西元前一四九年至一四六年的第三次布尼克戰役，不知是因為戰場始終在迦太基首都，或者羅馬人判斷與迦太基之間的戰鬥已經不需使盡全力。總之與迦太基之間的最後一場戰役，完全沒有影響到羅馬的道路工程。儘管在地中海的對岸作戰了三年，義大利半島的道路依舊一條條開始施工。

在北義大利，於西元前一四八年興工，成為現今國道十號線的「波斯圖米亞大道」(Via Postumia) 完工，連接了庇亞伽札與亞奎雷亞之間的交通，而且網路化的工作還在持續進行。

更值得注意的是，此時的義大利北部對羅馬來說還稱不上本國。直到凱撒將北義大利行省併入義大利本國為止，弗拉米尼亞大道終點利米尼北方不遠處的盧比孔河是義大利的國界。

而在南義大利，則是由西元前一三一年興工的「安尼亞大道」(Via Annia) 銜接了加普亞與雷其歐．卡拉布里亞。由羅馬到加普亞為止是阿庇亞大道；由加普亞至雷其歐之間則為安尼亞大道。總之義大利半島的道路網路化，是由各條大道相互陸續連接而成。至此，由阿庇尤斯起始至今兩百年，羅馬人終於完成了義大利半島主要「動脈」的製作工作。

然而羅馬人在鋪設道路時，不分本國與行省的差距。諸位若對下列羅馬人的行徑感到訝異，就是不夠理解羅馬人。在整頓北義大利道路網的同時，橫越南法地區的「多米提亞大道」(Via Dimitia) 也興工了。從阿庇亞大道的終點布林迪西，以一至二日航程越過亞德里亞海，自狄爾哈強起始橫越希臘地區的「艾格那提亞大道」(Via Egnatia) 也完工了。至此羅馬在東西雙向都擁有頗具規模的道路，若以現代的說法形容，則是鋪設了高速公路或高速鐵路。請各位讀者不要忘記，鋪設道路的目的之一在於同化戰敗者，亦即將過去的敵人納入命運共同體之中。征服外族之後立即在當地開闢道路，是羅馬人一貫的行事風格。

而到了西元前一世紀共和時代末期，使用軍事力量稱霸同時派兵修築公共建設的政壇主角，則是馬留斯及蘇拉、龐培以及凱撒等人。「羅馬大道」也同時是「羅馬政治」。

兩千年後的現代人若要想像羅馬大道如何發揮功用，大可利用日本新幹線等較為熟悉的題材做引子，想像一下高速鐵路的功效。

由於鐵路上必須奔馳著大量相互連接的車廂，因此路面不能崎嶇不平。為了讓地面完全水平，則需要如同堤防一樣高築的高速列車專用鐵路。在架橋的時候，也必須修築在鐵路的延長線上。

而古羅馬人在修築道路與橋梁時，也是抱持著同樣的想法。羅馬人運用在義大利培養起來的修築技術經驗，在進入帝政時期之後，將這種修築技術引進行省道路網的修築工事中。他們完全沒有讓道路的結構簡化，或是施工時偷工減料。若說有何差異，則是在於各個行省容易取得的材料不同。比方說在木材多、溼度高的北歐地區，便有大量將耐潮木樁打入地面修築地基的道路。相對的在北非地區及中東的沙漠地帶，別說是木材，連石材都難以取得。若還堅持要修築與羅馬相同的石板道路就太不切實際了。因此在這些地方，除了經判斷有必要花費勞力從遠方運來石材的主要道路之外，其餘的道路都是砂礫路面。話說回來，乾燥地帶未必沒有好處。這裡有北歐地方求都求不到的強烈陽光與降雨集中雨季的特色。而羅馬的工程師也懂得如何運用這些特點。他們將砂礫與黏土質的土混合，鋪設成緩弓形的路面，並等待雨季來臨。當路面在雨季吸飽了水份之後，又曝曬在旱季的強烈陽光之下，便成了有如水泥地面一般堅固的道路。這是羅馬人將他們擅長的彈性應變發揮在道路修築方面上的成就。

修建金字塔的埃及人與修築道路網的羅馬人之間，最大的差距應該就在於當埃及人認為某樣材料有必要時，即使千里迢迢也會想辦法弄到手；而羅馬人則是以當地可以取得的材料為優先。又另外一樣差異在於工程是為個人的死後榮華，或是為了眾人在現世的生活便利。羅馬的公共建設準則就在於：堅固耐久、功能優異，以及美觀。若以羅馬建築技術總匯《建築論考》(*De Architectura*) 作者威圖爾維斯的話來說，就是"firmitas, utilitas, venustas"。我們姑且將其翻譯為「堅固、有效、美麗」。

可能羅馬人對自己的這種觀念相當有信心吧，《博物誌》的作者大葡里尼斯便留下這麼一段文字：

「金字塔不過是無用且愚昧的誇示權力罷了。」

羅馬水道是與羅馬大道齊名的公共建設，而曾留下水道技術總匯著作的弗隆提努由於本身也是工程師，因此留下了這麼一句工程人員才會說的話：

「希臘美術品之美好精緻固然馳名天下。但是我只能說，這些對於人們的日常生活毫無助益可言。」

然而有趣的是，與他們同一個時代的羅馬人大多熱衷於收集希臘時代的藝術品，且流行到希臘海外觀光。筆者心中的理想生活，是在整頓好羅馬式公共建設的社會中生活，出門到美術館就能看到希臘的藝術品，有空的話還能到埃及看看金字塔。看來筆者的個性與當時的羅馬平民差不多。

不過羅馬人對公共建設的信心，不僅是本身民族的自信，同時也獲得了希臘人的讚賞。希臘的史學家、文人、地理學者幾乎異口同聲的說道，在希臘，連全盛時期的雅典都毫不關心，然而卻由羅馬人創造備齊了下列三項傑作：道路、上水道、下水道。這是不同民族擅長領域也不同的一個好例子。

關於上述羅馬大道的正式研究，要等到興工一千七百年後，由一位年輕的法國人開始。這個名為 Nicolas Bergier 的年輕律師，出生於北法的小鎮蘭斯，並於當地擔任律師。有天他忽然發現，他每天前往法院時踩的道路，其實是古代的羅馬大道。蘭斯在朱利斯・凱撒征服高盧時，是當地有力部族雷米族的根據地。自從併入羅馬行省之後，這裡是七條羅馬大道匯集的繁華交通要地。正因如此，在當地踩到羅馬大道的機率自然不低。然而這個男人並非這樣靈光一閃之後，就把念頭放掉的人。之後他放棄律師的工作，終生致力於研究羅馬大道。而研究的成果，則是西元一六二二年於倫敦出版的 *Histoire des Grands Chemins de l'Empire Romain*。這本著作可說是羅馬大道研究的里程碑。

從十七世紀至今已歷時四百年，也許各位會認為羅馬大道的研究已經十分透澈，但實際上卻並非如此。學者們當然沒有浪費這四百年的時間，尤其從十九世紀中期至今的一百五十年間，更是發表了許多學術著作。然而這些著作多半以研究其出身地為主，比方義大利學者研究義大利，法國學者研究高盧地區，英國學者研究不列顛，而西班牙學者則研究希斯帕尼亞。至於當地學者不表關心的巴爾幹、小亞細亞以及中東地區，才有歐洲學者組織研究團前往調查。而且這個狀況一直延續到今日都沒變。羅馬大道石板路面的部份共五萬三千羅馬里，亦即八萬公里的數字，也是各國研究成果的合計數字。換句話說，羅馬人鋪設的道路網之廣，讓兩千年後的現代人不僅個別研究人員無法完全掌握，連研究團體都無法掌握其實況。

不過到了二十世紀中期，有個在某種程度上完全掌握羅馬大道的人出現。這是一位名叫 Victor Wolfgang von Hagen 的德國人。他似乎是在二次大戰結束後，於美國積極吸收戰敗國學術人員的環境下，獲得美國奧援開始調查的人。他首先研究的可能是印加帝國的道路。而他認為道路能表現一個社會的文明，所以說，他的眼光會集中到羅馬大道上，是理所當然的事情。

一九五九年，他開始展開文獻調查。

一九六〇年，聚集有志一同的研究人員，組成調查團。調查團全員開始盡可能收集書面資料。

一九六二年，調查團分乘兩臺吉普車，前往調查義大利半島內的羅馬大道。由於此地是羅馬帝國的大本營，無法在該年完全結束調查工作，一直延續到次年。

一九六四年，兩臺吉普車被運到了薩丁尼亞島和西西里島。在踏遍了兩座島之後，循海路前往北非。調查工作持續歷經阿爾及利亞、突尼西亞、利比亞、面臨地中海的埃及地區等地。

一九六五年，兩臺吉普車越過直布羅陀海峽，在調查西班牙與葡萄牙、法國、比利時之後，前往巴爾幹半島。

一九六六年，調查團身居中東地區，進行土耳其、敘利亞與約旦地區的調查工作。其後調查團分為兩隊，第一隊前往英國與德國；第二隊則重新調查阿爾及利亞、突尼西亞與利比亞。

一九六七年，調查團分為三隊。英國團隊進行希臘與小亞細亞內陸部份的調查。義大利團隊重新調查義大利與法國地區。團長 Victor Wolfgang von Hagen 率領的美國隊則前往埃及的東部沙漠地帶。

然而這一年也是阿拉伯國家與以色列爆發中東戰爭的時候。若以常識而言，為避免戰火波及，調查團應該暫時避禍才是。但這些人卻在埃及士兵盤據的地方持續調查工作。也不知他們是如何辦到的，竟然能向埃及軍方高層請願，獲得從斯維茲到阿卡巴(Aqaba)之間的調查許可。而當時的西奈半島正是烽火連天的時候。他們沿著古代的羅馬大道前往斯維茲之後，又渡過紅海回到埃及，調查尼羅河與紅海間的羅馬大道。Victor Wolfgang von Hagen 在書中說，雖然戰爭開始了，不過我們的研究工作依舊照預定結束了。不僅如此，在那年秋天他們還完成了小亞細亞南岸的調查工作。此人奔馳在羅馬大道上的速度，簡直可以跟朱利斯．凱撒相比。其後他們前往保加利亞(Bulgaria)，調查完土耳其位於歐洲的部份後又南下希臘。他們的目的是艾格那提亞大道，這是一條羅馬軍團使用了五百年的東行道路。

「艾格那提亞大道」是與幹道中的幹道阿庇亞大道相隔一日航程的道路。亦即由帝國向東行最重要的一條路。Victor Wolfgang von Hagen 隊在調查這條經過希臘、南斯拉夫的道路後，到達了阿爾巴尼亞國界，在此等待入境簽證。然而不管他們等待多久，就是等不到入境簽證。當時的阿爾巴尼亞是個嚴峻的共產國家，對本國國民的出入境管制嚴密，對外國人的出入境也同樣地不留情面。真是可惜啊！調查團無法踏入的地方，除了阿爾巴尼亞之外，就只有羅馬時代稱為達其亞，當時同樣位於共產圈內的羅馬尼亞兩地了。如果他們能取得簽證，就能走到艾格那提亞大道的終點狄爾哈強。之後只需坐船回到對岸的布林迪西後，便可沿著阿庇亞大道北上羅馬。計畫受挫的調查團後來改由北上通過亞德里亞海東岸的「卡比那大道」，由東北方返回義大利。

一九六八年，在羅馬重聚的調查團開始執筆附有大量插圖與照片的著作。書名以英文標示為 *The Roads that Led to Rome*。在歷經一場幾乎走遍所有羅馬大道的調查旅程之後，這個書名想必也是他們最率直的感想吧！書籍的出版地點則是倫敦。

調查的形成如此漫長艱辛，想必大家會認為調查團人數眾多吧，然而事實卻不是如此。Victor Wolfgang von Hagen 在書中介紹調查旅行的同伴時，其中僅有隸屬麻省理工學院的

David Mehlin、羅馬大學的 Adolfo Tomeucci、劍橋大學的 Robin Vicars-Harris、英國籍但列籍美國史丹佛大學的 Keith Richnond，以及義大利籍的地圖製作專家 Dino Rigolo 五人，再加上似乎不屬於任何大學的 Victor Wolfgang von Hagen，一共也才六個人，這真是個人數不多的調查團。而他們的工作特質，在於以同樣的人員走遍帝國首都羅馬附近的主要幹道，以及帝國邊疆的交通要道。二十世紀的代表性史學家之一墩比說，即使冒著內容不完整的風險，通史也應該由同一人完成。筆者也認為，以同一人的觀點觀察所有事物，雖然與現代極度專科分化的風潮相左，但卻是十分重要的事情。

然而，連這些年輕力壯的研究人員進行調查時，都只能把對象限定在羅馬大道上。關於附屬於道路的橋梁，只有繼續等待其他的調查人員出現，而這件事有一位義大利學者辦到了。

橋梁

人類既然有濱水而居的習性，自然人人都會發明出橋梁，也因此只要是有聚落的地方，就一定會有橋梁。橋梁種類繁多，例如獨木橋、吊橋，或是將木樁打入河底便完成的橋梁。這裡要討論的不包括這些原始的橋梁，而僅限於羅馬人所建構的橋梁。不過，羅馬人的橋梁，並不止於我們這些後人馬上會聯想到的，高高掛在半空的羅馬石橋。請各位不要忘記，羅馬人是彈性應變的好手。而當時與兩千年後的現代不同，技術與資源上都有其極限。

首先，我們來談談臨時使用的舟橋。只要將小船並排，為避免隨水流而流走，將船隻之間保持間隔並繫牢，之後在上面鋪上木板就完成了。如果認為走在木板上不穩定，可在木板上鋪上柴堆，在其上另外鋪上混有水泥的砂礫，這座舟橋就能維持一段不短的時間了。

如同舟橋，羅馬人認為是臨時使用的橋梁還包括木橋。這類橋梁中最有名的，應該就是高盧戰役時，凱撒在萊茵河上用木樁打入河底製作的橋梁了吧。雖說不過是座木橋，其結構卻相當堅固，而且在十幾天內就連接了萊茵河兩岸。因此日耳曼人畏懼羅馬人技術的傳說，想來也不是空穴來風。而這也是萊茵河上的第一座橋梁。

有趣的是，凱撒在書中寫道：讓大軍渡河時，不選擇分乘小舟，或是像漢尼拔渡隆河時一樣製作木筏，而選擇建造木橋行軍通過的理由，不僅在於安全方面的考量，同時也是為了顧慮到自身以及全體羅馬公民的名譽。這段話有趣的就在於「為名譽」這一句。不過也許所謂的大事業，除了必要性之外，還需要榮譽感或是矜持等要素相乘才能完成吧。而凱撒並無意征服萊茵河以東的地區，因此在數日內完成橋梁建設，並攻入萊茵河東岸的雙重軍事示威之後，這座橋就在凱撒的命令之下燒毀了。畢竟木造的橋梁對羅馬人來說，只是個臨時的橋梁。

不過，古羅馬人有一種木橋，在我們看來像是臨時搭建，在他們看來卻是要長期維持的橋梁。羅馬人稱呼這種橋梁為「長橋」(**pons longus**)。而這也是凱撒的主意。

由凱撒所征服，總稱為高盧的地區，以今日的國界來看，包括整個法國與比利時、瑞士、德國西部，以及荷蘭南部。在西元前一世紀時，這裡有許多未曾開發的地區，尤其北部更是四

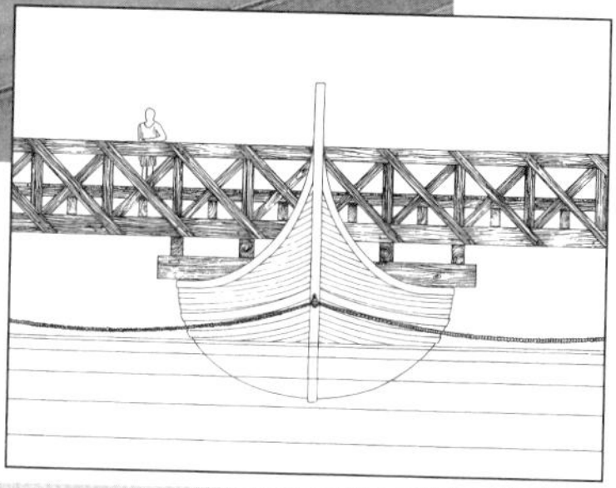

舟橋的復原模型。右為舟橋部份圖（引用自 Vittorio Galliazzo，*I Ponti Romani*）

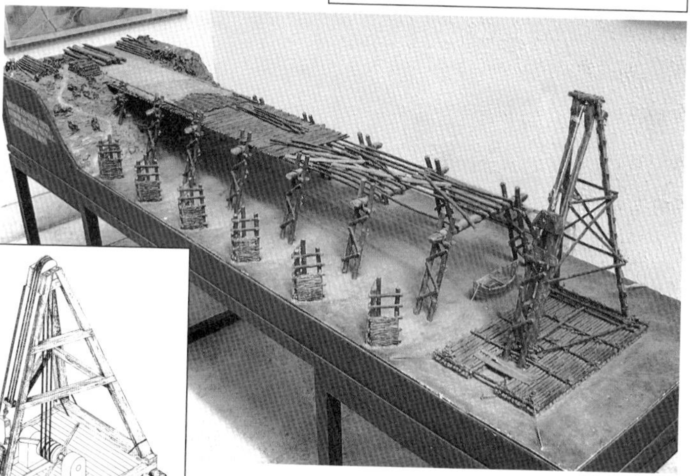

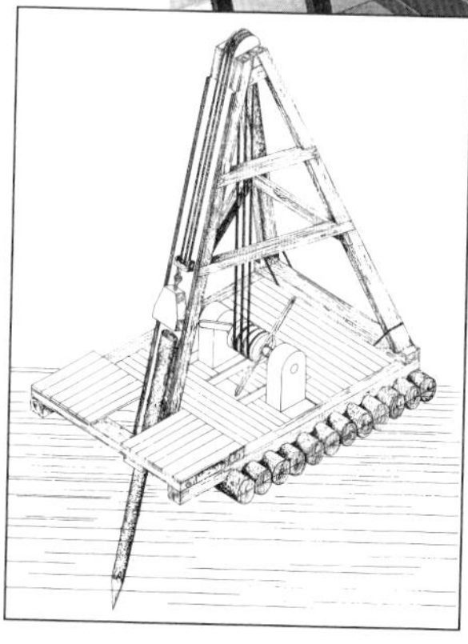

凱撒在萊茵河上搭建的木橋復原模型。左為將木樁打入河底用的機械（引用自 Vittorio Galliazzo，*I Ponti Romani*）

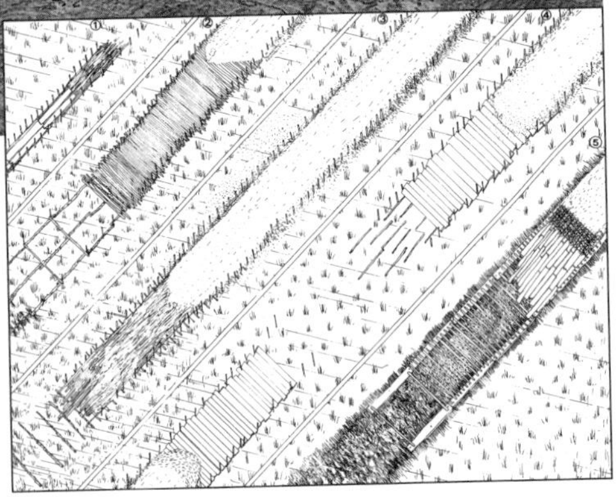

修築中的「長橋」復原模型。右為五條「長橋」的修築過程示意圖（引用自Vittorio Galliazzo，*I Ponti Romani*）

處沼澤與林地。行軍時固然要迂迴避過森林，但若連沼澤都繞過，軍隊就真的是寸步難行了。因此羅馬人必須設法讓軍隊通過這種絕對會令人馬動彈不得的溼地。他們將前端尖銳的木樁打入地面，在其上鋪設木材，然後再鋪滿柴木。不過，這種程度的橋，連當地的高盧人都在使用。凱撒不僅模仿這種橋梁，還在上面鋪滿砂礫。而且這種「長橋」不是單獨一條，而是數條並行修建。這就如同不是單車道，而是四線、五線車道的意義一樣。如此不但安全，而且得以減少軍隊通過所需的時間。這種「長橋」修建過程的示意圖，是由今日從地底挖掘

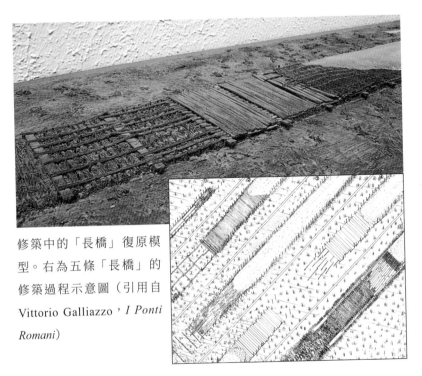

出的遺物復原所得。由此可知，其實木材的耐水性比我們想像中來得高。在北歐地區，「羅馬化」也就等於「開發」。而隨著開發的步調，溼地也日漸減少。到了帝政時期，就找不到關於「長橋」的記錄了。

話說回來，要提到羅馬人所修築的橋梁，還是應該以石橋為典範。若說羅馬式的石板道路，是表現羅馬人思想的最佳範例，那麼石橋也是同樣的。

羅馬人將橋梁(pons)稱為道路的弟弟。由於道路是雌性名詞，因此為姊姊，而雄性名詞的橋梁就成為弟弟了。既然是姊弟，自然應當互相幫助。羅馬人認為只有達成這樣團結又協調的關係，才可能實現「耐久」(firmitas)、「效能」(utilitas)與「美觀」(venustas)。

羅馬時代的橋梁在這種思想背景下修築，不論是與同時代其他民族相較，或是與其後的中世紀及近代的橋梁相較，下列的特色都十分明顯：

第一，為石造橋梁。

第二，不似拱橋般上上下下，而是水平修築的橋梁。

第三，橋梁修築於大道的延長線上。

第四，有不少橋梁與通行其上的道路鋪裝相同。若是與石板大道相連的橋，橋面也會鋪設石板。若通過的是砂礫鋪面的道路，則橋面也會鋪設砂礫。

第五，橋上依舊明確區分車道與步道。

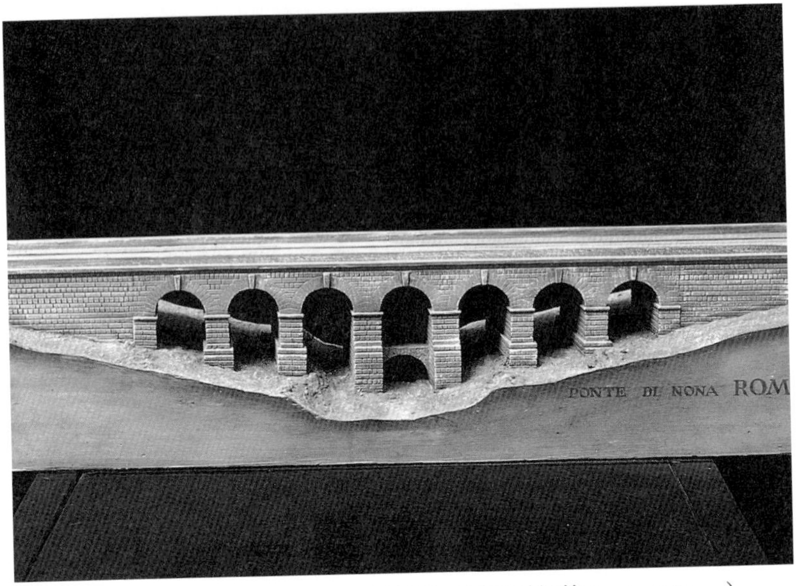

於道路延長線上修築的羅馬石橋模型（羅馬近郊的 Ponte di Nona）

第六，有不少橋梁兩端建有凱旋門式的拱門。這除了標示橋的出入口外，同時也有裝飾意味。

但是因拱門不僅只有裝飾的用途，所以在維修橋梁時，拱門的整修也不得大意輕忽。這其中的原因又與羅馬的歷史深深相關。

羅馬史可分為王政、共和、帝政三個時期。不過若要討論道路橋梁時，只要將焦點集中在共和與帝政時期就可以了。若是以軍事角度來區分的話，我們可說共和時期是進攻的時代，而帝政時期則是防衛的時代。到帝政時期之後才納入羅馬版圖的地區，只有今日稱為英格蘭的不列顛地方，以及今日稱為羅馬尼亞的達其亞地方。正如同帝政羅馬的施政標竿"Pax Romana"（羅馬主導下的和平）所表示的，進入帝政時期後，羅馬再也不打以征服為目的的戰爭了。

而凱旋門是羅馬人為迎接戰勝歸國將士所獨創的建築形式。共和時期的最高司令官，亦即領隊的將軍們可以享有受贈凱旋門以報其功勳的殊榮，得以讓這些故人對國家的貢獻、事蹟傳留後世。在進入帝政時期後，由皇帝擔任羅馬軍的最高司令官，但若皇帝只因不是勝仗將軍，就不能受贈凱旋門，未免面子上太掛不住，畢竟對於羅馬的男人來說，最高的榮譽就是能當上凱旋將軍，通過由公民饋贈的凱旋門舉辦凱旋儀式。因為這是將一個男人一生舉辦過的凱旋儀式次數當成個人資歷的時代。

然而，以開國皇帝奧古斯都為首，其後因為「羅馬和平」日益鞏固，大多數的羅馬皇帝都未曾經歷過凱旋儀式。能戰勝歸國回到首都羅馬舉辦凱旋儀式的皇帝，恐怕只有進行不列顛征服戰的克勞狄斯帝，以及征服達其亞的圖拉真帝了吧。

話雖如此，羅馬的政治權力頂點——皇帝得不到羅馬男子的最高榮譽，事情就麻煩了。不過將「羅馬和平」政策化的奧古斯都有先見之明，他讓修築道路橋梁的皇帝也能有獲贈凱旋門的資格。奧古斯都將弗拉米尼亞大道全線翻修之後，獻給他的凱旋門就蓋在大道的終點利米尼。穿越阿爾卑斯山脈前往高盧的道路也是由奧古斯都修築，而這條道路的起點奧斯塔也有一座獻給奧古斯都的凱旋門。今日可在整個羅馬帝國疆域裡找到許多前人獻給皇帝的凱旋門，不過絕大多數都不是為了慶祝作戰勝利，而是為了感謝修路鋪橋的功績，由當地的居民獻給皇帝的贈禮。

推行這項政策的奧古斯都帝，在實施其他政策時也是編織名目的一流好手。他以下列論點說明，未曾作戰但推行公共建設也能獲贈凱旋門的理由：在戰場克敵致勝，當然對護衛祖國安全有所貢獻；然而為維護公共利益整修道路與橋梁，也同樣對護衛祖國具有貢獻。由於對外作戰的人員和整修道路橋梁的人員同為軍團兵，因此這項理論馬上就被接受了。

而且這又符合羅馬人的榮譽觀念。繼奧古斯都之後貢獻心力的，不只是公家。即使僅是私人，若以自費進行公共工程，也獲准得以建造凱旋門式的大門以資紀念。皇帝與私人的差距在於，皇帝的凱旋門是由行省或地方都市政府餽贈，而私人則是由本人自行修建。若考慮到雙方工程規模的差距，待遇上的差別倒也算是理所當然。而連修建公共建設都能獲頒凱旋門一事，就足以說明公共建設對羅馬帝國的重要性了。畢竟這與在戰場克敵致勝保衛國家有同等的價值。

筆者之前說過，若想要正確掌握羅馬帝國的實際情況，與其說是條條大道通羅馬，還不如說是條條大道起羅馬。如同血管一般奔流整個羅馬帝國疆域的道路網，是從阿庇亞大道起始。而道路網不可或缺的橋梁，則是從臺伯河上的一座橋梁起始，這座橋名叫「斯普利丘斯橋」

(Pons Sublicius)。這座按字面直譯為「木橋」的橋梁，是在羅馬的第四代國王安庫斯．馬基烏斯執政時修建，年代大約在西元前六二〇年左右。王政時期的羅馬已經有市集，當時將食鹽袋從奧斯提亞逆流而上運輸至羅馬的碼頭便在河的對岸，往來渡河便靠這座木橋。

西元前七世紀時羅馬人的技術能力還不高，儘管臺伯河並不大，但寬度也不算窄，因此要在河流上架設橋梁時，僅能使用木材。然而，這座羅馬的第一座橋梁卻沒有使用任何鐵釘補強強度，這是因為當時羅馬人在臺伯河西岸的勢力尚未確立，伊特魯里亞族等周邊外族隨時會攻進來。在這種狀況下，臺伯河對羅馬人來說也是一道天然城牆，每當外敵入侵時，橋梁都會被拆除，而為了在緊急時刻容易破壞拆除，所以羅馬人僅將橋梁組裝起來而已。

不過，羅馬人寧願冒著橋梁破壞不及時、敵軍將順勢衝入城內的風險，也要建造橋梁，這就好像冒著便於敵軍入侵的風險，也要修築如同高速公路般的羅馬大道一樣的道理。若說長達八萬公里的羅馬大道是由「阿庇亞大道」起始，那麼多達三千座的羅馬石橋就是以「斯普利丘斯橋」為開端。這兩者的共通點在於不是以隔離，而是以疏通聯絡為意圖。當羅馬還是臺伯河畔的小村落時，羅馬人這種「外向」過於「內隱」的性質已經十分明顯了。即使當時較羅馬人強盛許多倍的伊特魯里亞人，也沒有修築過這種以破壞為前提的橋梁。

以首都羅馬為起點，自西元前三一二年開工的阿庇亞大道起始的「高速公路化」，亦即進行石板鋪面工作的同時，臺伯河上也陸續修築了石造的橋梁。羅馬人認為，若道路是石板面，那麼橋梁也應該是同樣的結構。

筆者在之前已經說過，法定應鋪設石板面的幹線道路，中央部位的車道寬為四公尺多，兩側並行的步道則將近三公尺。而羅馬人修築的橋梁上，同樣地也明確區分步道與車道。尤其在步入「世界首都」的階段，可能是顧慮到當地已經破百萬的人口吧，首都羅馬的橋梁寬度已經與大都市周邊的幹線道路同等級。由於一般使用的馬車寬度約在一．五公尺左右，因此寬四公尺多的車道可說是「對向雙車道」。道路是雙車道的話，在橋上也是雙車道。

雖說羅馬式的橋梁是羅馬大道的延伸，但在修築方法方面，跨河而過的橋梁，畢竟與鋪設在地表的道路不同。

首先要說明的是，羅馬的工程師在修築過程中，最重視的是排水的問題。

在市郊的道路，車道表面會修築成一道緩緩的弓形，讓雨水能流入車道兩旁的排水溝，以解決排水問題。而在市區內的道路，只是排水溝隱藏在路面下而已，處理方法其實與導入車道兩旁的排水溝沒有兩樣。

然而到了修築橋梁時，處理雨水的方法就不同了。這時是讓橋梁本身形成緩緩的弧形。當降雨時，水會自動流到橋梁兩側排出。然而光是這樣的話，遇到豪雨時橋面馬上就會積水，阻

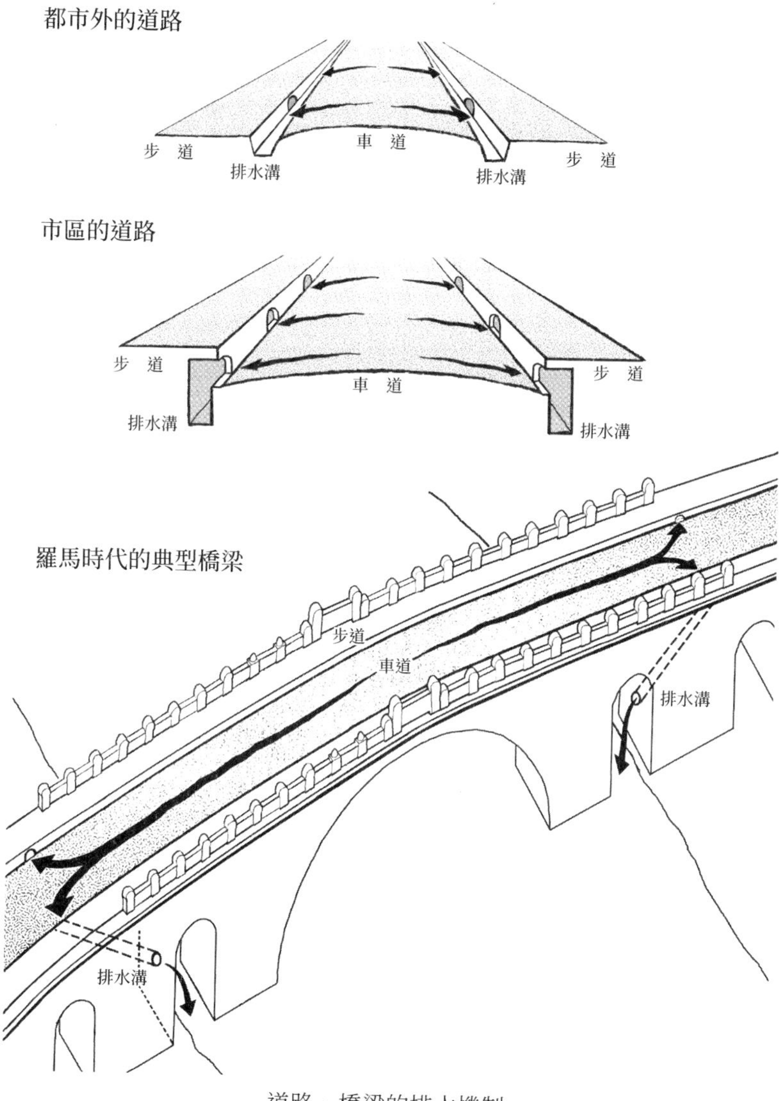
都市外的道路
步　道
車　道
排水溝
排水溝
步　道
市區的道路
步　道
車　道
步　道
排水溝
排水溝
羅馬時代的典型橋梁
步道
車道
排水溝
排水溝

道路、橋梁的排水機制

礙人車通行。不過，羅馬的工程師也有他們因應的對策。就是讓雨水在橋面累積之前，順著兩側步道下方的排水溝流入河裡。土木工程的第一大敵就是水，處理結果的好壞會左右建築物的壽命。

羅馬大道是在由地表挖掘深度一公尺以上的堅固地基上修築的，然而橋梁卻要通過水上。在進行橋墩工事時，水流又不可能因此停止。而羅馬的工程師們在因應這個問題時，是採用下列的工作方式解決這項問題。

一、決定橋墩的位置，在其前後左右打下木樁樹立木板牆。

二、將牆內的水全部排出。

三、在已經如同乾燥地表般的河床向下挖掘，並堆積石材製作橋墩。

這種橋墩施工法，除了作業因機械化而技術進步以外，古代與現代的施工方式如出一轍。至於在石材下方密布埋下耐水木樁的施工法，後有多瑙河上全長一千一百三十五公尺的「圖拉真橋」採用。不過在橋梁只需一百五十公尺長的臺伯河上還不需使用這種技術。話說回來，如此費工夫的「圖拉真橋」也只有橋墩部份是石材，其上均為木造結構。而別的橋梁卻是整體石材結構，就連避免人車滑落橋下的護欄及扶手，也都是石材。

為什麼羅馬人要這樣堅持使用石材呢？在兩千年前的歐洲，森林面積遠大於耕地面積，因此絕對不會缺乏木材。這種偏重石材的現象，只怕不是二分東西洋，說東方人用木頭、西方人用石頭就可以一筆帶過的。當筆者在思索這個問題時，也理所當然地想到重量的問題。也就是

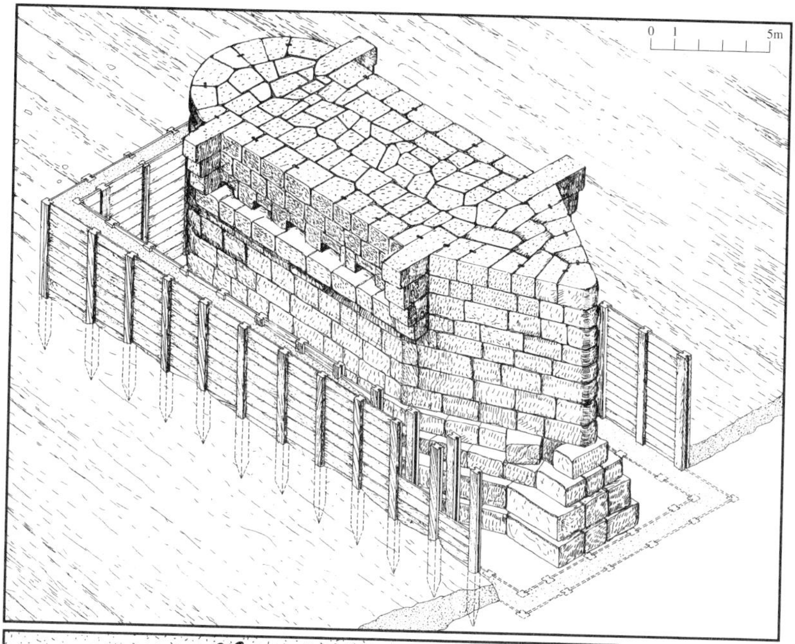

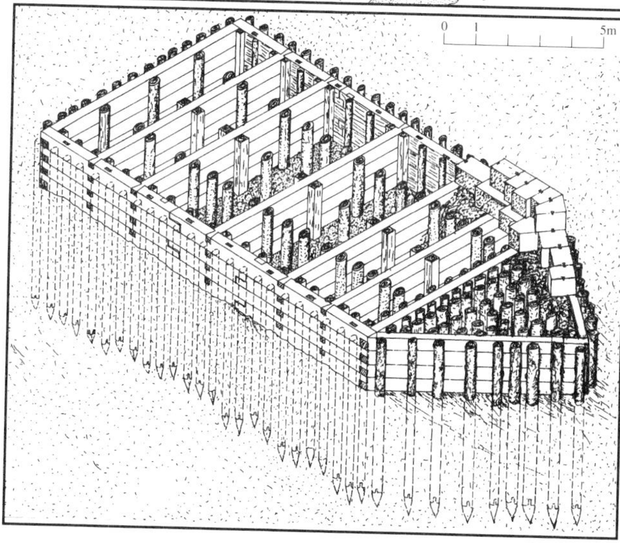

橋墩施工法：橋墩建於將河水汲出後的木牆內。左圖為將木樁密布埋於石材下的方法（二圖均引用自 Vittorio Galliazzo，*I Ponti Romani*）

說，羅馬人建造的石橋，到底能承受多少重量？

根據學者的研究報告得知，羅馬時代修築的石橋，每平方公尺可以承受二噸的重量。然而這個答案聽在筆者耳中，實在沒什麼感覺。因此筆者請求身在東京的編輯代為調查，日本人運用最新技術修築的橋梁每平方公尺可以承受多少重量？後來筆者收到一頁傳真，內容似乎是「本州四國連絡橋公團」對外公開的小手冊，上頭寫著「全球第一的明石海峽大橋」、「架橋技術的大成」、「中央支間長一千九百九十一公尺為全球之冠」等文字。

在傳真上，編輯寫道：「向本州四國連絡橋公團詢問的結果，目前並不知道每平方公尺的單位負重極限值，已另行請技術人員計算。附帶一提，大橋的設計強度足以在承載四十三噸貨櫃車兩臺與二十噸卡車數臺，並在側面強風的狀態下維持穩固。高架道路的情形也大致相同。」

而在看著這張說明手冊上的圖解後，筆者發現一件事情。架在多瑙河上的「圖拉真橋」需要二十根橋墩支撐一千一百三十五公尺的橋身。而兩千年後的橋梁可能是因為採用吊橋設計，因此一千九百九十一公尺的橋身下能夠完全沒有橋墩。可是這又為筆者

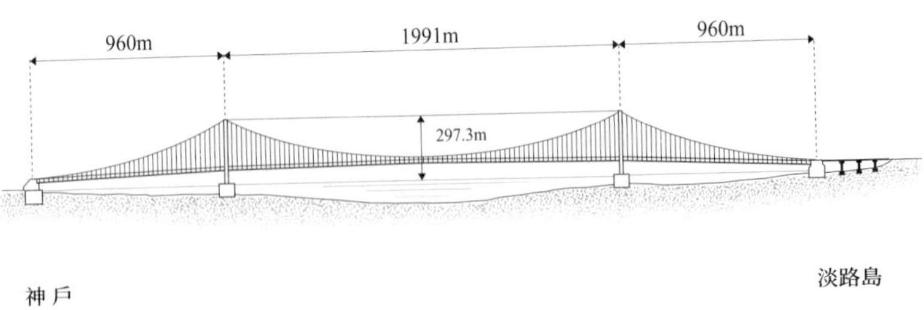

明石海峽大橋側面圖

帶來一個新問題，就是現代橋梁不需橋墩的原因，究竟是因為採用吊橋設計，還是因為別的緣故？

繼說明手冊之後，編輯送來的第二通聯絡內容則如下：

「關於日昨所委託調查的日本橋梁負重問題，本州四國連絡橋公團已經計算出每平方公尺的估計承載負重。根據報告，明石海峽大橋能承受之最大重量為每平方公尺一百七十六公斤。

明石海峽大橋全長三千九百一十一公尺，於設計上而言整體結構可承受一萬四千八百噸的車輛。將這一萬四千八百噸重量除以車道面積，則所得數據為一百七十六公斤。雖然這數字可能不算大，但這是將橋面車道上布滿物體時的估計數字。除非十分嚴重的交通阻塞，否則不大可能出現車道上塞滿平均每平方公尺一百七十六公斤的車輛。因此這個數據應該相當安全。」

然而這些答案卻完全不能解消筆者的疑問。每平方公尺二噸，亦即二千公斤的羅馬石橋，和一百七十六公斤的日本橋梁之間，差距並非「一點」而已。這下只有直接找專家詢問一途。因此筆者傳真給以前曾經點出筆者書中技術用語錯誤的某位人士，向他提出疑問。附帶一提，筆者大大歡迎諸位專家指出本作中的任何錯誤，但是請諸位當心，因為如下所述的，諸位大有可能被筆者的一大堆疑問轟炸。

「預估負重為每平方公尺二噸的羅馬橋與一百七十六公斤的明石海峽大橋差距未免太大了。雖說車道塞滿車輛的現象不大可能出現，因此這個數據沒問題。然而若說這種事太不易發生，那羅馬時代不是更不可能嗎？究竟為何會有這個十倍以上的差距呢？」

而回答筆者這些問題的，則是以架橋為業的川田忠樹先生。要外行的筆者去簡化答案的內容，反而有可能讓大家都看不懂，因此將原文收錄於後：

「羅馬時代的橋梁負重——二噸／平方公尺

明石海峽大橋的負重——一百七十六公斤／平方公尺

兩者差距超過十倍的理由，在於將兩種『負重』混為一談。

汽車、馬車及行人等——由於是會動的物體，因此為『活負重』(live load)。

橋梁本身重量——由於不會動，因此稱為『死負重』(dead load)。

明石海峽大橋的一百七十六公斤／平方公尺，很明顯地為活負重。（長橋的負重會遞減，因此有些短橋負重在二百公斤左右）

羅馬時代的橋梁負重為二噸／平方公尺的數據，除了死負重以外實在無法想像。因為要承載貨櫃車與傾卸車 (dump truck) 的現代橋梁，負重較羅馬石橋低，而且低於十分之一的情況實在不可能出現。這已經是比較的問題了，大致上而言，有：

古代的石橋——死負重大、活負重小

現代的鋼橋——死負重小、活負重大

上述的傾向。例如古羅馬時代的拱橋：

死負重——二噸／平方公尺

活負重——一百公斤／平方公尺

如上所述，橋梁設計幾乎為死負重所主宰，活負重連二十分之一都不到。因此我認為您所調查的古羅馬橋梁記述中，只有記載死負重。」

看完之後，筆者總算是豁然開朗了。不過又在意川田先生將古代的橋稱為「石橋」，現代的橋稱為「鋼橋」，因此打了一通電話給他。

筆者問他現代橋梁死負重「小」，是否因為使用鋼鐵的關係，而答案是肯定的。

那麼，兩千年後的技術進步，是否可說是材質與輕量化的進步呢？答案又是肯定的。

據川田先生表示，羅馬時代雖然已經有鐵，但生產鋼鐵（steel）不可或缺的、能產生數千度高溫火力的動力問題尚未解決。以羅馬人產生的火力製造出的鐵強度不足，因此羅馬人只好依賴石材。

當放下話筒之後，筆者心裡又有了個想像。如果羅馬人擁有製造鋼鐵，亦即產生數千度高溫的技術的話，架在臺伯河上的當然會是鐵橋了。而目前殘存在羅馬郊外的水道橋，甚至說不定連圓形競技場，都會變得有如艾菲爾鐵塔一般。這麼一想，突然覺得很煞風景，心裡甚至為羅馬人無法製作鋼鐵而高興。筆者不知道「鋼橋」的壽命有多長，但在臺伯河上十一座羅馬時代的「石橋」，有五座到了兩千年後的現在仍在使用。而整個帝國疆域中，有三百座以上的石橋至今依舊提供人車通行。川田先生的回答，又激發筆者去思索一個問題。

南法尼姆地方的水道橋 Pont du Gard（西元前一世紀，奧古斯都時代）

那就是，儘管活負重「小」，為什麼羅馬人還要費盡工夫去建設這樣沉重的，亦即死負重「大」的道路與橋梁？尤其水道橋上只有水流通過，「活負重」更是「小」得很。而且在這種狀況之下，道路橋梁還不收通行費用。至於水道，詳細留待後述，不過水道費用能徵收的金額十分有限，根本談不上什麼預算平衡等等。如此一來筆者更是認定，羅馬人認為公共建設應該是不計成本進行的事業，因此這些建設的工程決定權才會在有如現代國會的元老院手中。而提案權以及施工的最高責任，共和時期是在財務官或執政官，帝政時期則在皇帝身上。因為如果只把公共建設當成一般的土木工程而不是國政，那麼不可能會前後兩個時代都交由國政最高負責人——執政官與皇帝的管轄之下。

在整個羅馬時代中，不論是道路或是橋梁，都沒有特地修築通過當時的權力中心——執政官、獨裁官或是皇帝的別墅附近。筆者認為這顯示了羅馬人認為公共建設的主力在「公共」，而「私人」只是附帶的想法。

而到了現代，由羅馬出發，經由佛羅倫斯、波羅尼亞直達米蘭的高速公路一號線，在接近佛羅倫斯的地方，為了轉向當時首相出身的選區亞雷鐸，整條原本可以筆直的道路拐了一個大彎。像這樣的事情，在羅馬時代是連皇帝都不敢做的。哈德良帝的提伯利別墅雖然距離「提伯利那大道」只有一小段路，但連結皇帝別墅與幹線道路的，卻是哈德良帝自費修築的私人道路。不過，這並非我們目前熟悉的「禁止生人入內」的「私有道路」，而是只要住在別墅附近，任何人都可以不經申請直接使用的道路。

羅馬人既然如此重視公共建設，也理所當然地不會隨意胡亂興建。首先要決定好優先順序，然後仔細推敲評估、付諸實行。這項工作在共和時期由財務官與執政官負責；進入帝政時期後，則由職權有如上述兩官職合而為一的皇帝進行。附帶一提，羅馬人認為道路與橋梁是一體的，但將其分類為下列四種。

㈠公道（viae publicae）——修築工程由國家負擔，但修築後的維修則由直屬皇帝的公務員

「大道監察官」(curator viarum) 負責。依照「道路法」規定，公道必須有四公尺餘寬的石板車道及左右各三公尺的步道。其他規定則包括每一羅馬里樹立一個里程碑，以及每日行程中都可享用的住宿及換馬等服務。各位大可以認為，羅馬的幹線道路，就有如允許行人使用的近代高速公路一樣。

㈡軍道 (viae militares) ——僅為因應軍事需求而修築的道路。大多數為石板面，但亦有砂礫路面的道路。不過無論路面種類，車道均為對向雙車道。有不少此類道路順著防線鋪設，鋪設工程及維修均由派駐當地的軍團負責。

㈢支線 (viae acutus) ——與因應國政需求而鋪設的公道相對，這種道路是地方政府為當地需求而鋪設的道路。鋪設工程與其後的維修工作，均由地方政府自行負責。

㈣私道 (viae privatae) ——鋪設、維修均由土地所有人負責。但由於可讓所有人以外的行人通行，因此

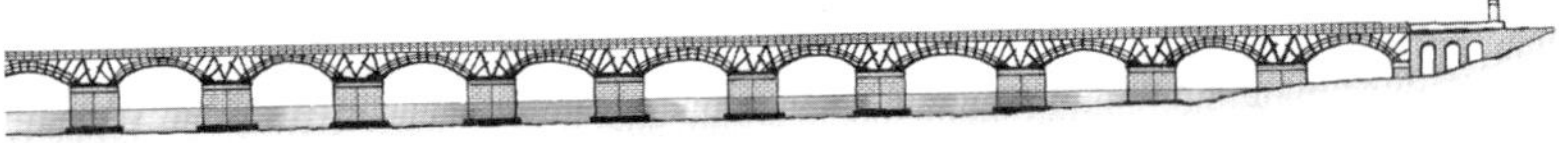

架在多瑙河上的圖拉真橋

義大利的卡司特爾·狄·索里陸橋

與其認為是通往私人宅院的道路，倒不如認為是私人土地內的公用道路。

至於這四種羅馬時代道路的總長度，研究人員推估如下：

㈠→八萬公里

㈠＋㈡＋㈢→十五萬公里

㈠＋㈡＋㈢＋㈣→三十萬公里

而這些道路沿線上，則修築有總計據說高達三千座的橋梁。

如此一來，不只是我們這些業餘愛好者，連專家學者也都會對這些道路橋梁的建設費用數據感到興趣。不過一提到這個問題，連最大膽的研究人員都不敢開口胡亂評估。原因並非如同其他事物一樣，因為歷經中世紀的戰火，使得羅馬時代留下的記錄喪失殆盡，

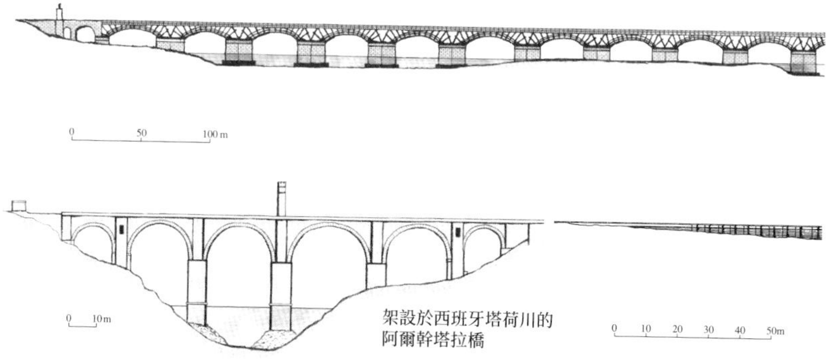

羅馬時代的各種橋梁

而是羅馬人一開始就沒有留下任何資料。像是工程人員之間交換聯絡事項資訊的書面資料按道理應該存在。然而不論是威圖爾維斯的《建築論考》或弗隆提努的《水道論考》，以及大葡里尼斯的百科全書《博物誌》等著作中，都沒有提及建設費用。至於其他對公共建設沒什麼興趣的史學家著作，就更不用指望了。

這種情形應該是由兩種原因造成的。

第一，現代公共建設最常遇到的頭號問題是徵收用地，然而對於羅馬時代的公共建設工程來說卻算不上什麼問題。

第二點在於，討論羅馬時代的公共建設工程時，無法估計技師與熟練工匠的人事費用。

我們首先談談第一點的用地徵收問題。必要的用地寬度如圖所示。亦即需要徵收寬十二公尺，長達數十至數百公里的土地。

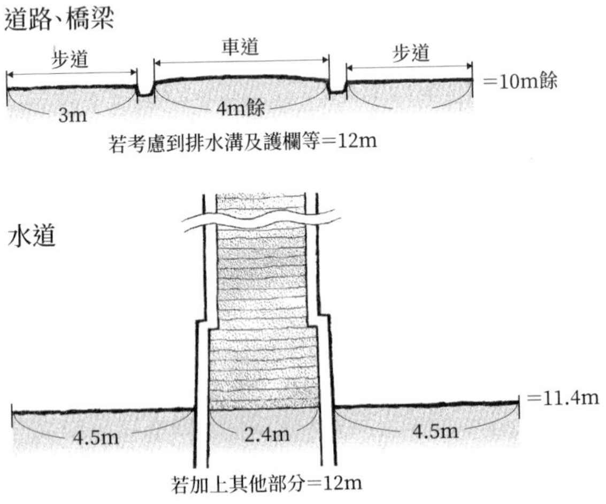

道路、橋梁及水道必需用地的寬度

至於水道方面，不論是架設高架橋或是挖掘地下坑道讓流水通過，寬度均為八佩狄斯，亦即地上地下同樣約二．四公尺。也許各位會認為橋梁是經過河川上方，因此不需徵收用地。但羅馬人認為橋梁是道路的延伸，因此即使是傾斜的河濱地，至河川前的土地也有徵收的必要。

又加上羅馬法是以保護私有財產為絕對要件，不能因為要修築公共建設而強制徵收庶民的土地，因此用地只有由政府購入一途。不過話說回來，所需的也只有十二公尺寬的帶狀土地。在史書中有時會看到國家向不願土地被切割的地主買下整塊地，然後將建設用地之外的部份轉售他人的記載。之所以會有這種現象，是因為不論修築的是道路或水道，若是家畜在其中往來走動，那麼在進行維修時將形成障礙，妨礙了維修工作。當年朱利斯．凱撒為了建造一座冠有他個人名字的廣場，花了六千萬塞斯泰契斯（銅幣）的巨款徵收土地。由此可以證明，即使在羅馬時代，要徵收人口密集的都市中心地帶土地，也是一大難事。然而，我們卻找不到任何道路或水道的修築計畫一通過，周邊的地價便立刻暴漲，或是地主遲遲不願出讓土地的記錄。因為一旦道路、橋梁或是水道完工，首先受益的就是住在周邊的居民。羅馬大道有如當時的高速公路，與現代的高速公路不同的是允許徒步旅人使用，而且既沒有收費站，也沒有特定的出入口。只要修築一條連接至大道的私人道路，任何人都可以免費使用大道。至於水道方面，周邊的農地與住宅當然也可以引水利用，不過需要事前經由水道局許可，因為這牽涉到水道裡的水壓問題。可是各位千萬不要忘記羅馬人具有強烈的公德心。甚至於曾經有人為了公眾利益，捐出了寬十二公尺的帶狀土地。羅馬時代的土地徵收不是太大的問題，在這方面來說，簡直是公共建設施工的天堂。

至於第二點，無法估計技師與熟練工匠人事費用的理由在於：這項費用與軍事費用重疊。在羅馬時代，若是神殿、廣場或是水道等公共建設工程，是由被稱呼為"societas"的私人企業，經由招標制度發包施工。然而關於道路與橋梁，尤其在修築公道或軍道時，實際進行工程的則是軍團兵。羅馬大道最初的目的，原本便是以軍事用途起家，工程師以及熟練的工匠，也同時是隸屬於軍團的技師及士兵，這就有如日本自衛隊的隊員施工修築鐵路、高速公路一樣，人事費用相當然地由軍事費用撥出，也因此建設總經費無法估計。而有趣的是，羅馬人對於這種分不清楚帳目的現象，不但不認為應當改善，反而認為這是理所當然的事情。

羅馬式的公共建設普及到各行省，已經是進入帝政時期以後的事情了。這個時期也是羅馬的國策由攻勢轉為守勢的時代。隨著開國皇帝奧古斯都提出的「羅馬和平」目標逐漸轉為現實，配屬於各個防線的軍團防禦對外作戰的日子也因此減少。然而話說回來，國家不能欠缺對外防禦的準備，因此裁軍有其極限性。奧古斯都曾經說過，「坐著的士兵不是士兵」。而這個皇帝也確實理解，對於像羅馬帝國這樣藉由同化戰敗者而擴大疆域的多民族帝國來說，整頓公共建設也是一種國防事業。

士兵們也不會抗議說，他們是為了從事軍務才志願應徵軍團兵，不是為了修築道路而應徵的。或許他們心中會這麼想，但絕對不會說出口。因為身兼羅馬軍團最高司令官的皇帝，在考量道路的路線，並經由元老院同意之後，便成為工程的最高負責人，推動道路工程。因此有義務服從皇帝的軍團兵，不論是身在戰場或是工地現場，都一樣必須服從皇帝的命令。在之前已經敘述過，獻上凱旋門給鋪設道路的皇帝以表達謝意，已經成為一種風俗。而在凱旋門上，通常會清楚的刻著，工程係由第某某軍團軍團兵施工的字樣。羅馬帝國跨越歐洲、中東及北非的八萬公里大道，幾乎全數是由軍團兵所修築。而羅馬人又認為交通網路不只是修築好道路與橋梁就算完成。

關於這點，我們必須了解以羅馬大道一詞統稱的羅馬式道路，亦即全線鋪設石板的大道，到底運輸著什麼。

使用硬體設施的人

所謂羅馬大道，一言以蔽之，是為了讓軍團從派駐地點行軍移動到其他地點所修築的道路。雖說是軍團，但指的不只是軍團兵。羅馬的軍團大致上是由三種士兵構成。一是以具備羅馬公民權為條件的軍團兵，二是出身行省但志願從軍的輔助兵，三是成員多半出身行省的騎兵。諸位大可將其想像成重裝步兵、輕裝步兵以及騎兵。在數量上以步兵居多，羅馬軍團的主要戰鬥力自然是軍團兵，且不論是軍隊的結構，或是戰術方面的需求，整個軍團都會區分成上述三種。但羅馬軍團中還編列有其他人員存在，因此軍團在移動時，也就有戰鬥人員以外的人車一起行動。首先是醫療團，除了醫療傷兵的軍醫及男性護士以外，還包括醫護牛馬的獸醫。其次則是配屬於軍團的工程師。這些人身份有如工兵隊長，不過除了身邊的助理以外，並沒有其他工兵隊員。羅馬軍團的一大特色就在於，除了人稱「羅馬軍靠十字鎬打勝仗」的軍團兵熟於施工以外，連輔助兵在內，整個軍團都是「工兵」。

雖說所有器械都設計配備了車輪，以便於在戰場移動，然而在行軍時還包括裝在牛車上運輸的攻城器械。羅馬大道會盡可能維持平坦、盡可能維持筆直，並且緊密鋪設石板，讓風吹來的泥土無法累積在石板的細縫中，其中部份原因也就是考量到要節省運輸沉重兵器的時間。

另外，裝載露營用的帳篷及軍糧等物資的貨車也不可或缺，通常這些貨車也是以牛隻拖曳。古時候又有一句諺語說「羅馬軍靠補給站打勝仗」，羅馬軍不到最後關頭，不會期待每個士兵的精神力量，他們認為首先需在事前盡可能地整頓好能讓士兵發揮力量的環境，亦即「補給站」。

當由上述人員編制構成的羅馬軍團開始在路上行軍時，就連具有四公尺車道的羅馬大道，也會被整個軍團霸占。為了服務行軍時遇到的一般旅人，路旁絕對會需要與車道並行修築的三公尺步道。

羅馬大道的第二種使用者就是一般人了。我們可說羅馬大道有如附設步道、沒有收費站的現代高速公路。也正因此，大道成了不論是一般旅人，或是運輸近鄰地區農產品的貨車都能利用的道路。這點和徒步旅人無法利用現代高速公路不同。利用大道的人，有等待假日來到，藉機到郊區山莊休閒的都市居民等短程旅客，也有想要到「世界首都」羅馬出人頭地，從西班牙行省出發，越過庇里牛斯山脈、橫越南法地區，又穿越阿爾卑斯山脈，從北義大利前往羅馬的長途旅客。而從帝國東方，也有滿懷希望，打算在權貴集中地尋求有利奧援的藝術家趕來。

利用當時的高速公路，亦即羅馬大道獲得利益的人，還包括商人與農民在內。以往僅是山間獨立部落的時候，固然大家過的是自給自足的日子，然而當道路網整頓完備之後，山村的產物也就容易流入都市了。利用羅馬大道的人，有絕大多數知道：促進物產流通可以帶動生活水準的提升。修築時盡可能維持路面平坦及直線路線，而且特意鋪設路面的羅馬大道，不只較人馬踩踏出的道路更能節省時間，還能增加車輛的積載量。也就是說，不但交通的次數變多，每次的搬運量也增加了。人與物的交流變得頻繁，經濟也會隨之活絡。遍布整個帝國疆域的羅馬大道，將羅馬帝國化為一個大經濟圈。這個羅馬經濟圈，範圍何止現代的歐洲聯盟，除了歐洲之外，還包括了中東及北非一帶，是連兩千年後的現代人都無法完成的大型經濟圈。而若要經濟圈能發揮效應，只有持續和平一途。若說「羅馬主導下的和平」是因為成功防禦外侮而達成的，那麼只說對了一半。羅馬是因為成功化解了多民族國家容易產生的內部紛爭，才能夠維持如此綿長的國祚。而且這是一段幾近三百年的和平時期。對維護「羅馬和平」貢獻最多的，就是羅馬大道了。人若要維持身體健康，體內的血管就必須要能發揮功能，將血液送至體內各處。而羅馬大道正是如此。這也就是僅依賴不滿二十萬人的軍團兵，就能維護大帝國國防的最大要素。

至於在羅馬大道上奔馳的第三類人物，就是運輸郵件的人了。羅馬人有一種國家郵政制度(cursus publicus)。這雖是一種國營的郵件發送制度，但並非以人力運輸，而是利用馬匹或馬車運行，而且還是採用重複換馬奔馳以提升速度的方法。更特別的是，這並非只有傳送郵件時才派遣人員，而是不論有無郵件都定期派員往來的制度。

這項制度的起源，來自於朱利斯·凱撒的發明。當他遠征高盧時必須與首都羅馬保持迅速的聯絡，因此創設這項制度。而當奧古斯都登基之後，便將這項制度轉為國營機制。

附帶一提，在進行高盧戰役時，凱撒的行動迅速，讓與他敵對的高盧及日耳曼部族感到驚恐。凱撒之所以能夠如此神出鬼沒，也有賴於他創設出的資訊傳遞體制。

首先，他建構一組純粹以傳遞訊息為任務的士兵。當時雖然高盧與義大利之間尚未建設羅馬大道，但是已經有道路存在。將上述的傳令兵派駐到高盧通往義大利的路上，並在馬匹每日可走的路程定點上配置交換人馬的驛站。就好像在乘馬疾馳之後可以換馬一樣地，傳令人員也可以更換。這種接力傳令的方式，在日語中便稱為「驛傳」，而早在兩千一百年前羅馬人便已經實現了。高盧人與日耳曼人並非沒有傳輸資訊的方法，只不過他們的方法只有在遇到需要傳輸資訊時才會付諸實行。而凱撒的方式不同之處就在於，他創設的是一個隨時可以傳達任何訊息的系統。在當時凱撒利用這套系統，比任何人都更早取得資訊。而當他要親自出馬時，也是活用這套系統。當他跳下因全力奔馳而開始口吐白沫的快馬時，馬上能騎到另一匹快馬上前進。據說凱撒在全力趕路時，每天可以疾馳一百公里。儘管凱撒自幼就是個騎馬好手，但若沒有這個換馬的系統，想必也辦不到。總之凱撒神出鬼沒的戰績，也是人工創設的產物。據說當年凱撒在外作戰時，總會在沿途配置備有數匹馬的「史塔其」（station 的語源）。

奧古斯都在獨創方面的才華雖然遠不及他的養父凱撒，但將凱撒的政策實現成國策的能力卻是不相上下。而且這位開國皇帝又享有治國四十年的機會。換句話說，他無論想做什麼，都有足夠的時間徹底進行。國家郵政制度就是在奧古斯都的手中完成的。

多虧了朱利斯・凱撒四出征戰稱霸，奧古斯都才得以專心於防衛，亦即確立他所說的"pax"（和平）之上。而這樣一來，收集資訊的方法也隨之變化了。

開國皇帝奧古斯都在治國的四十年間，幾乎沒有離開過首都羅馬。各位從地圖上可以看得出來，羅馬市正位於羅馬帝國的中央，只要架構好一個系統，將各個領域的資訊集中到羅馬，並以這些資訊為基礎做判斷，將命令迅速傳遞到帝國各地，那麼即使身在首都，也能統理好這個龐大的帝國。義大利內部的道路網在共和時期已經幾乎完成，而到了帝政時期，更是將道路網拓展到所有行省。隨著道路網的擴大，以收集資訊及傳遞命令為目的的國營郵務系統也隨之擴大。

奧古斯都會如此執著於確立「國營郵政」（cursus publicus）制度，其實也是受到他個人的因素影響。他與養父凱撒不同的是，他自幼體弱多病，又不擅長長時間騎馬。簡單來說，他不是那種四處活躍的領袖人物。又加上他另一項與養父不同的特點是，只要他一指揮作戰就會打敗仗。可是偏偏羅馬帝國目前尚未完全成形，也就是說，被征服者居住地的行省化，亦即與征服者羅馬人之間的命運共同體化，還在持續進行中。為了壓制行省民眾在這個過程中無可避免的叛亂，羅馬帝國的皇帝需要具備戰略與戰術的才華，然而奧古斯都卻沒有。為了彌補這方面的缺憾，他只有依靠養父配給他的武將阿古力巴。可是羅馬帝國如此龐大，不是阿古力巴一個人能忙得過來的。雖說阿古力巴是經由凱撒挑選的優秀武將，但畢竟不是天才。他能夠在戰場上獲勝，只因為遇到的對手是布魯圖斯與安東尼，若是遇到漢尼拔，只怕會是一敗塗地。正因為現實局勢如此，奧古斯都只好仰賴多位武將擔任各項勤務。不過，奧古斯都雖然沒有作為武將的才華，在選擇助理人選方面的本事卻相當高明。也就是說，在轉化缺點成為優點的方面，他是一個天才。雖說他曾參考阿古力巴的建議，但最後派遣到未完成行省化工作的邊疆地帶總督人選實在是恰當不過了。而身在首都卻要統治整個帝國的皇帝，自然有必要與派駐在帝國戰略要地，進行當地羅馬化作業的將軍祕密聯絡。

羅馬大道創設的目的，原本在於讓軍隊能迅速移動，而羅馬帝國的郵政制度，則是為了統治廣大疆域產生的。此外，一個能完全達到某個目的的體系，自然能轉用到其他的目的上，這項原本用於聯繫皇帝與將軍間的制度，很自然地轉變為帝國內的居民人人能利用，就好像羅馬大道協助帝國一體化一樣，郵政制度也幫助了住在帝國各處的人一體化。我們不待普魯塔克訴說「敗者同化」便可得知：不在征服者與被征服者間築牆隔離，而以將整個羅馬帝國化為命運共同體為目標的羅馬主政者最該避免的事情，就是民族或部族的相互孤立。

所謂的體系，必須不為能力出類拔萃的人設立，而是由一般人同心協力，並滿足其個別的必要性。因此體系應該與創設者的個人能力無關。如果違反這項原則便無法發揮功效，也就失去了身為體系的持續力。筆者認為羅馬帝國是由凱撒描繪藍圖；由奧古斯都幾乎原封不動地修築；並由第二代皇帝臺伯留鞏固的。其中就包括了國營的郵政制度。臺伯留所做的，是在每個驛站配屬警備隊，維護行走於羅馬道路網的人車及郵件安全。

凱撒擁有能一天衝過一百公里的體力與騎術，臺伯留也曾日夜不停策馬奔馳一百四十公里。而相反地，奧古斯都就連前往他的妻子莉薇亞位於羅馬郊外的別墅時，都寧可要下人抬著轎子送他走過這段不到十公里的路程。因為他在四面用布幕遮住的轎子內，可以自由閱讀或躺臥。這樣三個體質各異的國君建設羅馬大道的周邊設施時，卻能夠迎合一般人的需求，真是耐人尋味。也許正因為政治領袖不能失去這種大眾的觀點吧。就連背著裝有羅馬帝國「公共電報」圓筒的傳令人員，都不需要一天跑過七十公里的路程。然而大道周邊的設施，卻是以協助人員維持速度，得以一天趕路七十公里為基準設立。這種換馬接力的設施，平均每隔八羅馬里（十二公里）就會設立一個。天下只怕少有如羅馬主政者這般遵循著「持續即是力量」原則的人了。羅馬人使用的拉丁文中，稱呼這種在大道沿線設立，用於交換馬匹的設施為「驛站」

凱撒

奧古斯都

臺伯留

(mutationes)。比起前述的「史塔其」要來得單純，含有「僅能交換馬匹的設施」的意義。若以現代的高速公路來形容，則是汽油的加油站。

羅馬的公文是寫在Papyrus紙捲上，然後由國營郵政機構的成員裝在皮製圓筒中騎馬運輸，這些人身上會配有證明身份用的"Diploma"。而在由奧古斯都所確立，地位有如「郵政法」一般的法律中便規定，必須滿足持有上述證書者的任何要求。當然，其所需費用是由國家負擔。

上述國營郵政制度的設立目的，是為了傳遞公文書信。不過羅馬人是個熱心於創建法律規範，但在實施時又具有彈性的民族。反正同樣是要到首都羅馬的人員，因此就算夾帶行省總督寄給妻子兒女或是朋友的信件，皇帝與元老院也會睜隻眼閉隻眼。

不過，羅馬帝國的國營郵政制度，並非僅由帶著公文疾馳的人馬構成，他們還利用相當於郵務馬車的車輛，受理信件及包裹業務。駐守邊疆的士兵寫給祖國親人的信，還有親人寄給

羅馬時代的郵務馬車浮雕

士兵的物品，就是利用這種馬車傳遞的。而既然使用到馬車，那麼除了交換馬匹的「驛站」以外，又需要能夠修理馬車的設備。而除了郵務馬車以外，羅馬大道上還會有一般旅人使用的馬車，以及和陌生人一起搭乘的共乘馬車通行。因此能讓這些人投宿的設備也不可或缺，畢竟能在親戚朋友的別墅借住的旅人實在不多。而為了能服務大多數的人，在每日行程定點上會備有一個齊備諸般設備的「旅店」，各個旅店間的距離，據說是每五個驛站配一個旅店。這種旅店在拉丁文中叫做“mansiones”，也就是mansion的語源，羅馬時代的mansiones，就有如現代的汽車旅館。

「旅店」間的距離不定，和敘述「驛站」間的距離時，只能以「平均距離」為基準的理由是一樣的。這是因為走在能加快腳步趕路的平地上，和走在即使全線鋪設石板路面，但依舊會拖慢速度的山

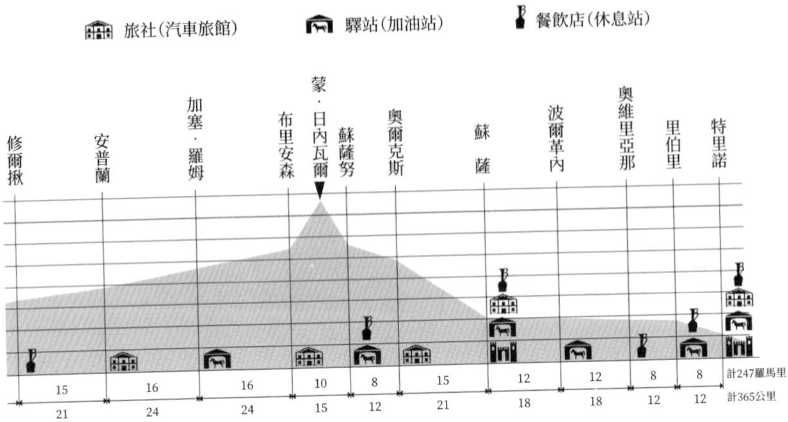

岳地帶時，人馬疲勞的程度會不同。若是像阿庇亞大道的四十三公里直線路段，連徒步旅人都可能在一天之內趕完。然而在穿越阿爾卑斯山脈的大道上，就不可能有這種成績了。儘管羅馬大道的阿爾卑斯路段因修築時的地勢選擇恰當，以及排水設施完備，使得旅人在冬季依舊能行走。然而對整頓設施的需求，也很自然地要較平地路段來得高。

在此介紹一張圖。這是一張表示由現今屬於法國境內的瓦蘭斯，到今日屬於義大利境內的特里諾為止，這段跨越阿爾卑斯山的羅馬大道沿線有多少服務設施的簡圖。這張圖所依據的史料，是一位在西元三三三年決定由波爾多前往耶路撒冷的無名長途巡禮者所留下的記錄。這份名為 *Itinerarium Hierosolymitanum Burdigalense* 的遊記，特別之處在

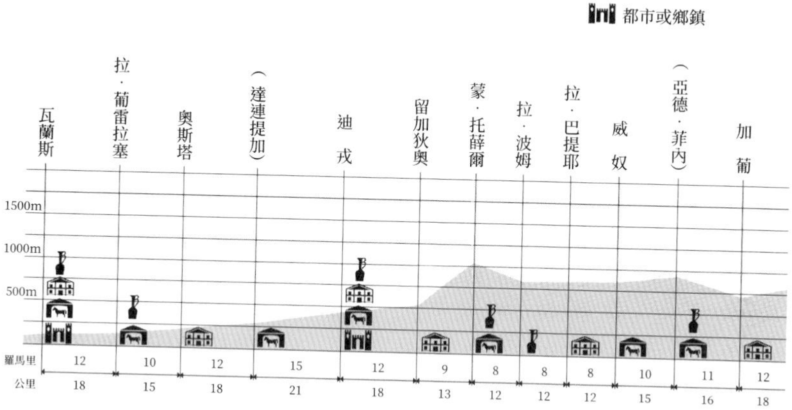

攀越阿爾卑斯山的羅馬大道（由瓦蘭斯至特里諾）沿線各種設備

於作者一五一十地，將他經過大道上所有的設施都記錄了下來。作者會如此認真的記錄，想必是為了提供其後的巡禮者一份參考資料吧。結果這不僅提供西元四世紀的旅人很有用的參考資料，甚至於有助於後人研究羅馬時代。筆者認為，當看到這張圖時，各位讀者也能了解，為何羅馬大道可說是當時的高速公路。

首先，以城門圖示標示的，是都市或鄉鎮，而畫有馬廄圖示的代表具備換馬及馬車修理設施的地方，若以現代的高速公路比喻，則是附設汽車修理廠的加油站吧，羅馬時代稱其為「史塔其」。房屋的圖示，則代表備有投宿設施的地方，當時稱為“mansiones”。以葡萄酒容器標示的，則是能用餐的地方，相當於現代高速公路的休息站餐廳。羅馬時代則稱其為「達維納」，這是一種讓人坐在桌前迅速用餐的地方，也可說是小吃店吧。

目前屬於法國境內的瓦蘭斯和現今屬於義大利

的特里諾，在羅馬時代已經是中型都市，因此當然具備各種設施。而在法蘭西地區的迪戎與義大利這邊的蘇薩也能夠備有同樣水準的設施，則是在羅馬人鋪設越過阿爾卑斯山脈的羅馬大道之後了。換句話說，是在義大利與高盧之間，建設越過阿爾卑斯山脈的高速公路後。各位從圖中可以看得出來，這兩地正是大道要開始攀越山脈的地方。

這種標示每隔多少羅馬里有何等設施存在的圖，目前專家學者們只製作了一張，起點是由瓦蘭斯至特里諾。然而由羅馬人之手創建，跨越阿爾卑斯山的大道，卻不只這麼一條。請各位回想一下，羅馬人認為道路就是要複線網路化才有價值。各位讀者可以將附圖「攀越阿爾卑斯山的羅馬大道（由瓦蘭斯至特里諾）沿線各種設備」作為基準來想像，其他跨越阿爾卑斯山的羅馬大道大致上也是如此，備有各種的服務設施。

義大利半島是羅馬帝國的本國，其北端被阿爾卑斯山脈環繞。在現代，山脈形成了由西向東分別與法國、瑞士、奧地利及斯洛維尼亞（Slovenia）共和國等國之間的國界。然而在古代，這些國家的領土還在羅馬帝國疆域內，當然地，羅馬的幹線大道會穿越阿爾卑斯山，向西、北、東三個方向修築。若由西向東排列這些幹道則如下：

由熱那亞起始，沿海岸穿越阿爾卑斯山，直通南法地區的道路。這條道路又直接越過庇里牛斯山脈向西班牙邁進。（附圖路線❹）

由特里諾穿越阿爾卑斯山，向隆河邊的瓦蘭斯前進，其後北上轉向里昂的道路。（附圖路

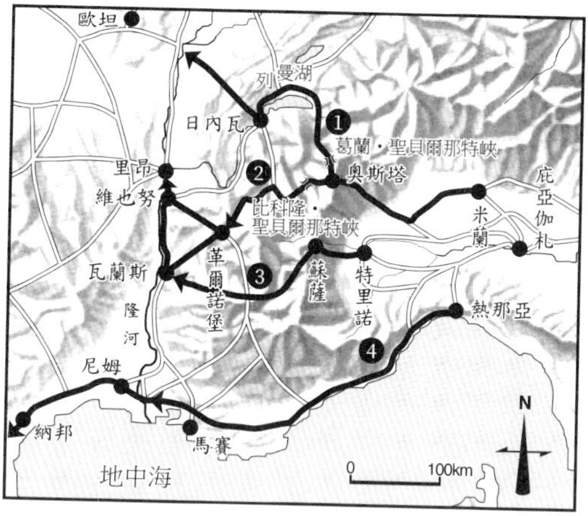

四條攀越阿爾卑斯山通往高盧方面的路徑

線❸）

　由特里諾北邊的奧斯塔開始穿越阿爾卑斯山，經由革爾諾堡前往高盧地區的道路。（附圖路線❷）

　同為奧斯塔起始，但不向西行，而朝北方前進穿越阿爾卑斯山到達列曼湖，其後經由日內瓦前往高盧的道路。（附圖路線❶）

　光是攀越阿爾卑斯山向西延伸的幹線道路，便有上述四條。

　另外，通往萊茵河及多瑙河前線的幹道，則總計為六條。其中又有四條路線是穿越阿爾卑斯山的：

　到達列曼湖之後繼續朝向萊茵河上游北上，經史特拉斯堡，陸續經過梅因茲、波昂、科隆等國境旁最前線基地的跨山羅馬大道。

　由米蘭北上到達科摩湖，再由此朝北沿波登湖濱前往奧古斯布魯克，以雷根斯堡為目的地的道路。多瑙河畔的雷根斯堡古稱卡斯特・雷根那。這裡與萊茵河岸邊的軍團基地梅因茲間以「日耳曼長城」

(Limes Germanicus) 相連，是戰略上的一大要地。

以威羅納為起點穿越阿爾卑斯山的大道，北上到達特雷德，離開特雷德後便開始了穿越阿爾卑斯山的路段。其後通過茵斯布魯克，經由札爾茲堡，通往多瑙河前線地帶。

水都威尼斯是在羅馬帝國末期為了避開日耳曼民族入侵而產生的都市，因此不存在於古羅馬時代。羅馬時代義大利東北角最重要的都市，是在日後孕育威尼斯的拉葛納（潟湖）後方陸地的亞奎雷亞。以帝國的多瑙河前線為目的地，跨越阿爾卑斯山的大道，就是以亞奎雷亞為起點。只要一離開義大利，越過了阿爾卑斯山，防衛帝國的最主要前線軍團基地，例如維也納、布達佩斯均配置於多瑙河沿岸。而多瑙河與萊茵河一樣，隨時會有軍船隊巡邏。

附帶一提，上述提到的現代歐洲各國都市，全都是在決意並執行修築跨越阿爾卑斯山「高速公路」的羅馬人都市化之後，一直延續到今日的都市。

有一次筆者到科摩湖畔的旅館借宿數日，原因是想要休息養生。既然是為了休息養生，當然別說是稿子了，連和工作相關的書籍都沒帶。科摩湖與南方的卡布里島齊名，是國際知名的休閒勝地。只不過筆者避開了一身華麗米蘭風格的觀光客會喜好的地區與旅社，居住在一個瀕臨湖面的寧靜區域。

可是作為寫作者最悲哀的，就是儘管身子休息了，腦子裡卻還在動個不停。當筆者看著晚霞如紗的阿爾卑斯山，望著平靜如鏡面的湖水時，筆者心裡又開始想，這座湖不可能沒用來穿越阿爾卑斯山。於是筆者又設法弄來一艘小船前往科摩，到圖書館中搜尋資料。調查的結果如下述：原為小村落的科摩會發展為城鎮，也是在古羅馬時代。羅馬人認為與其整修科摩湖畔的陡坡鋪設大道，不如在湖上設立常備船團，連結今日的義大利與瑞士之間來得經濟。第一個設立常備船團的人，就是朱利斯．凱撒。後來在科摩湖上找不到船團，是因為自從遭羅馬帝國末期日耳曼民族入侵燒毀以來，再也沒有人打算重新設立。

既然能這樣利用科摩湖，那麼想必列曼湖等其他諸多湖泊也是如此運用。我們一般人聽到阿爾卑斯山脈，就會立即想起阿爾卑斯人辛辛苦苦攀岩而上的高峰，其實阿爾卑斯山脈也有許多地方可供人往來，而名將漢尼拔甚至曾經帶著戰象跨越山脈。只不過羅馬人所思索並建構的，是創造一套不受季節、天候等自然條件影響的道路。要探討他們的行動原理，只要思索如何將事物合理處理即可。因為羅馬人是古代唯一注重提升功能與效率，藉以將自身力量發揮到極致的民族，因此一切均以合理為基準。在瓦蘭斯、特里諾間通行的羅馬時代「高速公路」諸般周邊設施，其配置也是合理至極。

有句格言說「賢者向歷史學習，愚人向經驗學習」，但筆者認為如果不向歷史與經驗雙方求教，只怕稱不上真正的學習。對筆者來說歷史是種知識，而若知識沒有生命，便不能成為經驗。

以下要說的，是三年前筆者在多瑙河畔調查時發生的事情。筆者搭乘飛機從羅馬直飛保加利亞首都索菲亞 (Sofia)，在當地租用配有駕駛人員的出租車輛後，首先北上到達多瑙河濱。這次旅程的目的，在於逆流而上一路調查至維也納，因為多瑙河沿岸的貝爾格萊德、布達佩斯、維也納一帶，正是當年羅馬帝國最重要的前線。

實地調查過程相當順利，筆者原預定在維也納下車改搭飛機直飛羅馬，但在機場等著等著，心中又開始改變主意了。因為筆者想起來，從維也納有直達羅馬的列車，於是由飛行之旅變成了一場陸地之行。結果筆者發現，從奧地利首都維也納到義大利東北角的托利斯特所花的時間，和從托利斯特到義大利首都羅馬所花的時間大致相同。這一場旅遊經驗，最能讓筆者深深感到多瑙河防線對於羅馬帝國有多重要。原來從前線到本國義大利之間，距離是如此的短。也能了解到當年皇帝收到多瑙河防線被攻破的消息後，會理所當然地親自帶兵急忙趕往維也納準備迎擊。那個時代還沒有鐵路，不過，羅馬式的全線石板幹道卻由多瑙河畔起，穿越阿爾卑斯山直達羅馬。這種古代的「高速公路」固然方便了羅馬軍北上，卻也便利了異族的南下。而上述的皇帝馬庫斯·奧理略，就在迎擊戰期間死於維也納。筆者認為，坐在飛機上一躍而過，是不可能體會當時羅馬人的感受。

要討論作為帝國動脈、甚而穿越阿爾卑斯山脈修築的羅馬道路網時，還有一項不可忽略的事情。那就是儘管途經山路，卻不用擔心途中是否會遇到山賊襲擊。雖然無法確認在羅馬帝國日益衰退的西元四世紀之後是否依然如此，但直到帝國還能充分發揮功能的西元二世紀為止，大道上的治安確實相當安穩。

筆者認為，「羅馬和平」是羅馬人所實現的公共建設中最重要的一項，然而這並不只是抵禦敵國或異族的襲擊，保護羅馬帝國而已。所謂「羅馬主導下的和平」(Pax Romana)，可分成三個方向思考。

第一為保衛羅馬帝國與其居民不受國界外的敵人侵犯。請各位參照一下特別為本冊而添附的羅馬帝國主要街道網全圖。擔負羅馬國防任務的羅馬軍團基地，如果不是緊臨著國界，就是設置在容易趕赴到國界的地方，甚至可以說羅馬軍的主力就在邊境勤務上。

第二則是羅馬人本身認為，能夠同時收拾處理帝國內部的紛爭，才稱得上是「羅馬和平」。羅馬早在施行帝政之前許久，就是個多民族、多宗教、多文化的國家，在國內既有包著頭巾的東方國民，也有留著長辮子的北高盧國民存在。羅馬的主政者在統治這個複合政體的時候，除了普及國防、道路網、郵政制度，以及整頓水道、浴場(thermae)維持衛生，還有羅馬法等「文明」的同時，也容許各個民族維持其固有的特質「文化」。因為防止民族間的紛爭，正是「羅馬和平」的一大重要條件。而我們如果回頭看看當年屬於羅馬帝國，到了二十一世紀的現在卻紛爭不斷的地區，則有巴勒斯坦、科索沃、馬其頓等地。也許在高唱著民族自決口號的現代，解決民族紛爭的答案反而離我們越來越遠了。

「羅馬和平」的第三項要素為治安，相信這是最能表現羅馬人凡事力求現實的事情了。若說防衛國境的工作由軍團負責，維持帝國內部安定則是政府的工作，那麼維持治安的工作，就落在警察頭上了。當年是由開國皇帝奧古斯都創設保障公共安全的警察制度，不過將其推廣到全帝國並徹底施行的，則是第二代皇帝臺伯留。在閱讀記錄時，總讓人覺得彷彿臺伯留帝認為沒有秩序的地方就沒有自由。相信他十分理解維持治安的工作，重要程度不下於抵禦外侮。

而實際上，不管將道路橋梁修築得多麼完美，如果途中有遇到山賊的風險，那還是一樣連想出門旅行都做不到。如果連單身走在街頭都會感到不安的話，經濟也會失去活力。這點在郵政制度方面也是一樣的，如果令人擔心郵件在途中被偷的話，也不可能會有人利用。羅馬帝國的極刑，是將犯人綁在競技場內的圓柱上，讓猛獸生吞活剝。除了尼祿皇帝任內的一段時期以外，直到西元三世紀後半為止，會報處以這種刑罰的犯人不是基督徒，而是山賊、海盜的頭目。筆者在第IX冊中描述哈德良帝視察旅行時最敬佩的，不僅是這位皇帝視察旅行的規模而已，而是打從心裡佩服，雖說範圍在帝國疆域內，然而最高權力者的皇帝竟然能不帶軍隊，僅帶著少數隨從四處旅行。

如果閱讀史料時，不能看出字裡行間的諸般事物，那麼稱不上是真正讀過史料。記述哈德良帝視察旅行的《年代記》作者，在書中完全沒提及旅行中如何保衛皇帝的安全。不過我們可以得知，這並非一場由軍隊護衛的旅行。而在記述安東尼奧·派阿斯帝任內時，寫下「無事可記」評語的，也是與這位皇帝同時代的人。無事可記，不正證明了大多數的制度都能發揮令人滿足的功能嗎？《年代記》的作者，也就是當時的「傳播媒體」。而所謂的媒體，就是狗咬人當作沒看見，但人咬狗就大肆報導的一群人。即使治安不受保障，有錢聘用保鏢的人還是一樣不會受害。然而能這樣做的，只有擁有權力或資產的人。所謂保障治安，不正是為了保護無力自行維持治安的一般公民安全嗎？當出現雇用專業保鏢，或是居民組織民警團的事態，也就表示國家已經喪失功能了。

在此追加一件事，史上將羅馬帝國滅亡後的中世紀稱為「黑暗時代」，就是因為「羅馬和平」已經喪失了。也就是抵禦外侮、防止宗教與民族間糾紛，以及保障治安等一切要素都土崩瓦解的時代。這是當年能以「羅馬和平」一詞統稱的秩序崩潰後的時代。趁機而起聚集民眾，以代替國家保護人民安全為由，向民眾徵集稅金的地方領袖，則演變成中世紀初期的歷史主角「封建領主」。在這個時代裡，使用道路橋梁都必須向領主繳納過路費。這種群雄割據的時代，對於各地擁兵自重爭權奪利的權力者也許很有趣，但對於一般人來說，只不過是文明的崩潰罷了。直到十四世紀後，人員物資的交流規模，以及經濟繁榮程度才回復到羅馬時代的樣子。

我們將話題回到國家還能發揮功能時的羅馬時期吧。

接下來這項話題並非附屬於之前的旅人話題裡頭。我們現在要談的，是現代人認為必備的旅行工具「地圖」。古羅馬是否有地圖呢？如果有的話，又是什麼樣的東西呢？

所謂地圖，代表著資訊的集結，而每個霸權國家都毫無例外地知道資訊的重要性。也因此，不管是否以地圖的型態呈現，每個霸權國家都熱心於收集資訊。不過各個霸權國家之間還是有差異，就在於是將收集來的資訊由統治階層獨占，或是公開給全民使用。古羅馬不論是在共和或帝政時期，都公開了這方面的資訊。據說在皇帝下令修築的公共建築物必定會附設的條柱迴廊牆面上，貼有用有色大理石按行省別貼上的羅馬帝國全圖，在市區內的書店裡，也售有各種各樣的地圖。

拉丁文中將地圖稱為“itinerarium”，而羅馬時代的地圖大致可分成兩類：“itineraria adnotata”與“itineraria picta”兩種。若要翻譯，前者可稱為「以語言說明的地圖」，後者則是「以圖案顯示的地圖」。不過，相信大多數的人都認為，只擁有其中一種並不足夠，因為這兩種地圖的繪製目的不同。羅馬人就曾敘述這兩種地圖的重要性如下：

「軍團的司令官如果沒有全部防衛責任區域的正確地圖，那麼便無法承擔軍務與公務雙方的職責。就以軍團基地、輔助隊基地沿著前線配置的監測要塞間的距離為例，光是知道里程還不夠，還必須要熟知那一帶的地勢，因此記述上述資料的地圖是不可或缺的。

另外，除了自己責任內的地區之外，能有一份包括鄰近行省，甚至帝國全國的地圖會更理想。一來當接獲帝國何處發生何事時，可以立即判斷其重要性；二則當接獲皇帝的軍團移動命令時，可以盡早建立對策，開始執行命令。因此光是擁有"itineraria adnotata"還不夠充分，有必要收齊包括"itineraria picta"在內的兩種地圖。這也是為了讓肩負許多人生命的人，不只能用腦袋掌握上述資訊，還能用眼睛確認。」

由上面所述的，可知地圖對於帶領超過萬人兵力的軍團司令官有多重要。不過對一般旅人來說，地圖也是相當重要的。

在兩千年後的現代，還有許多為旅人而製作的地圖存留。其中最讓我們這些後人感興趣的有兩種。

附圖為四個不知是否應該歸類於地圖的古代銀

羅馬時代旅行用的銀杯（刻有都市名稱與各都市間的距離）

杯。我們敢斷定這是用於旅行的理由之一，在於杯子圓柱形的外觀。羅馬大道旁每隔一羅馬里（將近一．五公里）會立有一根可稱為「里程碑」的石柱，而杯子正是模仿里程石柱的形狀鑄造的。拉丁文稱這種杯子為"miliarium"。

第二個理由，在於環繞杯子的表面刻有數字與文字。這些用拉丁文標識的文字，分別指出寄宿設施、馬匹交換處及馬車修理廠、提供飲食的設施，以及原則上備齊上述所有設施的城鎮地名。以羅馬數字記述的數字，則是各設施間的距離。當然，距離的單位是羅馬里。若以現代的高速公路為比喻，則是刻有汽車旅館、附設汽車修理廠的加油站、簡餐休息站，以及高速公路沿線都市地名的杯子。

殘存到現代，讓人挖掘出來的這些銀杯，記述著從西班牙最南端的大港加地斯（今加底斯）到帝國首都羅馬途中所有的都市城鎮，以及相互間的距離。全程包括由伊比利半島北上越過庇里牛斯山脈，橫越南法地區，跨越阿爾卑斯山脈進入義大利，並在此順著「弗拉米尼亞大道」南下到達羅馬的路程。這條路正是貫穿羅馬帝國西方的大動脈，全長距離為一千八百五十三羅馬里，換算成公里數則為兩千七百五十餘公里。其中必須跨越的高山，有阿爾卑斯山脈、庇里牛斯山脈及亞平寧山脈；必須渡過的大河則有艾普羅河、隆河以及波河。這個旅行用的杯子證明了，一路艱辛的旅程中，平均每隔二十六公里，就會有一個服務設施，旅人可以在設施中獲得所需要的各種服務。

而且這個杯子並非只提供由西班牙的加地斯旅行到羅馬的人使用。對於從杯子上的都市，

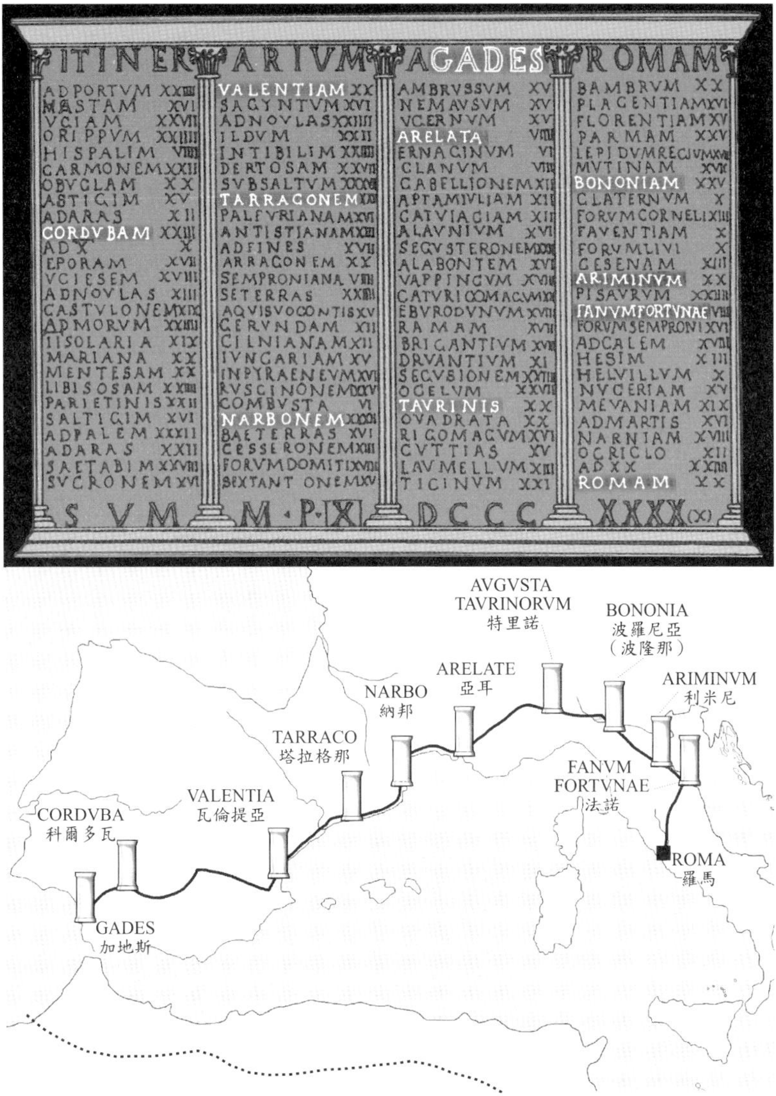

銀杯的表面展開圖（上）以及由加地斯至羅馬的羅馬大道圖

例如南法的納邦或是北義大利的特里諾啟程的旅人來說，相信也是相當方便的。因為立於大道旁的里程碑上，都有明記這座碑是由大道起始處計算的第幾根里程碑，因此旅人可以輕易算出與起點間的距離。然而里程碑上並沒有標識各種服務設施間的距離，而這種杯子上卻標識著所有這類有利的資料。只要看著杯子上的資料，就可得知向前走多遠有何種設施，想必旅人可以利用杯子計畫旅程。一想像到羅馬時代的旅人在“mansiones”裡的商店購買這種杯子喝水，一邊眼睛看著杯子上的地名及距離，不禁令人會心微笑。

從羅馬到加地斯之間的所有旅程，是羅馬人觀念中應由國家負責管理的「公道」，亦即法定應全線鋪設石板路面的幹線道路一條條接力連接而成的。而這兩千七百五十餘公里的路程，還是僅占整個帝國八萬公里幹線大道的一小部份。如此一來，我們可以假設其他主要道路上也可能有人製造銷售這種旅行用的杯子。比方說由羅馬起始，經由里昂，越過多佛海峽前往不列顛的倫敦為止；或是由羅馬起始，經過瑞士，前往萊茵河畔的科隆；甚至於由羅馬利用阿庇亞大道直達布林迪西，由此航海兩天上岸後橫跨希臘，直達今日的伊斯坦堡 (Istanbul) 等路程。當時的人們留下許多文獻證實，羅馬的「公道」上，為旅人備有完善的服務設施。另外，在羅馬時代，各地都有人製造描繪有名勝古蹟的紀念品 (souvenir) 販賣。具有地名和里程資料的旅行杯比紀念品還實用，想必需求也更大。

除了這種杯子以外，還有一種筆者認為彷彿 Michelin 導遊手冊古代版一樣的地圖。這種地圖則屬於「以圖案顯示的地圖」了。

這份地圖人稱"Tabula Peutingeriana"，是西元四世紀中期左右繪製後，經十一世紀的人複製，並由維也納國立圖書館收藏至今。這張圖是由十一張羊皮紙橫向連接成卷軸，長六．七五公尺，寬三十四公分。不過這份古代地圖的中世紀複製品，缺了應該在地圖最左端的不列顛（今英國）。因此原版按理是畫在由十二張羊皮紙所構成的卷軸上，長七．四公尺，寬三十四公分。就在這個範圍內，繪有西起不列顛東至印度河（Indus），北起北海南至撒哈拉沙漠的「世界」資訊。

由於羅馬帝國的東邊國界為幼發拉底河，因此這張圖並非羅馬世界的全圖。不過，橫越波斯，直到印度西部的印度河為止，是羅馬菁英心目中先行者亞歷山大大帝所踏遍的土地。而羅馬帝國的唯一假想敵帕提亞，雖然不久後被波斯所取代，但羅馬人始終將眼光放在中東地區。

有一點要強調的是，羅馬人並非不知道印度河以東的世界。在西元二世紀時，有位定居埃及的亞歷山大，潛心於研究生活的知名學者克勞狄斯．葡特雷艾歐斯。他雖然是活在羅馬時代的希臘人，但已經製作了一份我們現代人心目中的「世界地圖」。這份以拉丁文記述，全球最古老的世界地圖，就包含了從不列顛到中國的地方。羅馬人所不知道的地方，涵蓋非洲大陸的中部與南部、澳洲、日本、韓國、東南亞地區，以及南北美洲。

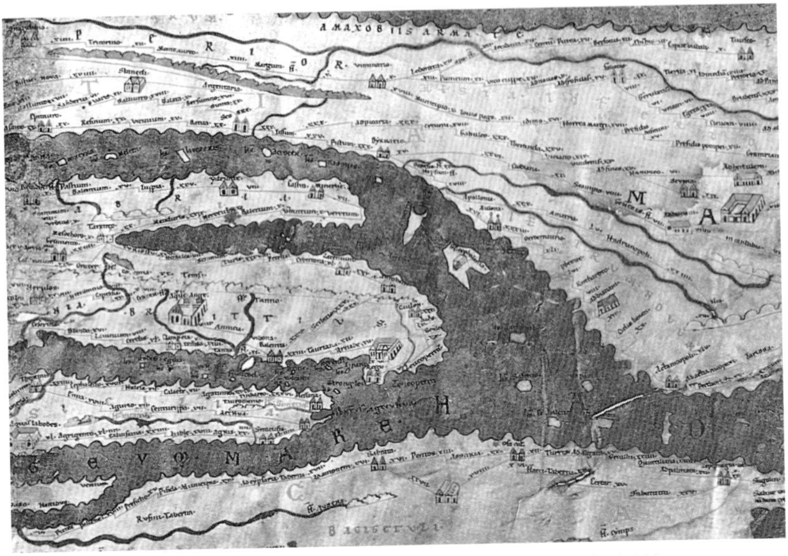

“Tabula Peutingeriana” 的部份（左為義大利半島南端）

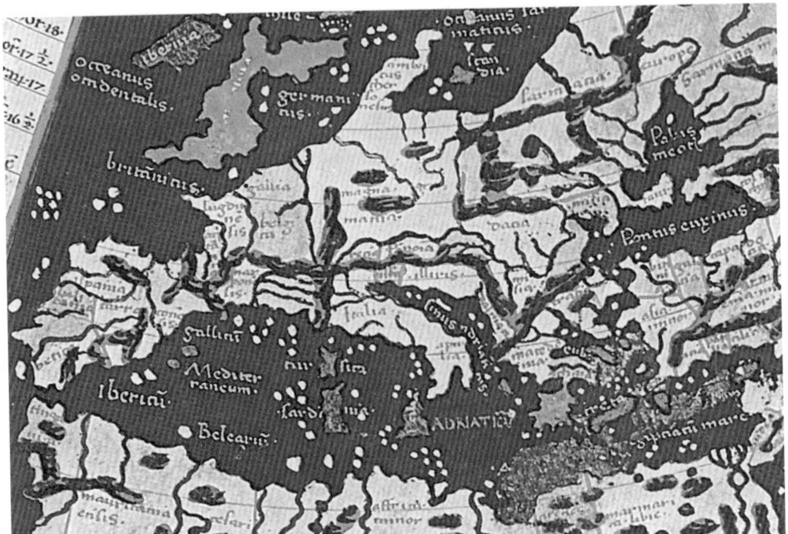

葡特雷艾歐斯地圖範例（歐洲及其周邊）

我們再將話題回到"Tabula Peutingeriana"上。這與葡特雷艾歐斯地圖最大的不同在於，"Tabula Peutingeriana"即使犧牲了實際距離比例，亦即將地圖壓縮，也要盡可能地將對旅行有幫助的資料寫進去。交通繁忙的義大利半島占據了一大片版面，而地中海卻只是一條綠色的帶子。如果在我們面前的是盡可能忠於經緯度的葡特雷艾歐斯版地圖，對於已經司空見慣的我們來說，並不難理解。然而若想要看懂"Tabula Peutingeriana"，則需要一點時間適應，因為這種地圖的目的不在於正確傳達地理位置，而在於提供對旅行者有用的資料。

筆者推想，羅馬時代也許是"Tabula Peutingeriana"式地圖、葡特雷艾歐斯式地圖、之前介紹的旅行用銀杯，以及只有文字記載的"itineraria adnotata"式地圖並存共用的時代。用有色大理石鑲嵌在迴廊牆面上，人人可看的羅馬帝國全圖，應該是葡特雷艾歐斯式的地圖。軍團司令官持有的，則是葡特雷艾歐斯式地圖與純文字的「地圖」。一般旅人則使用銀杯和"Tabula Peutingeriana"。而且這些地圖任何人都可隨時在市區內的書店，或是大道邊的"mansiones"及「史塔其」買到。

筆者會蒐購希臘、迦太基與羅馬的金、銀、銅幣，並非筆者有收集的癖好。而是為了看著硬幣的兩面，把玩著硬幣，想像著幾個硬幣可以充當士兵一年的薪餉，或是一個硬幣可以買多少公斤的小麥等。而且從這些硬幣的樣子，還能夠推測遙想希臘人、迦太基人與羅馬人性情的差異。附帶一提，希臘與迦太基的硬幣上幾乎不刻任何文字，但羅馬的硬幣因為被皇帝用來當作宣傳的手段，所以設計上是以文字環繞著皇帝的側面像。硬幣，其實也是一級的史料。

筆者就是這麼樣一個人，所以要是有人複製羅馬時代的旅行銀杯出售的話，想必會毫不猶豫地買下來。然而因為沒有人複製出售，所以只好跑到羅馬國立美術館裡去，看著玻璃櫥窗內展示用的古物。不過，筆者倒是買了一份羅馬時代地圖的複製品。

由於“Tabula Peutingeriana”本身是羅馬時代地圖的複製品，因此筆者手中的地圖，就是二次複製品了。話雖如此，和維也納的國立圖書館收藏的一次複製品比起來，只是將紙由羊皮紙換成一般紙張而已，長寬都和原尺寸一樣，而且還仿造當年羅馬人使用時的樣子，收藏在貼有牛皮的小盒子裡。地圖兩端用木棒固定，可以用手捲動木棒，只看自己想看的部份。如果只是一份複製地圖，想必不必花什麼錢吧，然而在二十幾年前筆者購入這套地圖時，花了日幣十萬圓以上，大概是因為地圖上所用的都是高級的小牛皮吧，就連放在盒子裡的說明書，都是皮製封面的線裝書。能為複製地圖下這麼多工夫，想必一來是因為預期消費者很少，如果不是有極端偏好興趣的人，是不會買這種東西的；第二個較崇高的理由，是為了重現古羅馬的富裕旅人實際使用時的狀況。事實上，這二十年來筆者偶爾會取出地圖轉著捲棒，覺得自己成了羅馬時代的中年旅人。

接下來想請各位一邊看著實物的照片，一邊聽筆者訴說幾個想法。

請各位記住一點，雖說這是一份西起不列顛東到印度的地圖（上面甚至繪有錫蘭Ceylon），但是會詳細描繪的，還是只有從不列顛到幼發拉底河之間。也就是說，只有羅馬帝國境內的部份是正確而詳細的資料。讓人感到好笑的是，在地圖東邊的印度河附近，寫有這麼一句話：

「這就是亞歷山大聽到神諭說亞歷山大啊，你要往何處去的地方。」

姑且不論亞歷山大大帝東征時是否真的聽到神諭，他轉頭西歸的地方的確在印度河畔。不過有名的故事給人這樣一寫，還真的充滿幽默感。

不知羅馬時代的地圖製作者是否認為有名的故事都應該記上一筆。我們在地圖的其他地方還能看到《舊約聖經》的故事。在西奈半島的部份，有著這麼一段文字：

「這一帶就是摩西率領以色列的子民徘徊四十年的沙漠。」

在西奈山上則是「神在此山上賜給摩西十誡。」

這類的說明文，光是看著就讓人愉快。不過在帝國的邊境雖然能找到這類文字，但隨著腳步接近地圖中心，這種內容也就逐漸消失了。這並非因為缺乏有名的歷史故事，而是實際旅行時需要的資訊變多，因此把寫故事用的餘白都給用掉了。這大概是因為會買這種地圖的，是在羅馬帝國國內旅行的人。

"Tabula Peutingeriana" 部份圖

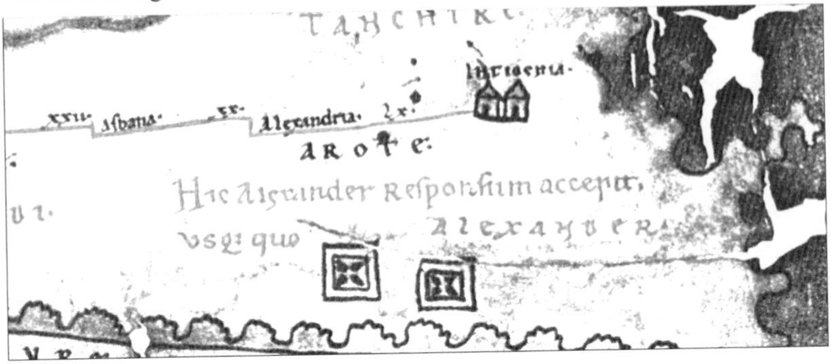

「這就是亞歷山大聽到神諭說亞歷山大啊，你要往何處去的地方。」

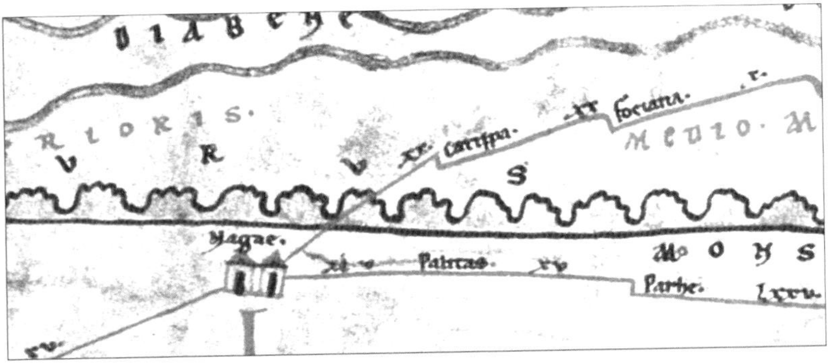

山脈（波斯附近）

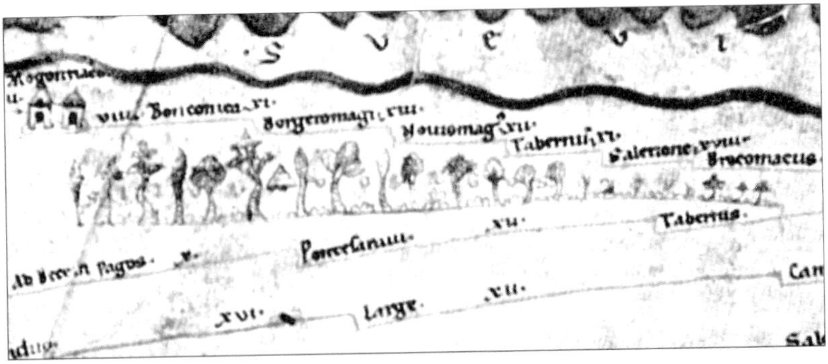

森林（日耳曼附近）

這種"Tabula Peutingeriana"式的地圖，最大的特點在於將許多必備的資訊記號化。海是一個綠色的平面，河流是條綠色的曲線，山脈是一道褐色的山型，而森林則以一排樹木做代表。不過這樣還不算特別，接下來要提的，就有如漫畫一般有趣了。

學術界一致認為，這張地圖繪製於西元四世紀中葉的羅馬帝國。當時的帝國三大都市，分別是義大利的羅馬、希臘的君士坦丁堡(Constantinople)、敘利亞的安提阿。在這張地圖上同樣也以特殊的記號標識這三大都市。

除了上述三大都市以外，另外還有六個都市，以圍牆環繞的都市記號標識。這六個都市分別為：義大利的拉溫納及亞奎雷亞、希臘的帖撒羅尼迦、土耳其的安卡拉(Ankara)及尼凱亞、尼科米底亞。這六個都市中，竟有四個位於帝國東方。想必是因為被稱為大帝的君士坦丁一世在西元三三〇年時，將帝國首都由羅馬遷移至拜占庭的影響。也就是說，羅馬帝國的重心，由西方轉到了東方。原名拜占庭的這個地方，後來就被稱為君士坦丁堡，意為君士坦丁大帝的首都，而在西元一四五三年拜占庭帝國滅亡之後，這個地方又改名為伊斯坦堡。另外，實際規模並不算大的尼凱亞會列入六個次級城市中，可能是因為這裡是西元三二五年基督教會議的召開地，亦即對於西元四世紀的基督教徒來說，這是個重要的地方，因為在西元三一三年時，君士坦丁大帝已經承認基督教為羅馬的合法宗教。

附帶一提，"Tabula Peutingeriana"會被認定為於西元四世紀中葉製作，是有其歷史背景的。因為這張地圖上已經繪有興建於羅馬的聖保羅大教堂。而在同時，又繪製有許多供奉希臘、羅

"Tabula Peutingeriana" 部份圖（羅馬時代的六個主要都市）

亞奎雷亞

拉溫納

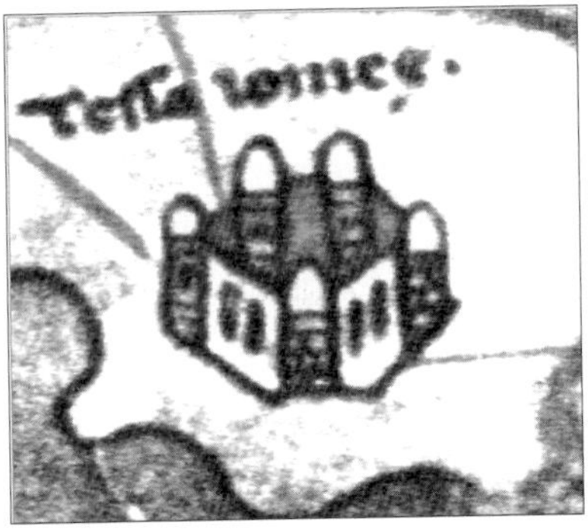

帖撒羅尼迦

尼科米底亞

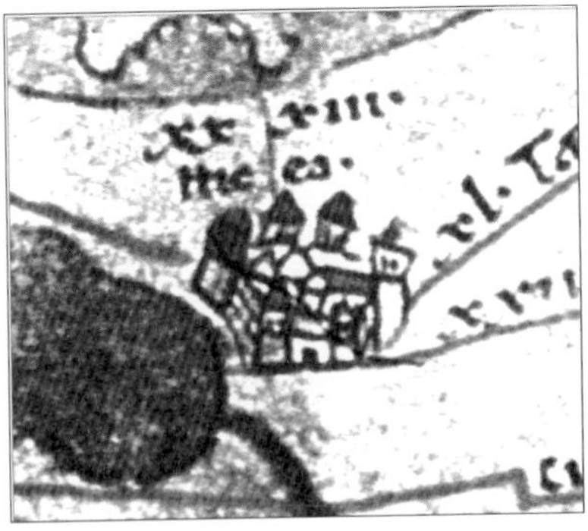

尼凱亞

安卡拉

"Tabula Peutingeriana" 部份圖

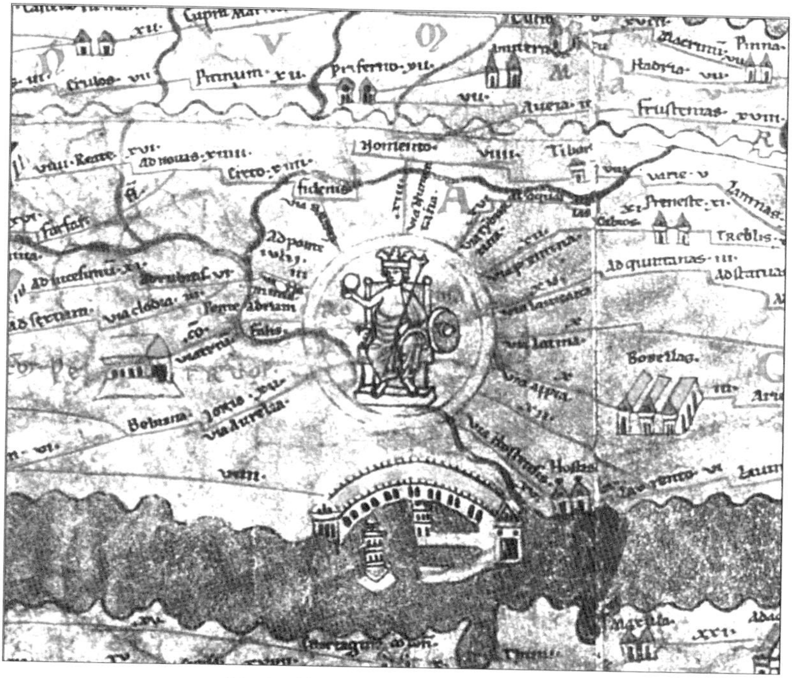

羅馬周邊（下方為奧斯提亞港）

拿坡里周邊（最右側的城鎮為拿坡里，其左的記號代表隧道）

"Tabula Peutingeriana" 部份圖

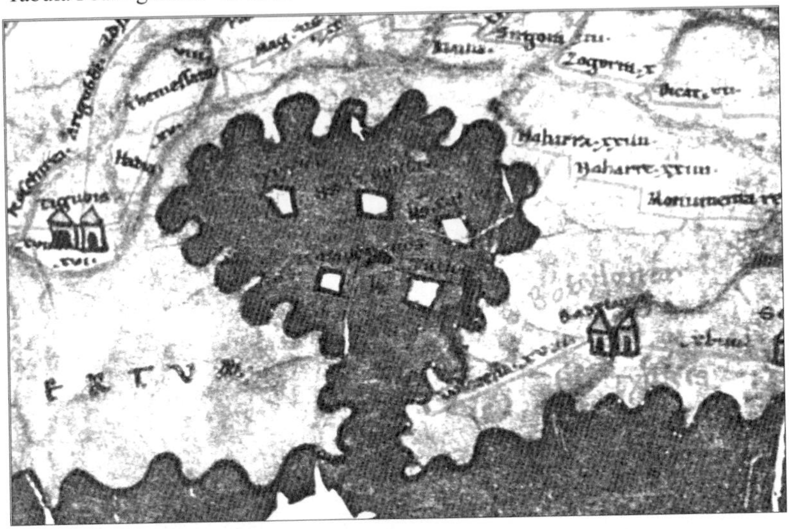

波斯灣

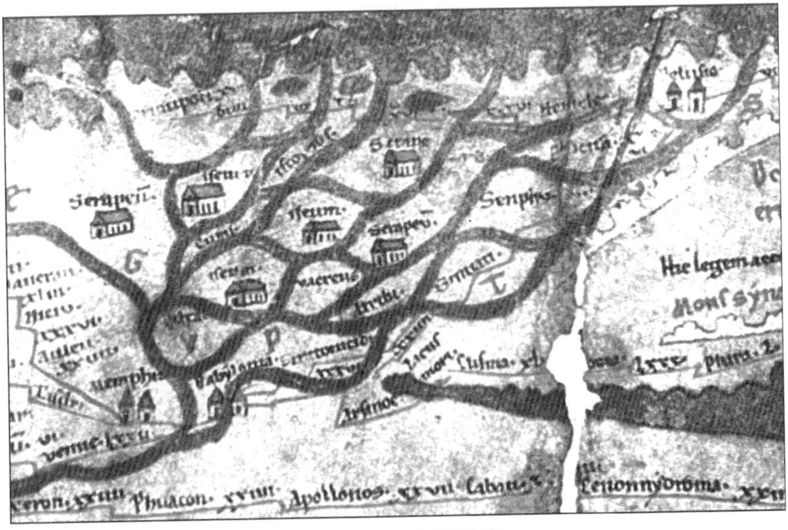

尼羅河口三角洲地帶

馬諸神的神殿。這是因為君士坦丁大帝雖然承認基督教為合法宗教，但並未禁止其他宗教信仰。而到了西元三九二年時，狄奧多西帝卻認定基督教以外的其他宗教為邪教，並開始徹底排除其他異教徒。亦即羅馬帝國在西元三一三到三九二年這八十年間，是希臘羅馬諸神、敘利亞和埃及諸神，以及猶太教及基督教的一神教神明整體地位互換，但仍然共存的時代。地圖上同時記載著神殿與教會，也就是說，"Tabula Peutingeriana" 是映照諸神得以共存，亦即不同信仰的人可以共存的一張地圖。

而且幸運的是，不論信仰哪一種宗教，對於行走於陸地和航海的旅人來說，道路和可供寄宿的城鎮以及港口和燈塔等設施，都是同等重要的公共建設。因此在 "Tabula Peutingeriana" 裡的主角，還是以紅色直線繪製的大道、沿線以羅馬數字記載的里程，還有以房屋圖示代表可供投宿的設施。

地圖上以紅色描繪大道，而在古代，紅色顏料的價格僅次於紫色顏料。這代表著 "Tabula Peutingeriana" 地圖的地位，有如現代的汽車旅者必備的道路圖一樣，亦即在這種地圖上要表達的最重要事項，還是羅馬大道。

另外，圖中的大道雖然全以直線標示，但並非代表道路本身是一條直線。"Tabula Peutingeriana" 地圖的目的，不在正確傳達地勢，而在於告訴地圖的使用者，從哪裡到哪裡是什麼大道，其間有多少距離。對地圖的製作者而言，將地圖上除主要目的外的其他東西簡化，也是必定要有的工夫。

"Tabula Peutingeriana" 部份圖

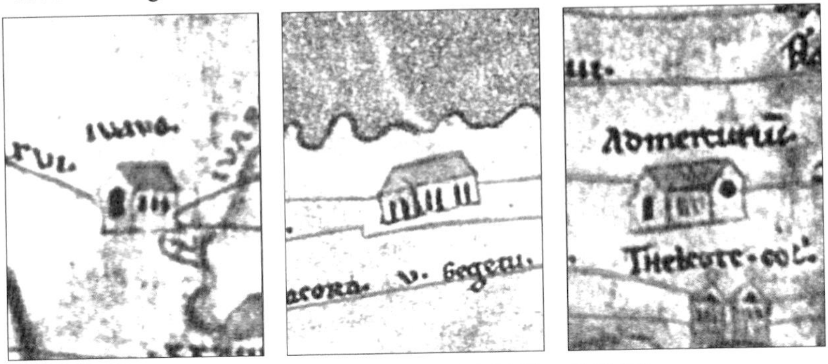

各種各樣的"basilica"（公會堂神殿、教堂等）

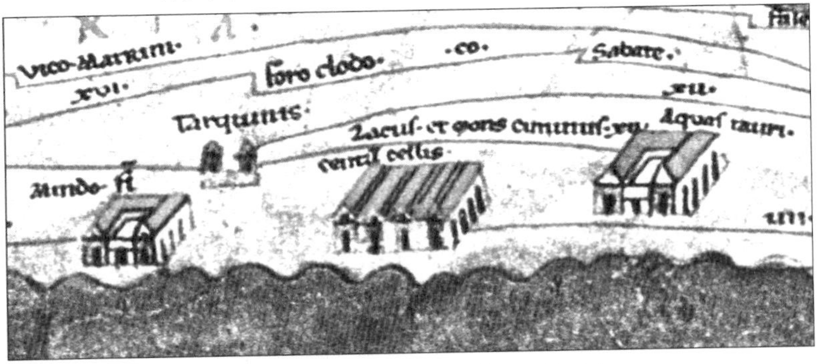

並列有倉庫的基威塔威加港口（中央）

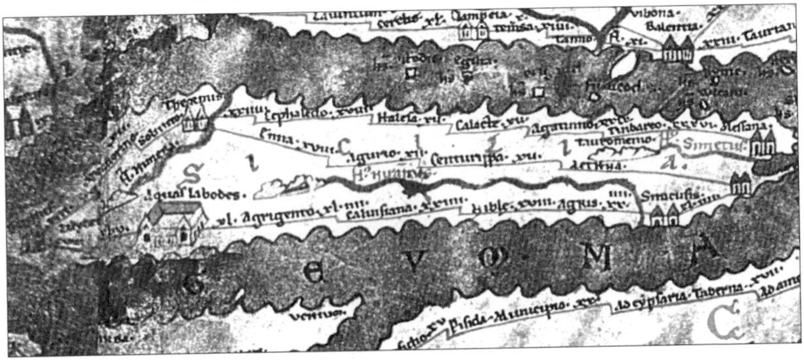

西西里

簡化到了記號化的程度，理所當然地，神殿和教堂也都改由羅馬時代稱為“basilica”的長方形有頂建築物的記號代表。羅馬時代的“basilica”意為公會堂，內部用於法庭開審以及經濟交易。不過在“Tabula Peutingeriana”出版的西元四世紀中葉時，正是羅馬帝國的政治經濟力量日益消退，而基督教勢力趁勢膨脹，兩種勢力成長曲線呈現反比的時代。在某個層面來說，當時是政經與宗教兩條曲線交叉的時期。也有些例子顯示，原本是法治國家與自由經濟象徵的“basilica”（公會堂），被基督教的“basilica”（教堂）取代。附帶一提，從中世紀之後到現代為止，教堂的別名都叫做“basilica”。羅馬的聖保羅大教堂一般就通稱為「聖保羅的basilica」。

話雖如此，在這“Tabula Peutingeriana”出版的時代裡，還留有許多羅馬人依舊是羅馬人的證據。比方說溫泉記號所占的版面，就要比“basilica”來得多，亦即更受重視。羅馬人認為，不只是擁有眾多人口的都市和城鎮，就連守衛邊疆的軍團基地，也不能缺少入浴的設備。如果有天然的溫泉可供利用，而且又位於幹線道路附近，那就更沒有拒絕利用的理由了。有位現代的史學家寫道：溫泉對羅馬人來說，就有如磁鐵一樣。旅程中沾染的風塵與疲勞，只要下了溫泉一泡，就能清除得乾乾淨淨。只要想想這份地圖原是為了旅人而設計的，大家也就不會訝異在“Tabula Peutingeriana”裡，溫泉的地位竟然在都市之上。總計在“Tabula Peutingeriana”有五百五十五個記號，其中有五十二個是溫泉。

"Tabula Peutingeriana" 部份圖

二顆星

三顆星

四顆星

五顆星

有投宿設施的城鎮（圖示代表城鎮中等級最高的旅社等級）

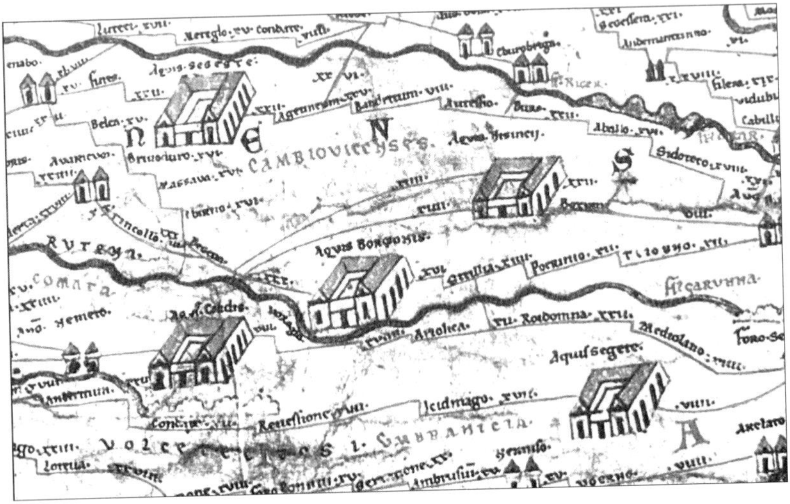

溫泉地（高盧東部）

五百五十五個記號之中，有四百二十九個是簡化的房屋或塔的記號，代表當地可供投宿。不過這四百二十九個地方並非都以同樣的記號標示，而是分成四種記號登載。筆者依序將其命名為二顆星、三顆星、四顆星、五顆星，不過這僅是由記號所顯示的都市大小所做的推斷假設。二顆星的就像是汽車旅館，而標示為五顆星的城市，則代表旅人可看看自己口袋裡有多少錢，再自由選擇從二顆星到五顆星的投宿設施。附帶一提，就連在帝國的首都羅馬，也曾經發現過內設許多並排小房間的旅社，讓挖掘中的考古學家不禁當場嚷道「這是商務旅社！」

而在這些標示投宿設施的記號下，會以拉丁文記述村落、城鎮或是都市的名稱。光是這樣一眼看過去就能得知，今日的歐洲、中東與北非絕大多數的重要都市，是從兩千年前羅馬時代的「可供寄宿之地」發展出來的。

如上所述，在羅馬時代，不論是銀杯也好，"Tabula Peutingeriana" 地圖也好，有許多供旅人使用的地圖存在。而包括每一羅馬里會設立一根的里程碑在內，這些東西上都會標示有兩地相互間的距離。

在此產生的第一個疑問，就是旅人如何計算距離。要估計總里程，只要數一數每一羅馬里一根的里程碑就可以了。然而要去一一數約每一．五公里出現一根的里程碑，未免有些不夠方便。古人是如何知道從出發後已經走多遠的呢？或是知道再走多少里就能到達設有馬車修理廠的「史塔其」（車站）呢？若使用現代的汽車，只要看一眼里程表就可以了，但是古代沒有這麼方便。然而不論古今，對旅人來說求得距離都是一件重要的事情。那麼，古羅馬人是如何克服這項問題的？

雖然與現代的汽車碼表不同，不過在羅馬時代已經有計算里程用的工具存在。當時雖然還沒發明齒輪，不過已經知道齒輪的原理，而羅馬人也加以運用。這種里程統計的工具結構如下所述：

在羅馬時代，遠程旅行時多半使用四輪馬車，而四個輪子中的任一車輪圓周也大致上是固定的。這種裝置的結構是如此的，在車輛行駛時，車輪自然會跟著轉動。每旋轉一圈，就會落下一顆小鐵球，而每累積十圈，就會落下一顆更大號的鐵球。如此循環到達一羅馬里（將近一．五公里）後，最後一顆鐵球會掉下來。為了即使沒有滿一羅馬里也能途中估計距離，這種裝置沒有放在密閉的盒子內，而是裝在馬車後部的外側。古人與現代人不同，對於精密與正確的要求沒有那麼高，因此這種程度的簡易裝置大概也就足夠應付需求了吧。可是這種測距儀器是用來裝設在旅行用的馬車上，如果是道路修築工程在內的土地測量工作，當然是要使用合於目的的專門儀器。

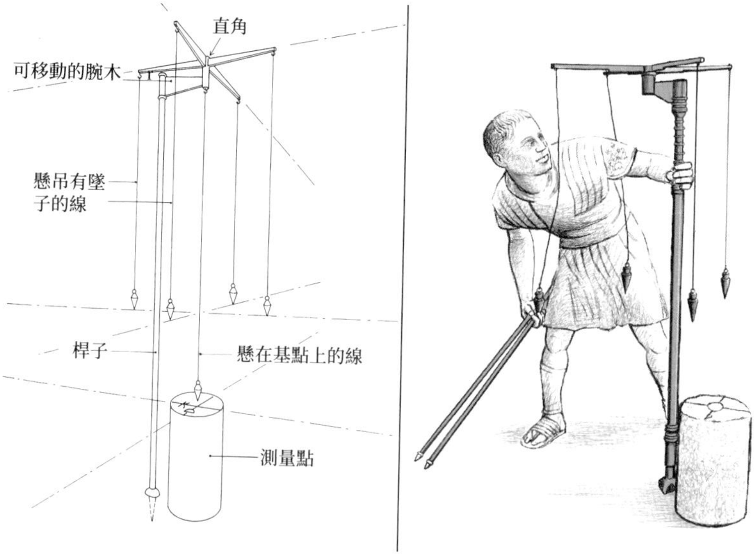

葛羅馬（Groma，用於測量直角與否的儀器，右圖為其使用法）

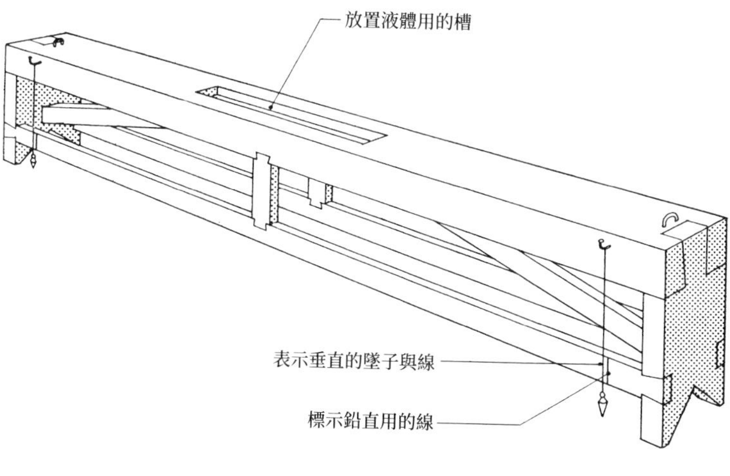

水平儀（用於測量水平與否的儀器）

在羅馬時代，有石板鋪面的大道，整備有如現代高速公路一般的各項服務設施，又有旅行用的地圖流通。至於旅人所使用的交通工具，那就和汽車及火車問世前，亦即二十世紀前沒多大變化。筆者甚至認為沒有多大必要在此說明。

第一項工具當然是人的雙腳。依法有義務全線鋪設石板的幹道，亦即羅馬人稱為公道的幹線大道，就是由雙線車道，以及夾著車道的兩側步道所構成。這表示說當時徒步的旅人占了相當大的比例，尤其是有許多短程的使用者。羅馬大道與現代高速公路最大的不同，不在於施工水準的不同，也不在於沿線服務設備的整備程度，而是在於徒步旅人的存在，以及不收過路費這兩點上。

第二則是牛、驢、馬等牲畜。當傳令兵背負著前線司令官要傳給身在首都的皇帝的「公共電報」時，則是腳跨著駿馬，而且在每一個「史塔其」便換馬疾馳。

另外，在羅馬人稱為「國營郵政」的制度中，最常用的是郵務馬車。這種車輛使用四輪馬車，而且重視安全優於速度。因此會每晚投宿在各個"mansiones"，等到次日才重新上路。除了郵件包裹之外，也常常載著因公赴外就任的行政官員。馬車的造型有如木箱長了四個輪子一般的廂型車，足以遮風避雨。

描繪旅人的浮雕

上：休息中的旅人

中：以雙頭馬車旅遊的家庭

下：雙輪馬車

另外還有同是四輪車，但拉車的不是四匹馬，而是兩頭或四頭牛的牛車。至於牛車的造型，多半沒有車頂。若是軍團在使用，裝載的就是沉重的攻城器械及武器、軍糧。若是民間使用，則運輸的就是農業、工業的物產了。當然在運輸物資時，除了牛隻以外，也常常使用驢和馬。羅馬帝國的主要都市，包括首都羅馬和行省都市在內，都同樣地在市區內部幾乎找不到一片耕地，這代表著由都市外部，將眾人所需的糧食及各種物資輸入城內的體系能正常運作、發揮功能。

除了四輪車以外，另外還有輕便的雙輪馬車存在。拉車的是一匹或兩匹馬，能乘坐的僅限於一兩人，可運載的行李貨物也相當有限，這應該可比喻為近距離用的小型汽車或是跑車吧。

另外還有一種名為"carruca"的臥車可供利用。車廂是以皮製的篷布圍起，旅客可以躺在車內進行旅程。另外還可在加裝的臥榻上，在旅程中下棋消磨時間。皮製篷布左右兩側開有窗戶，因此不必擔心光線不足。有的人會利用馬車前進的時間處理未完的工作，也有人利用這段時間享受閱讀。每天可行走的行程，大約在二十五至三十公里之間。

也許各位會認為，沒有自備馬車的旅客，就只有乖乖走路了。實際上卻非如此。在當時已經有附駕駛人員的出租車輛制度。因為時處羅馬時代，能租到的自然是附車夫的馬車。若在現代，則是hire及taxi囉。這類的業者已有職業公會，在大道的起點附近會有許多出租馬車店並列。只要價錢談攏了，旅客往車上一坐就好。

不過假使旅人的預算不足，也還有更廉價的旅遊方式可供選擇，那就是共乘馬車。各位可以拿西部片常見的驛馬車來變通想像一下。這種馬車會在每個古代的汽車旅館“mansiones”，和加油站「史塔其」，以及簡餐休息站「達維納」停車，客人只要從下車處走到目的地就好。如果多給駕駛一點小費，也許他會願意在目的地附近停車下客。就算遇到了嚴守共乘馬車規定的駕駛，旅客必須步行的距離最長也不會超過十公里。各位可以把這想像成一種巴士旅行。

既然羅馬大道上有這麼多種人和交通工具來來往往，那到了交通流量大的大都市附近時，噪音想必也大得不得了囉。當時與現代不同，雖說沒有汽車廢氣，也沒有引擎發出的噪音，然而當時還沒有橡膠，也自然沒有橡膠輪胎，在車輪外側保護輪框的是一圈鐵輪。儘管大道的表面平整，鐵輪與石板路面摩擦的聲音想必還是吵得不得了。不過這也要看生活習慣而定，古羅馬人說不定會表示，現代汽車往來發出的噪音才令人受不了呢。

對於噪音的耐力或許會隨生活習慣而不同。不過麻煩的是，在都市內部還伴隨著交通壅塞的問題，難以處理。

在即將轉入帝政時代的西元前一世紀中葉時，首都羅馬已經快成為人口百萬的大城了，光

是管理這些人群，就是一件大工程。可是羅馬日益朝「世界首都」發展，不論是在政治、經濟、文化層面，人們自然會往羅馬聚集，連擋都擋不住。因此凱撒在自費修築廣場捐給國家，藉此把首都的中心地羅馬廣場擴大時，還把共和時代的城牆拆除，讓馬爾斯廣場一帶也納入都市中心地帶。

不過凱撒似乎不覺得只要擴大首都中心，交通問題就解決了。說不定他已經預測到羅馬將會有更多的人聚集，因此他並行實施了讓都市中心擴大的公共建設（例如在馬爾斯廣場的萬神殿旁邊，修築捐贈了廣大的朱利斯投票所），以及交通壅塞的對策。我們幾乎可將這項法案稱為「朱利斯．凱撒交通壅塞對策法」。法律中的主要事項，在於由日出起到日落為止，嚴禁馬車進入羅馬市區內的條款。僅有的例外是國家祭典用，或運輸公共建設用物資的馬車，其他無論是人或物產，不管有多早趕到羅馬，在天黑前一律不准駕車進入。人必須下車走路，物資則只有找腳夫背入城內，不過因為日落時會解禁，之前等在市區外的運輸車輛會一齊朝市區內移動。住在面臨大街房間裡的人，只好聽著鐵輪與石板路面發出的噪音，度過無法入眠的夜晚。

都市生活不論在工作或娛樂方面，都有許多好處，但是缺點也不少。正因如此，羅馬人才會熱衷於在郊區擁有別墅。不過由於沒有人打算修改這項「朱利斯法」，所以上述規定一直到帝國滅亡為止都有效。而且在朱利斯．凱撒立法當時，這項法律僅施行於首都羅馬，但是進入帝政時期後立即適用於全義大利。隨著帝政推行，又逐步擴散適用到行省的主要都市。據說到了西元二世紀的五賢帝時代時，幾乎所有稱得上都市的城鎮，都施行這項法律了。

如此一來，乘馬車到達羅馬的旅人，也只有在進入市區前下車。若經由的是阿庇亞大道，則必須在阿庇亞大道的終點卡培那門的前方下車。不過雖然下了車，若旅人抱病在身，沒有體力的話，也有乘坐雙抬轎子的選擇，因為轎子不在法令限制範圍之內，即使旅人家中無法派傭人來迎接，還可以利用當時的出租人力轎制度。不管怎麼說，在都市內部的主要交通工具，還是人的雙腳。當凱撒就任終身獨裁官，成為實質上的皇帝後，從位於羅馬廣場的公館，前往布魯圖斯及其同謀帶刀埋伏的龐培劇場附屬迴廊時，就是步行前往的。而圖拉真帝由多瑙河前線回到首都羅馬時，也是在大道的終點下馬，徒步進入市區內。

經過了兩千年的光陰，看看現代的羅馬，原為古阿庇亞大道起點暨終點的卡培那門，已經連痕跡都找不到了。不過該地目前仍然是許多道路的交叉點，目前名為「卡培那門廣場」。如果一面遙望左方的卡拉卡拉浴場，一面朝市區移動的話，可以一一看到許多羅馬時代的代表性建築物遺蹟。正面為過去的大競技場，其右側為占據帕拉提諾丘的皇宮遺蹟、君士坦丁大帝凱旋門，以及圓形競技場等。在古代人們必須在此放棄交通工具徒步進城，在現代則是汽車公車毫不在意地長驅直入市內，因此現代的羅馬市中心地段，充滿了交通壅塞及其副產物汽車廢氣。十六世紀米開朗基羅設計坎匹杜里奧廣場時，為了表現古羅馬與文藝復興時代的關聯，特地將馬庫斯·奧理略帝騎馬像移到了卡匹杜里諾丘上。現代人在修復雕像之後，為了保護其不再受汽車廢氣侵害，把雕像移到了附近的美術館玻璃櫃裡。每當路過卡培那門廣場，筆者總會感嘆羅馬還真不是為了汽車設計的，不過若說要改為只能徒步或使用人力車，只怕現代人會群起抗議。難道說古代人的腿力比現代人好嗎？

附帶一提，學者間的主流意見認為，人類的移動速度要超越使用羅馬大道，必須等到十九世紀中葉起始的鐵路發展，以及到了二十世紀後，汽車開始普及。在羅馬帝國滅亡後的一千四百年歲月，交通工具一成不變，還是僅限於雙腿與馬車，然而大道的路況卻是一天比一天差了。

在西元六世紀時，西羅馬帝國已經滅亡，然而阿庇亞大道還能發揮功能，足以使探訪義大利的東羅馬帝國重臣驚嘆不已。由西元前三一二年開工起算，這已是八百年後的證言了。然而八百年來都能承受沉重車輛的傾軋，就在於能毫不懈怠地進行維修的工作，雖說羅馬的工程師們誇口說大道百年不需維修，但畢竟百年沒有八百年來得久遠。有種職位有如內政部道路局局長，職稱為“curator viarum”的官員，若直譯其官名，可稱為「照顧大道的人」。這些官員也就是各條大道的維修負責人，比方說阿庇亞大道的“curator”是某甲，而弗拉米尼亞大道的“curator”是某乙。由於羅馬命上述中央高級公務員負責管理，全長八萬公里的羅馬大道幹線，也才能負起國家動脈的任務。羅馬人稱這些幹線道路為“viae publicae”（公道），既然稱為公共道路，在羅馬人的心中自然認為，這名稱代表上述道路必須由國家負責進行維修工作。不過，這並不表示在財政方面排除私人資本捐助，相反地，皇帝還會自掏腰包示範獎勵。在帝國的各處都曾挖掘出刻有「某某人捐贈何處至何處路段修復費用」的石碑，這表示此等中央政府、地方政府，以及個人三者並立的系統，也在維護羅馬道路網的方面發揮功用。

不過羅馬帝國也有上演最後一幕的一天。最初的發端，在史上稱為「三世紀的危機」，時間約為西元二三五年起的五十年間。這是一段皇帝可在一年不到的期間內接連換人，政局動盪的半個世紀。而政局動盪不安，也必定連帶造成經濟惡化。自這段時期以後，羅馬大道也開始放任風吹日曬不做處置了。這場「三世紀的危機」雖然因英主戴克里先帝與君士坦丁帝的問政而得以度過，然而羅馬帝國的力量再也無法顧及公共建設了。西元六世紀拜占庭帝國的重臣所走過的阿庇亞大道，已是棄置不顧三百年以上的阿庇亞大道，還能令人如此驚嘆，想必是修築時的施工水準高明，以及其後五百年以上一貫執著於維持道路功能的結果。

有位現代的研究者寫道，只有施行一貫政治的國家，才能推動充分發揮功能的路政。

生於現代的我等所看到的羅馬大道，其實已在能推行一貫政治的國家消滅後遭人長期棄置。石板的邊緣磨損轉圓，石板間的細縫堆積了泥土與小石子，有的地方還長了雜草。不管在上頭開多好的車子，都會令人覺得腸子抖得快要打結。在此希望各位看了羅馬大道以後，不要以為羅馬大道真的就是這個樣子。另外，龐貝城的道路特色在於保存了羅馬時代的原樣，然而路面的石板邊緣同樣地已經磨損轉圓。不過這只是南義大利諸多中小都市之一龐貝，而且是在市鎮內部的道路。一則市區內的道路屬地方政府管轄；二來在現代，市區內的道路會有汽車最高時速限制，而在羅馬時代更是嚴禁車輛在白天行駛往來，因此城鎮內的道路並不會像被稱為「公道」的幹線道路一樣特別照料。

埃及人因為蒙受最適於作為交通路線的尼羅河恩惠，因此沒有修築足以稱為大道的道路。通往埃及的道路，同樣還是羅馬時代的產物。

希臘人由於海上交通興隆，以及城邦國家間的競爭激烈，因此想都沒想過要有連結各城邦之間的道路網。遍布希臘所有的大道，全是在納入羅馬霸權下之後修築的。

波斯帝國在西元前五世紀時，已經修築有一條令希臘籍史學家海洛多特斯驚豔的「皇家大道」。這條大道由波斯灣附近的培爾塞波利斯直通地中海岸邊的薩爾狄斯，全長兩千五百公里。沿線每隔一段固定距離，會設有旅店等設施，至於是否全線石板路面則不得而知。據較海洛多特斯晚百年的克先諾馮記載，當時他們是在泥巴路上行軍。也許在較海洛多特斯晚五十年的亞歷山大大帝通過時，「皇家大道」早已是歷史故事。儘管「皇家大道」兩千五百公里的路程，足比五條阿庇亞大道，但是只有這麼一條。如果只是一兩條寬敞的大道，憑著國王的權勢財力，並不是什麼困難的事情。然而羅馬大道卻是八萬公里長的「網路」，羅馬大道最大的特質，不在於道路有多長遠，而在於其網路化。

請諸位參照一下書末地圖，相信與其耗費許多唇舌說明，還不如看一眼地圖來得容易理解。之所以將羅馬道路網的圖和現代的道路鐵路圖並行刊載，是希望各位能比較一下兩千年前與現代的公共建設整備程度。正因為如此，雖然這是一份顯示羅馬時代道路網的地圖，地名卻還是以現代名標示，比方說倫敦不叫做倫狄尼姆、盧提亞改稱巴黎、科羅尼亞·阿古利庇內西斯易名科隆、維德波納改叫做維也納。

相信各位在閱覽地圖後，就能理解遍布帝國各處的道路網，對羅馬帝國來說有如血管網路一般地重要了吧，以及了解這是羅馬帝國要將戰勝者與戰敗者化為不可分割的命運共同體時，最為有效的手段。

在此想介紹一位昔日戰敗者的證言。以下是生於小亞細亞的希臘裔哲學家亞里士提狄斯，於西元一四三年時以未滿三十歲的年輕人姿態在羅馬發表演講的部份內容。該演講已在第IX冊《賢君的世紀》中介紹過了，不過請原諒筆者再度引用。

「現在，對於像我一樣的希臘人而言，不，對其他任何民族而言，到想去的地方旅行時，已經不再需要申請繁複的身份證明文件，可以自由、安全、簡單的行旅各處。我們只需擁有羅馬公民權，不，甚至不需要是羅馬公民，只要是在羅馬霸權之下生活，自由與安全就會受到保障。

過去，荷馬曾歌詠道：『大地為眾人所有之物』，羅馬實現了這位詩人的夢想。你們羅馬人測量並記錄被你們納入版圖的所有土地，而後在河川上架設橋梁，且不僅在平地，甚至在山區鋪設大道，使得無論住在帝國何處，往來都很方便。而且你們為維護帝國整體的安全，確立了防衛體制，制定法律讓各個民族、人種能夠和平相處。你們羅馬人告訴了非羅馬公民的人，活在有秩序的安定社會中是多麼的重要。」

筆者之前忘了說明，其實法律也是一種公共建設。

在羅馬帝國的動脈中流動的，有人、物產與資訊。而亞里士提狄斯可沒忘記談到傳達資訊的制度。

「在羅馬帝國，即使是擔負行省統治責任的總督，在他決定政策，或是接受行省民眾請願時，只要心中有些許疑惑，便會立即上書向皇帝請示。總督會等待皇帝的指示，就好像等待指揮者手勢的合唱團一樣。

只要資訊的傳達能受到保障，皇帝不論身在何處都能統治國家，即使是帝國的邊境，只要將公文送去該處就能統治。而當皇帝的公文完稿後，信差便有如身插雙翼的使者一般，迅速又安全地將公文送達目的地。」

羅馬時代與現代不同，並非資訊能立即傳送到達的時代。不過羅馬人已經知道確立資訊傳輸制度的重要性。

筆者雖然以「命運共同體」一詞說明羅馬人的這種生活方式，不過羅馬時代並沒有這個詞。他們只是很單純地用"familia"這個詞來表達，其意義也很理所當然地是「一家人」。羅馬帝國對他們來說，就是一個大家庭。也許正因為有這種想法，他們才會不分本國行省地鋪設道路網，並且致力於確立體系，以讓任何人在任何地方，都能充分取得人類生活中的第一大要素——水。

羅馬人修築的公共建設，亦即羅馬人口中的「為了讓人的生活過得像人，而必需的大事業」，在硬體部份的第一個主角是上述的羅馬大道。而另一位主角，則是以下將介紹的羅馬水道。

水道

若問羅馬是否缺水，使得他們不惜辛勞要修築高高在上的石造高架橋引水，那麼答案是完全否定的。首先在羅馬市郊，便有一條連夏季都滔滔不絕，只有水量略減的臺伯河。而羅馬市又內擁七座山丘，從這七座山丘又有許多小溪湧出，山丘間的低地，只要降雨時雨勢稍強，就會化為一片溼地。在羅馬，名為"cloaca"的下水道會比上水道早興建，就是因為他們有必要集中多餘的水，將其排入臺伯河中。在當時，因為放置溼地未予處理，造成蚊蟲孳生、瘧疾橫行，使得人煙絕跡的城鎮不在少數。

正因為羅馬不缺用水，從傳說中建國的年份西元前七五三年起，到西元前三一二年為止，這四百四十年的漫長歲月中，羅馬人也與古代的其他民族一樣，到泉水、井邊或溪流旁汲水使用。而這種狀況，後來被一位生於西元前四世紀至前三世紀的政治家所改變。

這人名叫阿庇尤斯．克勞狄斯，也就是提案並鋪設第一條羅馬大道阿庇亞大道的人。阿庇尤斯既然會在已有人車踩踏而成的道路之情況下，仍修築人工鋪設的羅馬大道，那麼或許他也會認為光是依賴天然水是不夠的，必須要確立一套人工修成的穩定供水體系。第一條羅馬水道與阿庇亞大道同樣於西元前三一二年開工，名稱也同樣引用提案人兼工程最高負責人的家門名，叫做「阿庇亞水道」(**Aqua Appia**)。

當時阿庇尤斯擔任政府的財務官。共和時期的羅馬最高官職為執政官，不過擔任財務官的人，必須有數度當選執政官的經驗。這項官職初期的設立目的，在於調查人口，其中又以清查役男人數最為重要，其負責人必須力求公正，也因此往往是由功成名就的元老院議員有力人士中選出。另外，當時羅馬常與周遭各部族作戰，執政官經常帶兵在外作戰，內政往往順勢委由「財政官」負責，也因此任務增加到了足以翻譯為「財務官」的地步。還有，相對於任期一年的執政官而言，財務官的任期則長達五年，阿庇尤斯也因此獲得了可以進行無法於一年內完工的公共建設工程環境。不過，阿庇尤斯是第一個懂得利用這種立場的人，因為在他之前的財務官沒有留下任何類似活動的痕跡。而自阿庇尤斯之後，公共建設的負責人為非戰時的執政官，或不論戰時平時皆由財務官負責，也成了一種慣例。就連進入帝政時期之後，想發起大規模公共建設工程的皇帝，還會特地在工程期間內兼任財務官。阿庇尤斯同時也為「財務官為公共建設最高負責人」這項羅馬傳統立下了首個里程碑。

然而，在大道與水道這兩大公共建設同時開工的西元前三一二年，羅馬只是個剛開始逐步稱霸義大利半島中部的國家。這就好像沒有汽車卻去修築高級的汽車車道，或是家中沒有浴室卻去申請自來水一樣。話說回來，過了不久之後，羅馬人就能夠天天開車和入浴了。也許公共建設不是為了應付需求而做，而是為了喚起需求而進行的。

不過令人佩服的是，羅馬人竟然能在這個時期就構思並施行不但適於義大利半島，就連成為跨越歐洲、中東與北非的大帝國後，都完全適用的公共建設。想必阿庇尤斯沒把公共建設當成單純的土木工程，而是當成國政來思考。筆者認為若非如此，是不可能同時構思並實施羅馬大道與羅馬水道，超越了國家百年大計，維繫八百年的建設。

西元前三一二年對羅馬來說，正是「公共建設元年」。因為就像「阿庇亞大道」成為其後所有羅馬大道的模範一般，「阿庇亞水道」也成為其後所有羅馬水道的雛形。

全長為十六．六一七公里。

其中通過地底的段落長十六．五二八公里。

通過地上的段落總計長為八十九公尺。

在地下的部份，是流過人工挖掘的坑道。在地上的部份，則是建構陸橋或高架橋，讓水流通於上。與其後的羅馬水道相較，「阿庇亞水道」的地下段落與地上段落長度比為一百八十五比一，地下部份的比例相當高。學術界認為，這是為避免外敵入侵時遭到破壞，因為羅馬的第一條水道，是在周邊只有二、三十公里內堪稱安全的時代修建的。而在羅馬成為大帝國之後所修築的水道，地上地下部份的比值還是維持在二比四到五左右，通過地下坑道的部份還是比較長，其一在於抑制流水的水溫上升，其二則在防止流水的水份蒸發。羅馬位於南國，若水的溫度上升會造成腐敗，羅馬人會刻意從遙遠的山中建設水道引水，最大的目的還是在於恆常且確實地提供居民優質的用水。

「阿庇亞水道」的水源來自於羅馬東方連綿的山地湧水。不過羅馬時代的水道工程人員是如何決定水源的呢？畢竟當時與現代不同，在調查水質時沒有化學知識與技術可供應用。

首先，他們到山區各處的泉水及水流處，汲取檢查用的樣本水，並以目視法檢查。只要水清澄無色，水中無雜質，那麼這個階段的檢查就算是過關了。

第二階段的檢查作業，則是調查水源地的周邊，看植物的生長狀態，以及土壤的顏色。調查作業甚至於延伸到周邊居民身上，看他們的氣色是否良好、眼睛是否明亮、骨骼的健康情況，以及病人與殘障者是否明顯偏多。另外，汲取來的水會裝入高級的青銅壺內放置數日，以檢查水是否容易腐敗。樣本水的檢查法，還包括觀察水煮沸是否冒泡，或有無雜質浮出表面。因為這個時代沒有消毒藥，所以羅馬人對決定水源前的調查與檢查工作下了許多工夫。羅馬人即使決定了水源後，也不願意直接引取湖水或泉水表面附近的水，為了取得水底深處的清水，羅馬人甚至會在湖或泉水側邊挖掘坑道引水。

決定水源後要面臨的課題，在於如何將水由水源處引至都市。如果是建設道路的話，只要盡可能修築平坦的道路，並鋪設路面，人與車輛自動就會在上頭跑，但是在無人引導的情況下，水是不會自己流動的。當時，羅馬人雖然不知道地心引力這東西，不過還知道水會往低處流。

而在這個沒有消毒藥的時代，羅馬人所想出維持水質清潔的方案，簡單地說就是「放水東流」。他們認為既然存著水不放會造成腐敗，那讓水流個不停就能維持水質了。

不過，儘管「阿庇亞水道」較短，卻也有十六公里以上的長度，而且從山中的水源地到位於平地的羅馬之間有山丘、谷地以及河流。因此，首先必須克服這複雜的地勢，決定好水道的坡度。如果坡度過緩，則水不會流動；相反地，若是坡度過陡，不論在地上或地下，所產生的水壓很明顯地將破壞坑道。因為這個時代還沒有鋼管，水是流動在坑道內以水泥做防水處理的水溝中，也因此對於水道工程而言，適切的坡度計算是不可或缺的。《建築論考》的作者威圖爾維斯與《水道論考》的作者弗隆提努對於坡度的數據記載並不統一，不過無論地上地下，若地勢平坦的話，坡度似乎在〇．二%左右。但這項問題與克服複雜地勢的問題其實是一體的，

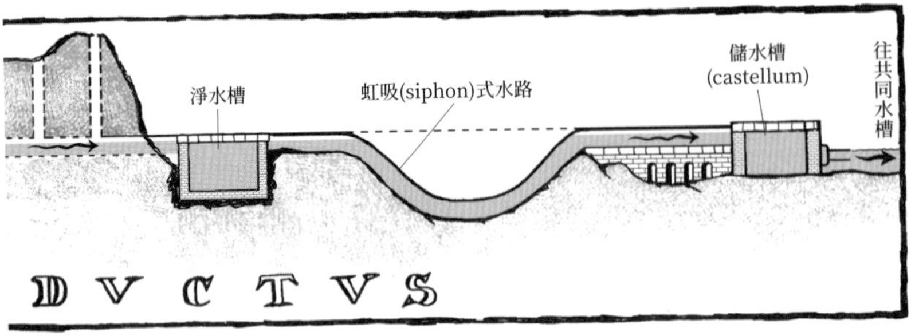

也因此無法導出一個固定值。威圖爾維斯記述為〇・五%，並表示甚至於有達十六・五%的段落。

如果山丘的寬度不甚長的話，羅馬人會採取橫向挖掘坑道貫穿山丘的做法，而在山上也會挖掘數個縱向坑洞向下延伸。如果只是為了將挖掘坑道時挖出的塵土、岩石運出坑外的話，這些坑洞在完工之後也就沒用了，然而實際上卻一直能維持作用。這些坑洞後來會沿用為維修人員調查時，或是施工時的通路。

如果山谷不太深廣，羅馬的工程師會採用後方物體下降的力量推擠前方物體，亦即虹吸(siphon)原理，也就是採用沿著上下坡的山坡稜線修築坑道的方法。流到山谷邊緣的水會順著坑道下降，藉著落下的力量推進到山谷的另一頭。

可是如果山谷過深過廣，就不能採用虹吸法了。這時羅馬人會採用和道路工程同樣的方法，也就是架橋從山谷的這一端直通另一端。人車通行的橋和水通行的橋梁不同之處，在於後者有少許的傾斜坡度。

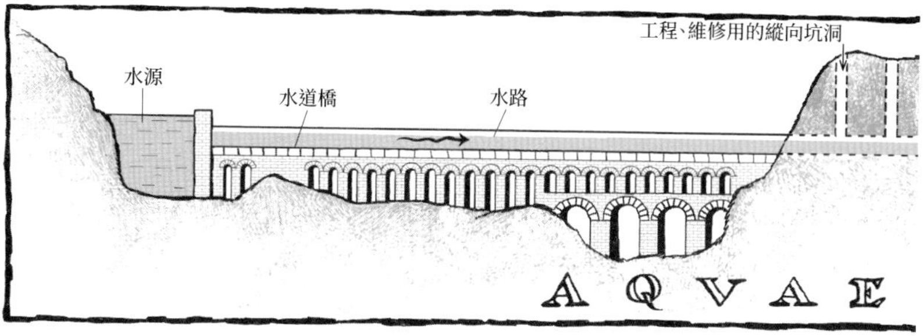

羅馬水道的原型圖（從水源地到“castellum”）

筆者認為，既然都為流水架設這麼好的橋梁了，何不開放人車通行呢？不過羅馬人可不准許。就算准了，也只開放行人通過，其他無論是車輛、馬匹或牛隻一律嚴格禁止。這一來是為了隨時可在上方打開入口進行維修，二則是為了保護坑道上方的石板路面。

如果山谷下方有河流通過，也自然不能使用虹吸法，而是從上方築橋通過。橋上是流水，橋下也是流水，兩相對照倒也顯得有趣。

地下水道的遺蹟雖非人人得以參觀，不過若是在地上修築的高架水道遺蹟，不只在羅馬近郊，連有名的尼姆(Nimes)、賽革比亞(Segovia)及迦太基等地，在兩千年後的現在都可以自由觀光。每當參訪這些遺蹟時總不禁令人讚嘆，羅馬人竟然為了穩定供給用水做了這麼大的工程，而在看到穿越漫長的沙漠，將水從水源地送到迦太基市的羅馬高架橋遺蹟時，真的是驚異多過於感懷。就在筆者瞠目結舌望著水道時，旁邊有輛裝滿水瓶的驢車通過，原來是賣水的小販。這時筆者才又想起來，羅馬時代沒有賣水的業者。

羅馬人興建這些高數十公尺的高架水道橋，並非為了誇耀自身的權勢和財力。羅馬工程師雖然知道利用物體落下的力量推進的虹吸原理，但並未將其機械化，可能是因為動力的問題尚未解決吧。想要運用虹吸原理時，只有先將水引至高處，將其落下的力量轉為推進的力量。畢竟工程的「服務對象」不是村落，而是都市，必須推動的水量也特別地多，而羅馬人採用將水先儲存在名為"castellum"的水槽後再推送的方式，使得都市內外的水道也不得不採用高架橋。

這種儲水槽的功能，首要在於儲存由水源地送來的水，將雜質沉澱之後重新配水到市內。不過，儲水槽還有另一項功能，就是在枯水期決定配水的優先次序，這項功能正好能突顯羅馬人的「公」、「私」觀念分際。不過請容許筆者稍後再述，因為「阿庇亞水道」修築時羅馬的人口還不多，儲水槽只要能滿足沉澱雜質的要求即可。

至於「阿庇亞水道」的水質方面，根據羅馬時代的文獻記載，由於並非汲取泉水，而是向下挖掘十六公尺的深度，在此建構坑道汲取流入泉水前的地下水，因此水質相當好。在水量方面，依據現代的研究人員估算，每日送水量為七萬三千立方公尺。我們無法得知這是否足以供應羅馬市內的用水，不過至少這是穩定隨時提供生活不可或缺用水的首個「里程碑」。我們從道路的例子便可以得知，羅馬人是個喜歡有複數選項的民族，因此他們並未完全依賴水道，早在「阿庇亞水道」完工前便長年存在的雨水利用法並未廢止。

位於羅馬市內的民宅，無論是獨棟建築的"Domus"也好，或是公寓型態的「茵斯拉」也好，屋頂都是由外向內傾斜的，這是為了讓雨水能沿著屋頂下滑，順著集水管進入地下儲水槽作為日常用水。這種雨水利用法有個不能忽視的好處，就是不必為了汲水走出家門。可能就為了這項好處吧，即使在水道完工，時時有清潔的用水供應之後，羅馬人依舊使用著雨水，不論是洗衣打掃，或是幫內院種的花草澆水，又或是沖水式的廁所，有這些雨水就夠用了。另外，要牽水道到自己家中必須繳納水費，可能也是羅馬人喜好利用雨水的另一項原因。

總之，羅馬人在交通路線方面一直以幹線「公道」、列為支線的地方政府管理道路，以及私道三種道路並立，在用水方面也一直維持著水道、井水、雨水三重選項。

而在教導同胞擁有複數選項是多麼有利的方面來說，「阿庇亞大道」和「阿庇亞水道」的修築是羅馬史上一樁劃時代的大事。馬基維利曾說，儘管民眾會對抽象的事物判斷錯誤，但若以具體的形式顯示時則擁有做正確判斷的能力，阿庇尤斯就是利用修築大道與水道這麼做的。而阿庇尤斯能成為這般大工程的推進者，是因為他身居財務官的職位。我們不能忘記的是，這是一種經公民大會選舉推出的官職。

羅馬的第二條水道「舊阿尼歐水道」(Anio Vetus) 是在距「阿庇亞水道」四十年後的西元

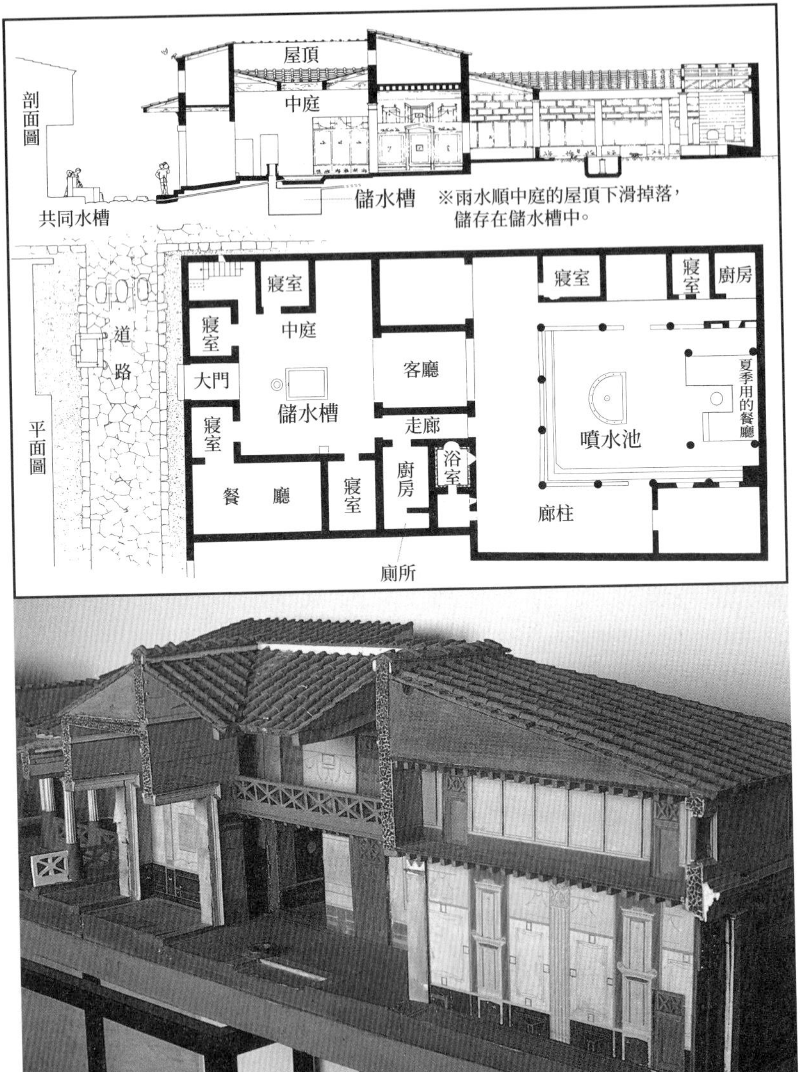

Domus 的雨水利用法。上為剖面圖、中為平面圖（引用自 J. P. Adam，*La construction romaine. Materiaux et techniques*），而下為Domus的復原模型（中間向內側傾斜的屋頂下可見到雨水槽）

前二七二年開工。這條水道名稱中會有一個「舊」(vetus)字，是在帝政時代修築了「新阿尼歐水道」之後，在這之前一直是以「阿尼歐水道」稱呼。「阿尼歐」是在羅馬北方三公里處匯入臺伯河的河流名稱，拉丁文稱阿尼歐(anio)，義大利文則稱為阿尼亞奈。「舊阿尼歐水道」是以流入這條河川上游的溪流為水源。水道名稱會採用河川名稱，是因為當年提案並擔任工程負責人的財務官共有兩名，兩個人的名字加起來太長了，因此以河川名稱代替。

全長六十三・六八〇公里。

其中地下段落長為六十三・三五二公里。

地上各部份總計為三百二十八公尺。

水量為每日十七萬五千九百二十立方公尺，為「阿庇亞水道」的二・五倍。

不過在水質部份，若遇連日降雨則容易出現混濁的現象，這是因為水道直接引用溪流作為水源。

而在這兩條水道之後，與道路工程相同地，水道的建設工程也被迫中斷了百年以上，這百餘年的歲月，正好與強國迦太基為敵死命作戰的時間一致。想必羅馬人縱然知道公共建設有多重要，卻已經力不從心了。

第三條羅馬水道是在西元前一四四年開工。在兩年前以迦太基城全毀為結局的第三次布尼克戰役才剛結束，也就是說羅馬已經能將大多數的預算投入公共建設。

這條水道名叫「馬爾其亞水道」(Aqua Marcia)，來自於提案人法務官馬爾其屋斯的姓名，不過法務官雖是共和羅馬的重要官職，卻不是像執政官或財務官這般具有權威的高官。實際上，馬爾其屋斯初期的任務，是「阿庇亞」、「阿尼歐」兩條水道的修復工程，然而馬爾其屋斯在完成修復工作的事前調查之後，認為光是修復兩條水道無法應付羅馬日益增加的人口，有必要推展新的工程。在西元前二世紀中葉時，羅馬已經擊敗了迦太基與馬其頓，成為地中海世界最強的國家。馬爾其屋斯在元老院發表看法之後，元老院不但接受了他的看法，甚至任命年僅三十出頭的馬爾其屋斯為工程總負責人，而且同時認可將完工後的第三條水道，冠上馬爾其屋斯的名字。

「馬爾其亞水道」與「阿尼歐水道」引用的同樣是阿尼亞奈河的水，只不過「馬爾其亞水道」的水源較「阿尼歐水道」更偏上游許多，而且並非直接引用匯流進河川的溪水，而是以流入其中一條溪流的地下水尚在地底的段落為水源。因此在水質方面與後述的「威爾葛水道」並列，在最終共計十一條的首都羅馬水道中同為最高級。

全長九十一．六四公里。

地下段落八十．五六公里。

地上段落十一．〇八公里。

這十一公里的段落中，有九．六公里是高架水橋。

水質固然居冠，每日送水量也是當時最大的，計有十八萬五千六百立方公尺。

「馬爾其亞水道」和其他送水進入首都羅馬的十條水道一樣，在西元五三八年日耳曼民族入侵時停止了運作。在這之前整整發揮了六百八十年的功用，將水送入首都。這固然是執政官與皇帝不懼工作的枯燥，與維修道路同樣地長年維修的成果，然而這也是尋求最佳的水源地，建造能維持水質的水道，將水由九十多公里外的水源地送進羅馬的年輕法務官馬爾其屋斯的功勞。

其實「馬爾其亞水道」在現代依舊能發揮其功能，這是早在義大利成為統一國家不久後，於西元一八七〇年因其水質優良而恢復的。而在二十一世紀的今天，水道還是不停地將水送到羅馬市中心，水道名稱依舊是「馬爾其亞水道」，義大利語拼音為“Aqua Marcia”。古時的每日送水量為十八萬五千六百立方公尺，而現代則增加六成，為三十萬二千四百立方公尺。不過在現代重生的馬爾其亞水道，已經不像往昔一樣自由流放，而改為現代以水龍頭控制的型態。另外，為了維持水質的清潔，不得不使用消毒藥水，水中因此有些漂白水味道。

在西元前一四〇年代已經建設了這麼一條水質優良、水量充沛的水道，然而在二十年後卻又立即著手修築新的水道，可見在地中海成為羅馬人的“Mare Nostrum”（我們的海）的這個時期，湧入首都羅馬的人口正逐日增加。

關於西元前一二五年開工的羅馬第四條水道「鐵普拉水道」(Aqua Tepula)，我們只知道當年的兩位財務官姓名，不知其長度與水量。水道名“Tepula”來自於水源地，應該也是基於加

上為五條水道聚集的Porta Maggiore附近的復原模型。附圖左側的三層水道為朱利亞、鐵普拉、馬爾其亞水道。附圖右側的兩層水道則為新阿尼歐、克勞狄亞水道

圖右為現今的Porta Maggiore

上兩名財務官姓名會顯得累贅，至於其他的就所知不多了。這可能和「鐵普拉水道」修建得有如「馬爾其亞水道」的支線，而又被百年後修築的羅馬第五條水道所合併。

不過這並不代表「鐵普拉水道」對羅馬人來說不重要。西元前一世紀，意指西元前一〇〇年起的一個世紀，共和時代末期的這百年間，在羅馬史上是政壇有力人士相互抗爭的一個世紀。這是馬留斯、蘇拉、龐培、凱撒等軍事、政治皆佳的實力派人物相互爭奪霸權的時代。而且這並非單純的權力之爭，同時也是為羅馬國策方針相抗的一場政治鬥爭。蘇拉和龐培是堅持維護既有元老院主導體制的派閥領袖，而凱撒則是以羅馬人未曾見過的帝政體制為目標。

儘管在政治上的見解不同，雙方還是同樣需要羅馬公民的支持。元老院派的蘇拉及龐培以及平民派的凱撒，表面上都會打著「出身上流的人必須以某種形式回饋社會」的羅馬傳統為旗號，實際上則是以獲得民眾支持為目的，將公共建設當成選舉運動。蘇拉建設了內有公文書庫、功能有如綜合辦公大樓的「公文書館」，龐培在馬爾斯廣場修築了大型的劇場和附屬的列柱迴廊。凱撒則不限於一地，首先在羅馬廣場內修築「朱利斯會堂」，另外又建設新的廣場，作為擴大羅馬廣場的開端，還在馬爾斯廣場修築名叫「朱利斯投票所」的列柱迴廊，選舉時作為投票所，在平時則供民眾散步休憩。除此以外，另開工修築「馬爾凱爾斯劇場」。

這些政治人物不可能將注意力全部放到建築物上，然後把道路與水道丟到一邊去。凱撒雖非全線施工，但也推動了阿庇亞大道的修復工程。因此若羅馬在這段期間內發生缺水的局面，一定會有某位政治人物提出水道的工程計畫，因為政治、經貿用地與娛樂設施固然對都市生活來說很重要，然而一旦缺水，將立刻影響到平民。而在共和時期，平民同樣是手持一票的有權者。

可是在這段足以稱為公共建設活潑期的時代中，完全沒有展開任何新的水道建設工程。這是否因為「阿庇亞」、「阿尼歐」、「馬爾其亞」、「鐵普拉」等四條水道送來的水足以滿足羅馬人的需求，或說雖不充分，但沒有嚴重到發生問題的地步？又或者說，在這段羅馬史學家一致稱為「內亂」的時期中，實在沒有餘力推動大道或水道等以未來為展望的大型土木工程？筆者認為上述兩種理由都說對了。將自身著作的《建築論考》獻給當時的奧古斯都皇帝的威圖爾維斯寫道：皇帝的職責，已經不僅在保障民眾生命安全，亦不僅於建設羅馬帝國，尚有充實國家內涵一事。威圖爾維斯曾在奧古斯都的養父凱撒旗下的軍團中擔任技師，而他藉由這本著作論及包括民宅在內的各個建築層面。又，帝國的創始人奧古斯都，同時也是「羅馬和平」路線的創始人。想來若要認真從事公共建設的話，「和平」是必備的條件，而公共建設也是提升人民生活水準，永續「和平」的最佳方法。實際上，從一進入帝政時期起，羅馬人的公共建設便開始突飛猛進。雖說奧古斯都在位時期長達四十年，不過光是進入首都羅馬的十餘條水道中，就有三條是在其任內開工的。

馬基維利將好的領導者分成兩種，一種是本身擁有萬能的才華，什麼事情都自行處理的人；另一種則是知道自身並沒有萬能的本事，而把自己辦不到的事情交由別人處理的人。朱利斯·凱撒屬於前者，奧古斯都則屬於後者。

當凱撒收奧古斯都為養子，並指定其為繼承人時，似乎已經看清當時年僅十七歲的養子的人格特質，發現這個在政治上有名望的年輕人，欠缺的是軍事方面的才能。凱撒為了彌補這項缺陷，拔擢了一位與養子同年但身份不高的軍團兵作為奧古斯都的「左右手」，這就是馬庫斯·阿古力巴。

馬庫斯·阿古力巴

凱撒的先見之明馬上獲得了證明。奧古斯都能在凱撒遭暗殺之後的十四年內亂中勝出，首先要仰賴其本人在政治、外交上老練得令人懷疑其年齡的才能，而在政治、外交層面無法解決，須步上戰場時，阿古力巴的存在就很重要了。無論是與布魯圖斯展開的腓利比會戰也好，以安東尼為敵的亞克興角海戰也好，在奧古斯都指揮下只怕無法取勝。尤其與克麗奧佩脫拉陷入戀情的馬庫斯．安東尼，在政治方面也許才能不出眾，軍事方面卻相當有本事，在凱撒生前的重要決戰法爾沙拉斯會戰時，安東尼便擔任左翼的總指揮。奧古斯都確實是政治天才，但欠缺軍事方面的才能，好在有阿古力巴的輔佐。

西元前三十年，在安東尼的死亡與克麗奧佩脫拉的自裁之後，漫長的內亂結束了，跨越歐洲、中東與北非的大帝國，就此進入由一位剛滿三十三歲的最高權力者統治的時代。這並不表示征戰已經成了過去的事，不過在以「和平」為最高目標的情形下，大規模的戰鬥可說已成歷史。若以建築家威圖爾維斯的話來說，就是「擔憂人民生命安全」的時代已成過去，進入了穩固的「建設羅馬帝國」時代，亦即因軍事才能遭拔擢，也因此建功的阿古力巴將失去存在的理由。不過奧古斯都了不起的地方也就在此，他並未將阿古力巴棄之不用，而是給這位盟友新的舞臺，也就是公共建設工程。若再度借用威圖爾維斯的話，就是自身負擔「建設羅馬帝國」，而由阿古力巴負責「充實其內涵」。也因此，一路活躍在戰場的阿古力巴，到了高舉和平旗幟的時代之後，依舊是奧古斯都的「左右手」。

優秀的武將同時也可以是創建組織的高手。阿古力巴在獲任負責公共工程之後，創設了一個由二百四十名人員組成的技術團隊，且成員全為奴隸，這表示人員並非由培育羅馬籍技術人員的軍團中抽調組成。想必是因為身為武將的阿古力巴，知道羅馬軍團中不能沒有技師吧。這些人的身份是奴隸，代表他們過去曾是戰敗者，不過即使是昨日的敵人，只要是有能力的人才便予以錄用，正是羅馬人擅長運用的敗部復活體系。阿古力巴組織的技術人員團隊，想必包括他在從軍時作戰過的高盧、西班牙及日耳曼等地出身的人，再加上在建築方面才華出眾的希臘人所組成。阿古力巴率領這個團隊「充實內涵」時，並未將羅馬籍的人員排除在外，比方說原為軍團附屬技師，亦即與軍團兵同樣具有公民權的威圖爾維斯，他在退伍之後並非將經歷全數奉獻給著作《建築論考》，據說奧古斯都在阿古力巴協助下展開「弗拉米尼亞大道」全線翻修工程時，威圖爾維斯便以技師的身份加入其中。大道、橋梁和其他公共工程不同的地方在於，由於這些工程源起於軍用目的，因此實際施工時由軍團兵進行，而指揮具有羅馬公民權身份軍團兵的施工技師，與其派遣希臘等東方地區來的奴隸，不如指定以同為羅馬公民的人為佳。雖說羅馬帝國是個多民族國家，但在某些狀況下，全面廢除民族差距並非最佳的做法。

而在水道與其他民用公共建設方面，工程規劃與完工後的維修由技術團負責，但實際施工則由競標成功的私人企業（societas）進行，在這種體系之下，就算指揮施工的技術人員身份是奴隸應該也沒什麼問題。不管怎麼說，由阿古力巴所創設，編制二百四十人的技術人員團隊，已經逐步成為羅馬帝國的「公共建設部」了。

筆者想要列舉阿古力巴帶著這批奴隸技師蓋過哪些建築物，不過這樣一來會讓筆者與讀者雙方都吃不消，因此在此只列舉有名的建築。例如在羅馬市區內，便有下列的建築物：

多年後由哈德良帝全面改建，但仍為獻給諸神的神殿「萬神殿」(Pantheon)。

在萬神殿南方，有首座大規模的羅馬式公共浴場「阿古力巴浴場」(Thermae Aguripae)。「浴場」(Thermae) 西方則建有供市民休閒，四周以迴廊圍繞但綠意盎然的人工湖泊「阿古力巴湖」(Stagnum Agrippae)。

在萬神殿東北方，於羅馬時代原本建有「和平祭壇」(Ara Pacis)。而與和平祭壇隔著弗拉米尼亞大道相對的，則是「威普薩尼亞迴廊」(Porticus Vipsania)，牆面上有利用各色大理石鑲嵌成的帝國全圖，而威普薩尼亞則是馬庫斯．威普薩尼亞．阿古力巴的家門名。

阿古力巴似乎將個人的精力由戰場轉移到了公共建設上，工作範圍甚至擴及行省。例如兩千年後的今日依舊於南法尼姆屹立不搖的 Pont du Gard，就是他為了提供尼姆市民必需用水而興建的水道橋。

除了個別的公共建設之外，他還曾經修築包括所有必備公共建設在內的一整個城市。目前德國的主要城市科隆，原本只是獲准在萊茵河西岸定居的一支日耳曼部落，後經由阿古力巴加以都市化。此地在羅馬時代名為「科羅尼亞．阿古利庇內西斯」，後世將意為殖民都市的「科羅尼亞」轉為德語拼音，就成了今日的科隆。

阿古力巴既然會在行省建設高技術水準的水道，帝國的首都羅馬就更不用說了。或許他認為光是維修現存的四條水道不夠，便另行先建了兩條水道，若加上在他逝世十年後才完工的水道，則共有三條，這些水道分別叫做「朱利亞水道」(Aqua Julia)、「威爾葛水道」(Aqua

Virgo)及「阿爾謝提納水道」(Aqua Alsietina)。

沿用奧古斯都之家門名「朱利斯」的「朱利亞水道」其全長二十二・九公里。

地下段落十二・五公里。

地上段落十・四公里。

其中有九・六公里為高架水道。

據載其每日送水量約為「馬爾其亞水道」的四分之一，因此約為五萬立方公尺弱。水質據說與「鐵普拉水道」同等，讓人覺得可以接受。這條水道的建設目的，是在加強羅馬市東半部的給水系統。

不過阿古力巴最熱心建設的水道，恐怕要數「威爾葛水道」了，因為這條水道主要建設的目的，在供給由他興建的羅馬式大浴場始祖「阿古力巴浴場」的用水。在此說「主要目的」，是因為水道兼有提供馬爾斯廣場一帶用水的功能。水道由北進入羅馬市區後，於今日的西班牙廣場一帶轉為高架水道南下，直達萬神殿南方的浴場，然後再向南延伸。這是唯一詳細記載完工日期的水道，據文獻記載，水道開通的日期為西元前十九年六月九日，已是進入帝政時期後的第十一年。

全長二十・九四六公里。

地下段落十九・一〇四公里。

地上段落一．八四二公里。其中有一公里多為高架水道，每日送水量為十萬三千八百四十六立方公尺。

特雷威噴水池

水質極佳，據稱與「馬爾其亞水道」並列鼇頭。另外，這條「威爾葛水道」和其他水道一樣，於西元五二八年遭破壞後，長期處於停止功能的狀態，到了西元一四五三年，才在文藝復興時代的首位教宗尼克羅五世協助下恢復，前後相距有九百年。重生後的「威爾葛水道」名稱由拉丁文的「威爾葛」轉為義大利語拼音的“vergine”，成了「維吉尼水道」。另有一說為「維吉尼」意旨「處子」或「少女」，據說當年技師在尋找水道所用的水源時，遇到了一位少女，告知技師有一處湧泉水質清澈，因而得此名。

兩千年前的「威爾葛水道」就在文藝復興時代以「維吉尼水道」之名復活，直到今日都還送水至羅馬市區中心。以特雷威噴水池及西班牙廣場噴水池為首，羅馬市區內的眾多噴水池幾乎全數仰賴這條水道供水，除了噴水池以外，在舊羅馬市區內還有許多四季水流不斷的水道口，用的同樣是古「威爾葛水道」的流水。由於和現代版的「馬爾其亞水道」不同，沿用古羅馬的自由放流方式，所以這條水道是唯一不需借助消毒藥水保持水質的水道，換句話說，沒有漂白水味。在筆者位於羅馬的自宅門前，沿著馬路走上十公尺左右就有這種水道口。住在日本的朋友警告筆者，不要喝未經消毒的水，但筆者幾乎沒有理會這個忠告，常常用這水道的水泡著茶，心想「我正喝著阿古力巴的水」。

在「威爾葛水道」完工七年後，阿古力巴也已經不在人世，由二百四十名成員組成的奴隸技師團隊，也整團送給了奧古斯都。皇帝在接收了奴隸技師團後，不僅讓他們脫離奴隸身份，還越過解放奴隸、一般公民、地方議員三個階級，一口氣提升到「騎士階層」（經濟界）。奧古斯都在政治上有著冷靜的特質，因此不大可能只因這些人是由盟友一手提拔起的，就給與此等優待措施，想必是他認同了這些技師的功績，因此他才將這個原為阿古力巴個人私設的技術團，轉為有如「公共建設部」一般的國立公共機關，並且馬上利用這個機關又修建了一條水道。

羅馬的第七條水道「阿爾謝提納水道」，是在阿古力巴逝世十年後的西元前二年完工的。

全長三十二·九公里。

地下段落三十二·三九公里。

地上段落五百一十公尺，幾乎全為高架水道。

送水量為十一條水道中最少的，水質據說也最差。不過這條水道的修築目的不同，並非為飲用等民生必需用水，而是為了提供工廠用水而修築。

這條水道是直接在羅馬市西北西的馬爾提尼亞諾湖中挖掘坑道，由此引水從羅馬市西側進入市區，並直接將高架水道連接到龐大的蓄水池。臺伯河西岸的這一帶，今日稱為托拉斯臺伯（意為臺伯河對岸），由於地近河畔，因此形成了一個小規模的工廠集中地。開國皇帝希望藉由確立穩定的供水系統，帶動中小型手工業興盛。

蓄水池並非單純地在地上挖個大洞裝水即可。首先，蓄水池內部各處都以水泥進行防水處理過，而在水池周圍又以迴廊環繞，已是具相當規模的水池。蓄水池中備有完善的濾除雜質設備，直接將水提供給各工廠使用，因此這一帶存在著各式各樣的水車。

由於羅馬人稱這座蓄水池為「模擬海戰場」(naumachia)，造成後世的研究人員誤解。其實在奧古斯都治國四十年的期間內，召集諸多船艦舉行模擬海戰供民眾娛樂的記錄僅有一次，這大概是為了紀念水道與蓄水池完工所辦的慶典吧，而在此後的史書上並未記載利用這個蓄水池作表演的事蹟，想來「模擬海戰場」只是建於臺伯河西岸蓄水池的通稱而已。奧古斯都行事向來現實，應該不會只為了偶爾舉辦的模擬海戰，就投入無數的勞力與資金，強行推動水道與蓄水池的大工程。

奧古斯都的下一任皇帝是臺伯留，這一位皇帝在任內完全未曾推動任何新的水道工程。筆

者認為，羅馬帝國是由凱撒描繪藍圖，奧古斯都建構，再由臺伯留鞏固。第二任皇帝臺伯留是個熱心於維修工程的統治者，但幾乎沒有進行新的營造工程。舉例來說，奧古斯都創設了國營郵政制度，而臺伯留所做的，則是在各驛站配置警備隊，以確保郵件與旅人的安全。目前已有許多碑文證明，在臺伯留在位的二十三年之間，不僅在首都羅馬，本國義大利半島及行省其他主要都市的水道都受到充分且細心的維修整頓。水道和道路一樣，不是只要完工就算達到目的的建築物，即使水道橋本身沒有問題，若是疏於清掃其上的坑道內部，石灰將會附著在壁面上。若附著情形嚴重，會造成該段落的水壓上升，水壓上升到超過容許極限，勢必會隨之影響到水道橋本身的結構。由於維修工作是如此重要，足以形成讓人雕刻石碑感謝維修者的理由，這讓人深深感嘆，原來日常保養維修之重要，不只針對私人住宅而言。

如同上述，若人口不再增加，羅馬的七條水道已經足堪使用。然而在帝國一片「和平」、羅馬又為帝國首都的情形下，外來人口的湧入已幾乎可說是自然現象。臺伯留的下一任皇帝卡利古拉，在他個人好大喜功的性情助長下，他決定一次修築兩條大型的水道，這時已經是西元三十八年。

然而這位年輕的皇帝由於政治上諸多失策，在三年後便遭殺害。雖說羅馬人施工迅速，此時工程已有相當進展，但最高負責人死亡使得工程因而中斷。

繼承卡利古拉帝之後的是克勞狄斯帝，他並未立即重新展開水道工程，也許是他將自己提案的奧斯提亞港工程列為優先，又或者以完全征服不列顛為目標而展開的軍事行動，使水道工程的經費受到限制。不論原因為何，水道修築工程一直要等到西元四十七年才恢復，從停工時起算，已經過了六個年頭。不過，從復工到完工也僅花了不到五年的時間，因為克勞狄斯帝將阿古力巴所創設的技術人員團隊投入了水道工程，並將其編制從二百四十人擴增為七百人。

西元五十二年八月一日，兩條水道為紀念克勞狄斯帝生日同時開始送水，其中一條冠上皇帝的家門名，稱為「克勞狄亞水道」(Aqua Claudia)，另一條由於水源取自流入阿尼亞奈河的溪流，因此命名為「新阿尼歐水道」(Anio Novus)。由於這條水道的落成，於西元前的共和時期修築的「阿尼歐水道」前開始加上一個舊字，稱為「舊阿尼歐水道」。自此羅馬的用水供給體系便由九條水道所構成。

「克勞狄亞水道」其全長六十八・九公里。

地下段落五十三・八公里。

地上段落十五・一公里。

其中有九・六公里是高高在上的高架水道。

水質相當優良，每日送水量為十九萬一千一百九十六立方公尺。

「新阿尼歐水道」則是全長八十七・一七公里。

地下段落七十三・二〇公里。

地上段落十三・九七公里。

其中有九・六四公里為高架水道。水質雖非冠軍，但送水量卻是十一條水道中最高的，每日有十九萬六千六百二十七立方公尺。這個送水量同時也是羅馬帝國境內各水道之冠。

羅馬的第十條水道「圖拉亞納水道」(Aqua Traiana)如其名所示，是由圖拉真帝在西元一〇九年完工的水道。水源來自羅馬北北西三十公里外的布拉加諾湖，當然，並非直接引用湖水，而是以流入該湖的溪流為水源。這條水道同樣是由西側進入羅馬市，主要的建設目的在於改善臺伯河西岸的供水狀況，在現代而言，大約是羅馬教廷所在的梵諦岡一帶。到了西元二世紀的五賢帝時代，據說羅馬市區人口已經突破二百五十萬，想必不止市中心的臺伯河西岸一帶，有人居住的範圍也越來越廣闊。

我們無法得知這條水道的詳細結構。這並非因為棄置不理的年月太久而無法得知，而是為提供教廷的用水，經過一再翻修，反而使得古代的樣子不復存在。由羅馬皇帝所建的水道，卻長年向深惡羅馬帝國的基督教大本營送水，這正是公共建設因其優秀而被人們持續使用的實證。

不過，儘管教廷重視這些水，卻不高興讓送水來的水道長年冠著皇帝的名號，「圖拉亞納水道」後來改用聖保羅的名諱，被易名為「寶拉水道」。這條水道至今依舊每日輸送九萬五千立方公尺的水到臺伯河西岸一帶。

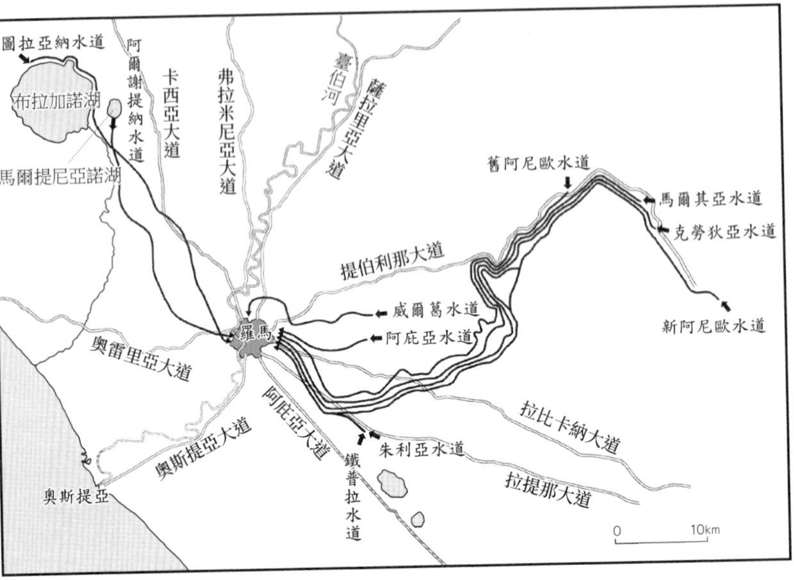

由水源地到羅馬

到西元三世紀才興建的第十一條水道，也是羅馬的最後一條水道「安東尼亞納水道」(Aqua Antoniniana) 會得到這個名稱，是因為冠上了俗稱「卡拉卡拉帝」的皇帝家門名。修築這條水道的主要目的，在於提供羅馬市南區居民用水，為現代同是有名遺蹟的「卡拉卡拉浴場」使用，而不是因為羅馬市內的給水系統有所不足。對羅馬市內提供穩定用水的系統，在西元一世紀中葉「新阿尼歐水道」與「克勞狄亞水道」完工時，已經能發揮完美的功能，充分滿足民眾需求。若非如此，名副其實地將帝國「重整」(restructuring) 的哈德良帝，不可能未做任何改良措施。

在西元一世紀中葉時，對羅馬市區內的送水量已經突破百萬立方公尺，若以人口百萬計算，則每人每日的給水量為一立方公尺。學者們考慮到途中的給水以及送水途中的損耗，將每人每日給水量估為其半數，但依舊與現代的大都市有相同的水準。附帶一提，若以一九八三年為例：紐約為○・六立方公尺、倫敦為○・五、巴黎為○・四五、羅馬為○・四六、東京為○・四七。

以東京的首都高速公路為例，在現代大都市高架橋上奔馳的是汽車，而在羅馬時代卻是奔流著清水。每當看著通往首都中心的高架水

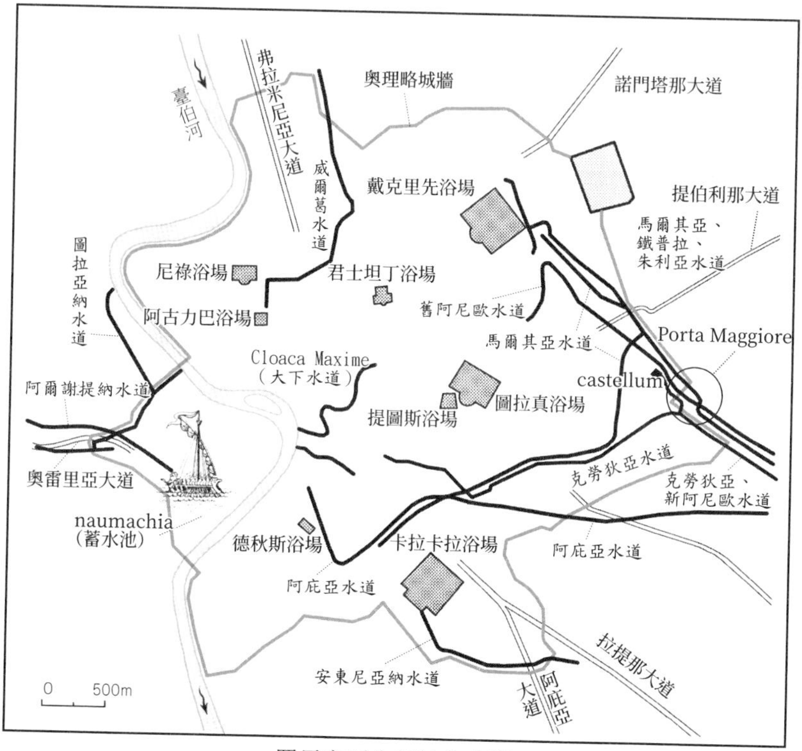

羅馬市區內部的各水道

道復原模型，就讓筆者想要喊道：「讓開讓開，水要通過囉。」能夠充分用水，是讓人的日子能過得像人的最重要條件之一。能滿足這條件的，還不只首都羅馬一地。

各位大可認為，只要是羅馬大道幹線通過的都市，也必定會建有羅馬水道，不過其數量要視人口而定，而水源地至都市的距離，也隨地勢有所不同。本國義大利的小都市之一龐貝城只有一條，高盧行省的首要都市里昂則有四條，羅馬時代的巴黎不是什麼重要的都市，因此只有一條。另外，由水源地到都市的距離，不是看都市的重要程度，而是看地勢決定。巴黎為十六公里，位於今日阿爾及利亞境內的歐爾歐爾為三十五公里，尼姆為五十公里，里昂的四條水道中，最長的一條為七十五公里，科隆為七十八公里；至於必須到沙漠對面尋找水源的迦太基，則長達一百三十二公里。若說羅馬大道是一貫的政治意志產物，那麼水道也是相同的。

而要讓想法與羅馬人不同的民族了解到，擁有安全迅速的交通，及穩定供給的用水有何好處，唯一的辦法就是將實物呈現在他們面前，讓他們親自體驗。一旦親自體驗之後，任何人都能了解到，在城鎮內的共同水槽汲水使用，要比以往到遠處的泉水、河邊或水井打水來得方便許多。這些實物展示的現場，首先是水道設施較各地完備的首都羅馬，其次則是各行省的省都了。歐爾歐爾、里昂、科隆和迦太基都是行省的省都。

羅馬人是昨日的戰勝者、今日的統治者；相對地，行省的人民則是昨日的戰敗者、今日的被統治者。所以羅馬皇帝才能強制行省人民修築水道，然而光是強制並不足夠，讓民眾了解其優點也是很重要的，因為水道和大道不同，其修築與維修費用都需由行省人民負擔。

羅馬大道原本是為軍用目的而鋪設，若一般人在途中遇到軍團行軍，只怕是要退至道路邊，讓軍團優先通過，而且應該沒有人會對這種狀況感到不滿。正因為有這一層為軍事戰略需求而鋪設的背景，法定有義務全線鋪設石板路面的幹道，亦即「公道」的修築工程才能動員軍團兵進行，而大眾也會認為，由身兼羅馬軍最高指揮官的皇帝來擔任工程的最高負責人，是理所當然的事情。簡而言之，就是整體情勢允許中央政府負擔修築工程費用，而後的維修保養費則委由沿線的地方都市負擔。

至於水道方面，我們一看配水比例便可得知其主要在於民生用途，因此不論是修築費用或維修費用，都必須由身為地方政府的各行省及列名為「地方自治體」的各都市負擔才得以實現。羅馬人會如此執著於修築水道，是因為他們確信穩定供給用水，也是優良文明的一部份。羅馬的中央政府為了讓水道普及至全帝國疆域中，除了由統治者強制執行，以及實物展示之外，還派遣專家進行技術指導。

為了舉例說明水道工程是如何由與羅馬人不同思想的行省人民完成的，在此想要重新介紹一次於第IX冊中曾引用的信件。這是西元二世紀時，在小亞細亞擔任俾斯尼亞行省總督的小葡里尼斯，寄給身在羅馬的圖拉真皇帝的一封信。

「尼科米底亞市的居民為了修築水道，已經耗費三百三十一萬八千塞斯泰契斯銅幣，然而水道至今仍未完工。不但未完工，且由於棄置不顧，已有多處損壞。因此又編列二十萬開始建設另一座水道，但同樣陷入半途而廢的狀況。雖說這是浪費公帑的結果，但為了供應當地人用水，新編預算支出勢不可免。

由我親自前往現場視察的結果，發現當地水源澄澈、水量豐沛不成問題，問題在於如何將水引至都市。我認為如同初期嘗試，利用連續弧拱結構的高架橋是唯一方案，然而初期施工時所建築的拱橋墩，至今仍堪用的段落極少。如此一來，只有改建一途，但初期施工所用的石材可資轉用，其餘的部份，使用施工容易且造價較低的磚塊應已足夠。

話雖如此，為了不讓同樣的浪費再度發生，煩請派遣水道與建築專家前來。我的任務只有一件事，就是讓在您的治世下完成的公共建設，能襯托出您的威嚴。」

尼科米底亞的居民大多是希臘人，且希臘與羅馬的文明關係密切，足使後人並稱為希臘—羅馬文明。然而連要讓希臘人了解水道的好處，都不是容易的事情，何況羅馬人竟然在面對中東的腓尼基後裔迦太基人時，還能成功地讓他們從一百公里以外的遠方開始修築水道。也就是因為如此不辭辛勞，羅馬水道才能和羅馬大道一樣，普及到跨越歐洲、中東與北非羅馬帝國的每一個地方。

希臘人自負在建築和藝術方面的成就都高過羅馬人，但也提出羅馬人所建設的大道、上水道和下水道為希臘文明不及之處。各位要知道，其中尤以上下水道的整頓，在衛生政策上扮演著重要的角色。希臘人之中，出了一位醫聖希波克拉底，但他們對於上下水道的工程毫無興趣；相對地，羅馬人將醫學與醫療方面全委由希臘人包辦，自身卻熱心於整頓上下水道，甚至於執意要修築公共大浴場維持身體清潔，這兩個民族的差異真是耐人尋味。也許在蘇格拉底(Socrates)和蘇格拉底欣賞的俊俏青年滿街跑的時代裡，雅典並沒有我們想像中乾淨。

至於和羅馬大道同受希臘人讚嘆的羅馬水道，其地下段落和高架橋部份簡圖則如圖所示。修築水道所需的用地寬度，和大道幾乎完全相同，將近十二公尺。水道的地下坑道與地面高架橋實際寬度為二．四公尺，羅馬政府會在兩側各多徵收四．五公尺的土地併入水道用地，一來是為了保護水道橋，二來是為了維修時的方便。不過兩側各四．五公尺的保留地，一到了寸土寸金的市區內，則變通為只要保留一．五公尺即可。

在這十二公尺的用地中，若有私有土地存在，政府必須付費徵收。與前述修築道路時相同，在史料中找不到任何難以徵收水道用地的記載，想必理由不只在於羅馬人富有公德心。道路會為沿線的居民帶來利益；相同地，水道也不會說水聲涓涓從一旁流過，而住在水道附近的人卻

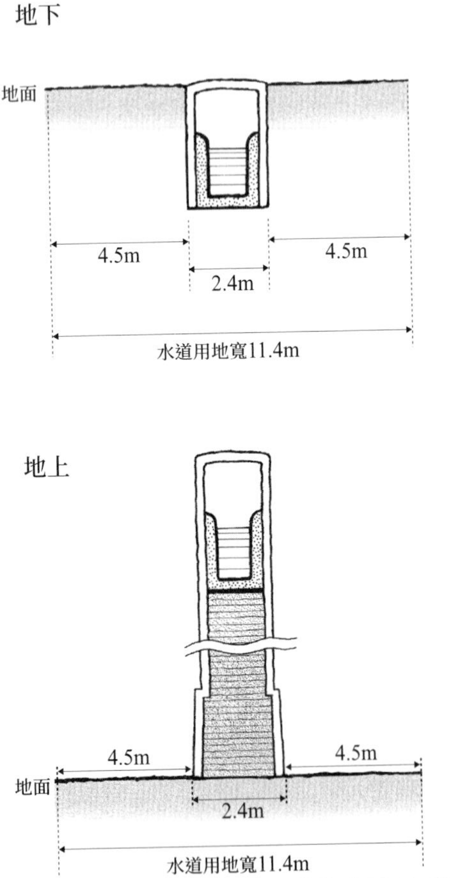

地上、地下段落均相同，平均每隔30至40公尺會設置一個可供維修人員進出的開口。

羅馬水道斷面圖（略圖）

只能乾瞪眼，只要提出給水申請，獲得水道當局認可，水道局就會派員前來進行必需的工程予以配水。不過，和可在任意路段免費進入路面的大道不同，要將水道拉到自宅是必須付費的。

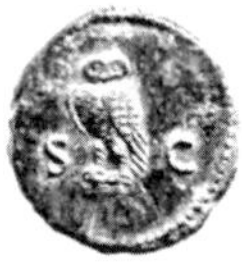

羅馬大道主要目的在於軍事用途，因此修築工程能夠動用軍團兵，而相對地，羅馬水道的工程則是由營造業者承包，也因此留下一些與水道修築費用相關的史料。其中之一為巨著《博

物誌》的作者大葡里尼斯所記載的數字，據載「克勞狄亞水道」與「新阿尼歐水道」兩條水道的修築費用合計為三億五千萬塞斯泰契斯銅幣，前者是從六十九公里的遠方起始，後者則綿延八十七公里的長度，兩者均為上天下地的大工程。若單純地將費用除以二，則每條造價一億七千五百萬塞斯泰契斯銅幣；若以史上僅存的一份記錄為依據，一年的水道使用費收入為二十五萬塞斯泰契斯銅幣，相除之下得其商數為七百。如果這項數字正確，也就意味著若打算僅靠水道使用費來回收修築水道所需的費用，全額回收得等上七百年。由於僅憑這項數字連試算都無法進行，因此研究人員放棄做更進一步的推論，不過大多數的人員都同意下列論點，亦即和修築大道時相同，羅馬的中央政府在修築水道時，打從一開始就將收益置之度外，想必和稱羅馬大道為「公道」一樣，他們認為羅馬水道也是公眾應完成的事。若借用他們的話來說，就是「必需的大事業」(moles necessarie)。最能凸顯這項特點的，就是名為"castellum"的儲水槽結構了。

"castellum"是英文的castle的語源，一般翻譯為城堡或城塞。城堡有聚集並駐留士兵，隨需要派出軍隊的功能，而羅馬水道的castellum功能，則是暫時儲存流水，沉澱或用金屬網具過濾雜質，之後隨用途不同分流至不同的配水水路，因此羅馬人不以意為水池的"piscina"，而是以意為城堡的"castellum"命名之。附帶一提，羅馬人將純粹為儲存用水、去除雜質而修建的水池稱為"piscina"，而現代語只能翻譯為儲水槽的"castellum"，最重要的功能在配水方面。

羅馬水道的儲水槽具有如此重要的地位，且既然具有隨需要控制配水優先次序的功能，自然不是一條水道只配有一座儲水槽。《水道論考》的作者弗隆提努在涅爾瓦帝時代擔任相當於水道局長的職位，他在著作中記載了涅爾瓦帝時代已經修築完畢、存在於首都羅馬的九條水道，位於市區內的段落各有多少“castellum”。

阿庇亞水道——二十處。
舊阿尼歐水道——三十五處。
馬爾其亞水道——五十一處。
鐵普拉水道——十四處。
朱利亞水道——十七處。
威爾葛水道——十八處。
阿爾謝提納水道——○處，應該是因為這條水道直接通往工廠用蓄水池(naumachia)的緣故。
克勞狄亞水道、新阿尼歐水道——合計九十二處。

上列資料不包括弗隆提努逝世後修築的圖拉亞納水道及安東尼亞納水道儲水槽數量。九條水道合計共二百四十七個儲水槽，附帶一提，龐貝城內僅有一個，帝國的首都羅馬和本國義大利境內的小城市之一龐貝，差距就在這裡。不過龐貝城同樣是在羅馬文明下的都市，遺蹟中留

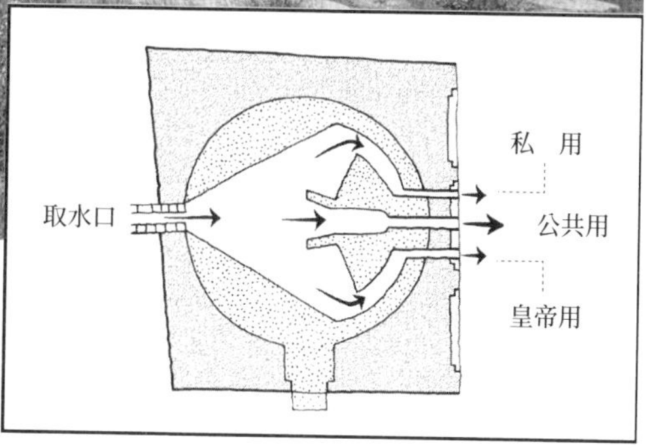

龐貝的 castellum 外觀。右圖為 castellum 的配水機制。下為剖面圖（引用自 J. P. Adam，*La construction romaine. Materiaux et techniques*）

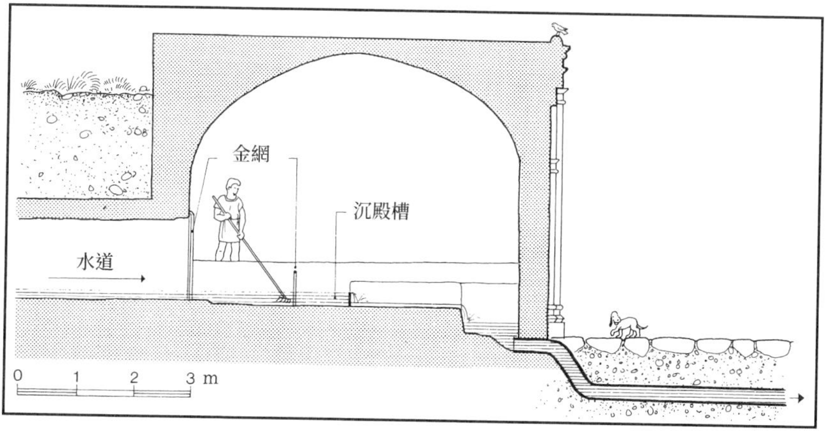

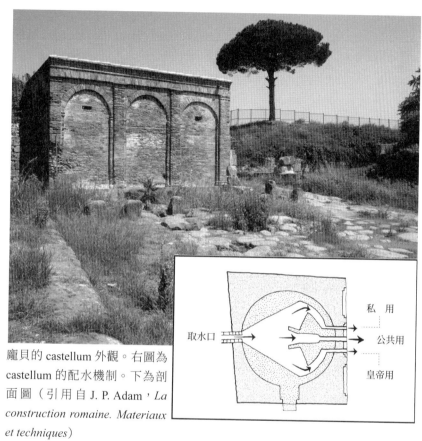

有依用途將水一分為三的“castellum”結構體。而在枯水期的配水優先順序則如下列：

㈠公共用：以共同水槽為其代表。配水比例為整體的四十四・二％。

㈡皇帝用：並非意味著僅供皇宮及其他皇室的用水。大型公共浴場名義上是由皇帝修建後贈與民眾，因此所需的大量用水也歸類在皇帝用之中。通過這種配水路的水量比例為整體的十七・二％。

㈢私人用：提供用水給申請延長水道至其自宅，並經許可後，由「水道局」技師前往施工完畢，得以在家用水的人。

在私用類別中，還包括郊區的別墅給水在內，不過對別墅的給水由於有造成水壓下跌的風險顧慮，要取得許可並不容易。這類用水的比例，占整體的三十八・六％。而只有列入㈢類的人才必須支付水道使用費，亦即㈠和㈡被視為公共用途，因此得免除水費。

羅馬人並不認為凡事皆應以“publicus”(public的語源)為先，而“privatus”(private的語源)居次，只是認為既然是利用公款完成的工程，因此公務自然應該優先於私人。羅馬法對於保護私人取得的私有財產不遺餘力，甚至將其列為羅馬法基礎之一，不論是修築大道或水道，都未曾發生強制徵收用地的例子。在羅馬人的社會中，除必要時由「公家」優先於「私人」之外，其他一般狀況下都是「私人」優先於「公家」，兩種態勢維持著一種平衡關係而共存。

既然羅馬人有這種想法，那麼他們由具有中央公務員身份的軍團兵施工、由國家提供經費鋪設的羅馬大道，想必會想要向利用羅馬大道的私人使用者徵收費用。然而這實際上是不可能的。雖說羅馬大道有如現代的高速鐵路和高速公路一樣，是由人工鋪設的道路，但在當時，任何人都能從任意地點進入羅馬大道。若是人、馬、貨車突然出現在高速的鐵路或車道上，當然是很危險的事，不過馬與馬車畢竟和火車、汽車不同，速度實在有限。正因為如此，羅馬時代的「高速公路」既沒有護網也沒有柵欄，還開放給徒步的旅人使用，也因此無法收取過路費。如果真想收費，唯一的辦法就是在橋的出入口派員收取，然而又因為羅馬人平素認為應維持複數選項，因此同一路段的橋梁數量也不只一條。如果要在所有的橋梁上派駐收費人員，光是人事費用就會造成沉重的負擔，反而是免費通行對國家來說負擔較輕。哈德良皇帝任內曾在埃及行省試行過收費制度，但也僅止於一個地區短期內的嘗試而已。結果羅馬大道自始至終，一直都維持免費通行。

不過水道就不同了。

首先，政府的水道機關將幾近五成的水分配到共同水槽，可說已經達成水道的公共功能。羅馬人將水槽稱為「公共噴水池」，不過有美麗雕像和高高水柱的並不多見，大多數是個簡單的四方形石造水槽，由模仿動物頭部形狀的注水口二十四小時灌著水。只要是在共同水槽給水使用，不論取用多少都是免費。根據各地的挖掘調查結果推論認為，由住宅向外走，頂多只要四十公尺，就可以找到一個共同水槽。這類的共同水槽設置在路邊，溢出的水會流入道路下方的水溝。因為如同前述，為維持供給清潔的水，羅馬的水道會維持二十四小時自由放流。

除了配給共同水槽的四十四．二％以外，另有十七．二％的水歸於皇帝使用，主要是提供公共大浴場的用水，若合計這兩項用水，則羅馬水道的總水量有六成是用於穩定提供民眾用水，這是衛生政策上很重要的一環。飲用清澈的水、使用清潔的水洗滌食物、以乾淨的水下廚，再加上經常前往公共浴場入浴保持身體清潔，對於健康的好處真是難以估計，對防範疾病方面發揮的功效也難以計算。若考量到帝國統治的疆域之廣闊、統治的歲月之長久，那麼羅馬史上的流行傳染病次數實在是少得驚人。醫聖希波克拉底曾說：預防重於治療，而羅馬人則是舉國達成了這項目標。當我們回頭想想，兩千年後的現在，住在地球上的人之中，還有許多人無法充分取得用水，我們不禁要感嘆羅馬人的公德心之高，能讓他們深信穩定供給清潔的用水，是人要活得像人所必需的大事業。也因為政府提供充分又免費的水，才能對要求更多服務的人開口要錢。民眾只要離家走上四十公尺，就能免費汲水，若要將水引到家中，已經超過了公家所應負擔的服務範圍，亦即已屬私用，應當支付費用。而要將水道牽至自宅，必須要向「水道局」申請、取得許可，由「水道局」派員施工。在這個階段便能掌握「私用」的數量，而掌握數量後，就能課徵費用了。

不過，雖然已經演進到可以課徵水道費的地步了，水道費用又是如何決定的呢？現代的水道都裝設有統計使用量的水表，用戶只要按照使用量付費即可，但是羅馬時代是如何統計的

龐貝的共同水槽。下圖為共同水槽的平面圖與剖面圖（引用自 J. P. Adam，*La construction romaine. Materiaux et techniques*）

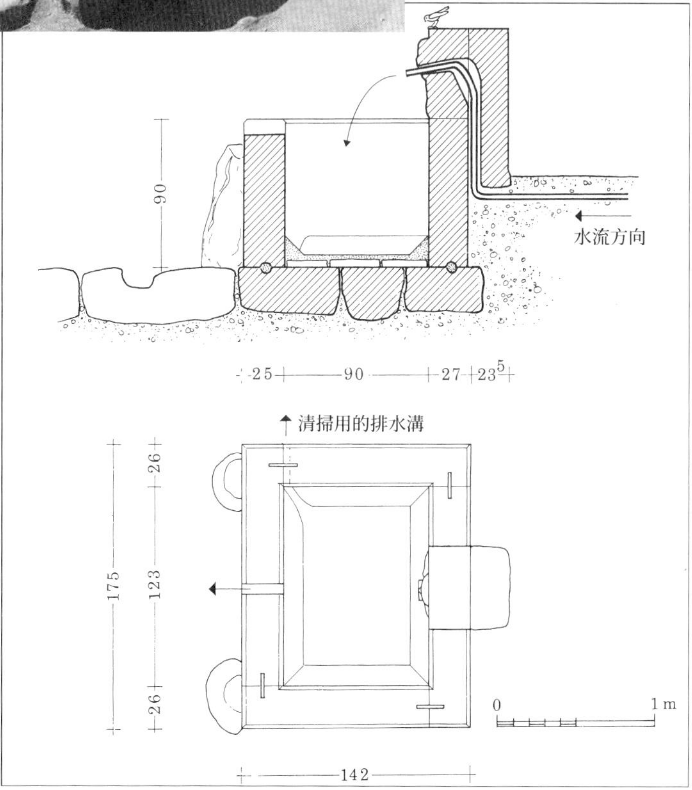

呢？由於羅馬水道是藉由二十四小時自由放流來維持水質的，因此羅馬時代的「水道局」要面對的，是一則要讓水流個不停，二來又要能夠計算用水量，想想還真有點好笑的問題。羅馬時代的水道工程師，藉由某種方法解決了上述問題，不過在敘述前，我們先來看看在羅馬時代要如何水道牽到自宅。

想將水道牽到自宅的人，必須先向皇帝提出申請，而這情形僅限於首都羅馬地區，其他像米蘭、拿坡里等位於本國義大利境內的地方都市，只需向該市的議會議長提出申請。如科隆和里昂等行省省都，是向行省總督提出，而像巴黎和特雷德等行省內的地方自治體（都市），則可向該市的議會議長申請。若是雅典等由羅馬特別承認的自由都市，申請書的提出對象則為該市市議會。請各位不要忘記，羅馬人統領如此龐大的帝國，還能發揮令被統治者滿意的功能，就在於羅馬帝國的政治有著巧妙的中央集權與地方分權。也許以我們的眼光來看，會覺得不過是裝個自來水，何必如此麻煩，但兩千年前的羅馬人可不這麼想。

在羅馬時代，人們認為穩定供給用水是「公家」應向民眾負責的職責之一，因此不能只因使用者願意付費就無限量地給予許可。為修築水道一事耗費龐大的勞力與公帑還能獲得眾人的共識(consensus)，就是因其與公共利益相關。根據研究人員表示，在龐貝城遺蹟內挖掘出的儲水槽中，其公共用、皇帝用與私人用的配水比例，和行省的都市幾乎完全相同，而皇帝用的配水中又包含了公共浴場等公共建築物的用水，若將其列入公共用水中，則羅馬水道運來的水中，「公」、「私」配水比例大致是六比四。亦即羅馬水道中流的水，有六成分配到「公共用水」；而有四成分配到「私人用」。私人用水不得超過既定的比例，因為一旦超過，公共用水也將隨之減少。在現代來說，將自來水接到自宅中使用的人占大多數；可是在羅馬時代，絕大多數的人使用的是共同水槽。既然水道是公共建設，又有上述因素影響，因此絕對有必要將私人用水抑制在四成以下。那麼，羅馬人又是如何辦到的？

首先，人人都想得到的方法，就是徵收使用費。在那個大道、橋梁都理所當然免費通行的時代，只有水道要支付使用費，算是一個特例。居民只要走到平均每隔七十公尺便配置一個的共同水槽，就能免費取得用水，因此收費也許能發揮抑制的功用。可是話說回來，又不能為了重視抑制的效果，而把水道使用費調高。

這是因為被歸類到「私人用」(privatus) 類別的人裡，有許多是為工作需求而用水的手工業者，尤其染坊更是需要大量的用水，而像奧古斯都和圖拉真這兩位眾人公認為明君的皇帝，甚至修築了以穩定提供工業用水為主要目的的水道。相信羅馬人不會無視水在產業方面的功效。而對於工作上沒有直接用水需求的富裕人家，也不能以「引水到自宅中是奢侈的象徵」為由立即駁回，這類的有錢人家光是在市區內置有宅院，就能增加消費，連帶活絡了都市內的經濟。就連郊區的別墅，也有類似的功效。羅馬人原為農業民族，在他們觀念中，「別墅」也就是農業的生產中心，有人居住才能避免土地荒廢；而一旦整頓好安全舒適的環境，自然有人會久住於土地上。安全方面已有"Pax Romana"做保障，而保障舒適的第一個條件，就在於穩定供給清澈的水。

基於上述因素的影響，羅馬時代的水道收費不能太高，不過一年的水費收入只有二十五萬塞斯泰契斯銅幣也未免太便宜了。這個數字相當於羅馬市區內最高級公寓一年份房租的八至九倍，筆者懷疑這是中世紀抄錄時的筆誤，或者只是通往羅馬市的十一條水道中的其中一條水道收入。不過在史料中確實找不到抱怨水費過高的記載，畢竟這是為了公共利益目的而修築的基礎建設，打從一開始，羅馬人就不準備靠規費收入來填補經費支出。

誠如上述，在羅馬時代，徵收水費幾乎無法抑制申請人數的增加。在這情勢之下，第一個將私人用戶抑制在四成以下的方法，就是讓用戶不過是申請水道而已，卻必須向當地的最高行政權力者申請。亦即身在首都必須向皇帝，身在行省則必須向行省總督提報申請。也就是說真正的目的，在於讓申請的過程複雜化，使得由申請到許可為止所需的時間延長，藉以打擊一時興起的申請人。

第二個方案，則是許可以後，有效期間僅限於當事人一代為止，法律上不承認其世襲、繼承與轉讓。在羅馬時代，羅馬公民權與國有土地租借權都是一種世襲權利，而水道使用權卻限於當事人一代，這真的值得後人大書特書。當父親死後，即使兒子住在同一棟房子，也必須重新申請水道使用權；另外，買到已有水道房屋的人，也必須重新向政府申請水道的使用權。為維護公用的六成用水，所耗費的工夫非常人可以想像。

在同時，對於偷竊水道用水的人，則科以相當重的罰鍰，最高可達十萬塞斯泰契斯銅幣，相當於八十四名軍團兵的年薪。不過儘管如此處置，似乎盜水的人依舊不絕於後。要盜用水道用水，就必須經由水道施工的過程，也就是說，竊取公共水道用水的缺德人，和身為「水道局」公務員但缺乏專業良知的貪官有勾結的現象，這使得工程的負責人要到施工的當天才敢將工程計畫告訴部下。盜水的行為不僅減少了政府的收入，同時由維持水道內部水壓的觀點來說，也是不能允許的現象。羅馬是個法治國家，因而當國家有水道法時，就必須遵守，如果法律不符合現狀，只要修法即可。

那麼，歸類到「私人用」類別的水道使用費是如何決定的呢？羅馬水道為了維持水質，因此二十四小時維持自由放流，如此一來便無法計算使用量。不能計算使用量，就無法決定使用費金額，而無法決定使用費金額，也就無法徵收使用費了。不過，就算羅馬人採用這種自由放流的方法，水還是一樣由主水管流向支管，然後通往住宅與工廠。

因此，羅馬時代的水道工程人員便以支管的圓周為收費基準。鉛製的支管由粗到細一共有十種，而長度同為三公尺，這些管線均由製造鉛管的工廠依照規格大量生產，施工人員只需依照申請書所登錄的使用目的及使用地區面積來估計用量，然後決定所使用的鉛管粗細與數量。由於這種施工只有專門人員才辦得到，想必也便於「政府當局」估計所使用的水量。

能夠使用這種方式決定水費，同時表示在羅馬時代，家用的水道同樣是以自由放流方式維持水質。而二十四小時維持放流，除了能維持水質以外，同時也對於維護下水道功能有所助益，所以說「自由放流」在衛生方面也是很重要的因素。希臘人說羅馬人的大道、上水道與下水道是三大創舉，而這三樣東西都同樣不能光是修築便告結束，而是要能持續發揮功效才有意義。正因為能發揮完美的功效，才使得希臘人為之感嘆。由對於上下水道毫不關心的希臘人眼中看來，羅馬時代的都市想必是清潔無比。

羅馬時代既然以「自由

龐貝城的阿本坦札大街想像圖

（引用自 J. P. Adam，*La construction romaine. Materiaux et techniques*）

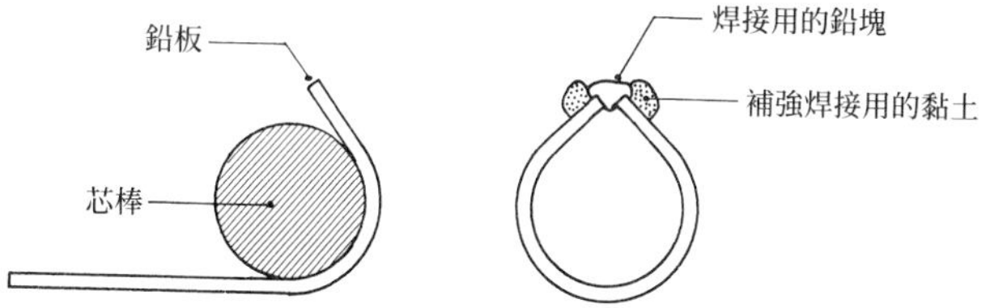

鉛管的製作方法

（引用自 J. P. Adam，*La construction romaine. Materiaux et techniques*）

放流」為水道的基礎，是否就沒有水龍頭了呢？其實水龍頭還是存在的，而且原理和現代的水龍頭完全一致。研究人員根據龐貝城出土的水龍頭複製實驗後表示，羅馬時代的水龍頭技術水準，幾乎已經能完全發揮控水的功能。不過羅馬人只有在維修與其他施工時，才會使用水龍頭暫時將水流堵住。畢竟「自由放流」是羅馬水道的基本樣式，而多虧了這項「自由放流」的功效，羅馬人才能喝到沒有消毒藥水味的飲用水。

在這裡想要探討一下曾經轟動一時的假說，這項假說認為羅馬人滅亡的原因，在於中了鉛毒素。也就是說，因為羅馬水道使用鉛管，羅馬時代的人飲用通過鉛管的水，使得鉛裡邊含有的毒素逐步侵蝕身體，造成慢性中毒症狀，使人們的末梢神經與腦細胞產生病變，最終導致羅馬帝國滅亡。

這項假說中有許多的缺陷，不過在此姑且不提。筆者在此想要討論的是：羅馬人是否不知道鉛中含有毒素。

羅馬人並非無知，實際上羅馬人很清楚鉛的問題。在西元前一世紀發表的《建築論考》中，作者威圖爾維斯便已經論及鉛的毒性，以及避免鉛中毒的方法。書中表示：鉛一旦溶於水後，便會產生毒性，而由鉛管工廠員工的臉色及姿態不佳，便能發覺鉛毒對人體有害。因此為健康考量的話，必須極力減少鉛管的使用量。若要提供對健康有益的用水，水管最好是以木製或是赤陶土(Terra-Cotta)製為佳。

然而，羅馬水道依舊繼續使用鉛管。在何處？又為什麼？

首先，由水源地至進入都市的儲水槽為止，無論地上地下段落，水都是流在石造的水溝內，因此用不著鉛管。問題在於由"castellum"到共同水槽為止，或者到住宅的都市內部管線，這些段落便有使用鉛管。由於配水的目的地多，且送水的管線往往需要曲折轉彎，使用鉛管較容易進行施工。在歐洲北部曾經挖掘出木製的水管，在南歐也曾挖掘出赤陶土製的水管，不過在市區內，還是以使用鉛管為主。

那麼，羅馬人明知鉛具有毒性，為何還要使用鉛管？

如同威圖爾維斯所述，羅馬人已知鉛溶於水中後會產生毒性。也就是說，接觸水的時間越短越好，而「自由放流」的方式，在此又添增一項功績。原本水流在寬廣的坑道中已經十分迅速，到了狹隘的鉛管中，其速度更是飛快，而由於水道並未使用水龍頭，放水口同樣也是採用自由放流方式，鉛溶於水中的風險相信也因此大為降低。另外，水中的石灰成份對於減低鉛毒素的風險也大有助益。進入羅馬水道的遺蹟時，最令人訝異的，莫過於坑道內部累積了一層厚厚的白色石灰。也讓人理解到水道要經常進行維修的原因之一，在於必須定時清除壁面上的石灰。然而在鉛管內部累積的石灰，不正可形成薄膜隔絕鉛與水嗎？不管怎麼說，研究羅馬水道的學者們，根本不把羅馬帝國亡於市區內使用鉛製水管的說法當一回事。

哈德良長城旁的士兵用浴場遺蹟

關於羅馬水道的話題，當然要以假如水道沒有發揮完善的功能，便不可能誕生的大型公共浴場做結尾。羅馬人喜好泡澡的風氣實在是空前絕後，只要是小有規模的都市，內部理所當然地會有數個的浴場。

當筆者參訪當時帝國的最前線，位於今英國境內的哈德良長城時，看到前線官兵使用的浴場遺蹟後，更是不禁目瞪口呆。以引用河水的浴場來說，這個浴場算是小型的了。可是羅馬人竟然執著於入浴至此，連身在前線都不願放棄。來到帝國的首都羅馬，浴場不但規模擴大，也變得更豪華，這是因為浴場是由皇帝修築饋贈給市民的。

在此依照修築時間前後列舉羅馬市區內的有名浴場如下：

「阿古力巴浴場」、「尼祿浴場」、「提圖斯浴場」、「圖拉真浴場」、「卡拉卡拉浴場」、「德秋斯浴場」、「戴克里先浴場」、「君士坦丁浴場」。

除了開國皇帝奧古斯都的左右手阿古力巴修築的浴場以外，其餘都是由皇帝所修築的浴場。由於浴場內部的結構都大同小異，因此僅以圖示的卡拉卡拉浴場為例。裝飾在浴場內外的美術品品質之佳、數量之多，足以稱其為羅馬時代的美術館。當年臺伯留皇帝曾經看上了阿古力巴浴場的一座雕像，認為反正平民不懂得欣賞傑作的美，因此將其遷移到皇宮內，結果卻因抗議的群眾洶湧不斷，迫使皇帝將雕像又遷回原位。

我們現代人在美術館中看到的希臘、羅馬雕像中，有許多就是由公共浴場遺蹟中挖掘出來的。比方說人稱梵諦岡美術館之寶的「勞康父子」像，原本位於「圖拉真浴場」，而目前位於拿坡里的「華尼西之牛」像，以及文藝復興時代的建築物——今日的法國大使館「華尼西宮」前方廣場上的噴水池，都是裝飾在「卡拉卡拉浴場」裡的美術品。而由「戴克里先浴場」中所取得的美術品嘛……，只有請各位讀者前往以該浴場遺蹟所修築的「浴場美術館」旁新設立的

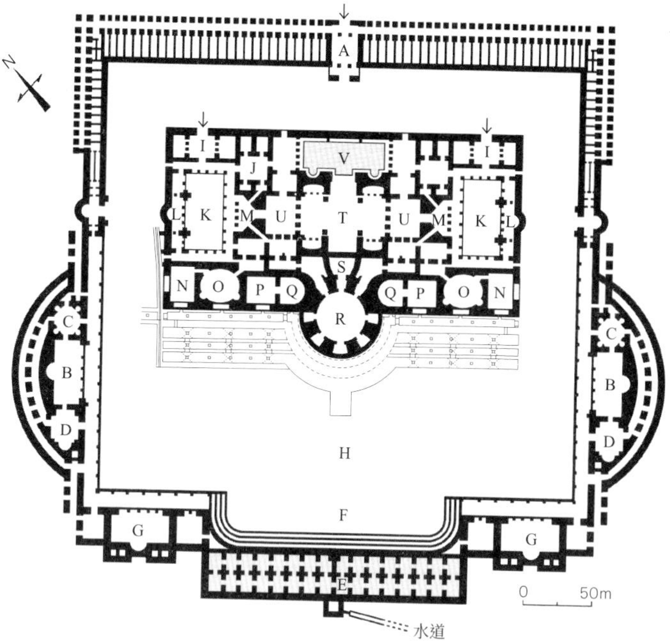

大浴場整體——337m×328m 浴場部份——220m×114m
出入口的左右兩側有面朝外的店鋪並排，其二樓則為住宅

A 出入口

B、C、D 陳列浮雕、繪畫用的美術館

E 大儲水槽（雙層結構），水道直通此處

F 由庭園通往地下儲水槽（地面部份鋪設石板）的樓梯

G 圖書館（分為兩處，右側收藏希臘文書籍；左側則收藏拉丁文書籍）

H 裝飾有噴泉及雕像的大庭園

I 通往浴場內部的入口

J 更衣室

K 由列柱迴廊環繞的體育場

L 展示雕像的美術館。為朝向列柱迴廊開放的一個區塊

M 半圓形的教室。沿著牆壁擺設有雕像，多用於朗讀會等

N、O、P、Q 中央的浴槽隨房間不同，儲存的水溫度也不同。牆壁內部均設有暖氣。N可能是廁所

R 蒸汽浴室。朝外的半圓形區域開有大面積的窗戶，充分利用面南的特點

S 溫浴室

T 暖浴室

U 噴水池（兩個噴水池一移至現為法國大使館的華尼西廣場，另一個則殘存於梵諦岡內院）

V 水池

卡拉卡拉浴場平面圖

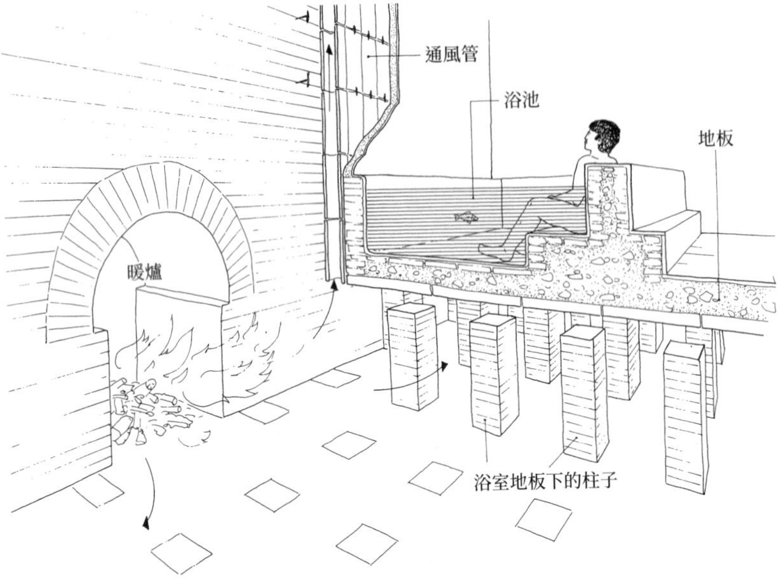

浴室的剖面圖（右）及浴缸加溫的機制

（引用自 J. P. Adam，*La construction romaine. Materiaux et techniques*）

「勞康父子」

「華尼西之牛」

「八角廳」親自觀賞了。

這不正讓我們理解羅馬的平民們為何將浴場稱之「為我們窮人修築的宮殿」。浴場有如此豪華的配備，而入場費只要二分之一亞西銅幣，相當於一個麵包加上一杯葡萄酒，而且士兵與兒童免費。奴隸同樣可以入場，若奴隸具有公務員身分，也與服兵役人員同樣免費入場。在羅馬時代裡，這類浴場長年都是男女混浴，由哈德良皇帝時代起則改為男女有別。內部結構已經不可能改為男女各一邊，因此以制定入浴時段的方式處理。工作多在家中的女性為上午十點到下午一點；日出而作的男子與上學的兒童則是下午兩點到五點為止。

羅馬的人口遠超過羅馬市區內的公共浴場總入場人數上限，由此可見並非每個人都天天上公共浴場泡澡。一來皇帝等權貴在自宅中便有浴室，二來想必有許多人洗澡時沖沖水就算了。不過，一旦有了入浴的環境，人自然會養成入浴的習慣，能夠使用充足的水，以及維持身體清潔的習慣，想必與羅馬史上流行病數量如此少有絕對地關聯。然而羅馬帝國內各都市一定會有的浴場，到了西元四世紀末期後也開始乏人問津，這時向著大浴場送水的水道依舊發揮其功能，已經生變的是人們的想法。過去袒裎相見的人際往來，被讓人見到裸體是罪惡的想法所取代。當基督教的支配成為決定性力量之後，羅馬帝國的民眾連男性都為了不讓人見到手臂，而在長袍下穿起了長袖的內衣。在這種時代，以多人混浴為特徵的羅馬大浴場已經沒有生存的空間，而且公共浴場擺飾許多裸體的雕像，對於基督徒來說，這是被視為邪教、應予排除的希臘——羅馬宗教象徵。雕像不是遭破壞，便是被丟棄到臺伯河裡，倖存的也遭人棄置遺忘。這些過去的羅馬平民宮殿，能夠作為教會與民宅建築材料的部份被人拆除一空，成為僅留磚瓦讓後人勉強憑弔昔日壯麗風光的巨大遺蹟。

羅馬水道其後又生存了一百五十年，直到西元四七六年西羅馬帝國滅亡時，水道的坑道中還流著滾滾流水。然而到了西元五三八年一切也宣告終結了。在這一年，被稱為東羅馬帝國的拜占庭帝國將軍貝爾薩留斯起兵反抗當時時常進犯的日耳曼民族。

當將軍主持防衛戰時，得到了一項資訊。據說每當夜裡，在水道的坑道另一端都有火光閃爍。羅馬市區雖然有西元三世紀時的奧理略皇帝修築的城牆守護，但水道卻跨越城牆而入。貝爾薩留斯將軍擔憂日耳曼民族會利用水道侵入市區內，因此除了下令封閉所有通往羅馬水道位於水源的取水口，並以磚塊和水泥將水道進入市區的坑道部份封死，羅馬水道至此宣告不治。

由於其後日耳曼族依舊不斷侵擾，所以沒有人想把水道恢復舊觀，而且人口此時已經跌至三萬，實在用不著為百萬都會所修築的十一條水道。對他們來說，可能順水道入侵的日耳曼民族要來得更加可怕。在羅馬，中世紀確實是一個黑暗的時代。羅馬大道在長年棄置缺乏維修的狀態下，石板磨損、砂石累積在縫隙中，最後還長出雜草、靜靜地死去，而羅馬水道的死亡來得更是倉促。如果沒有一個擁有強烈維修保養意志的國家發揮功能，不論公共建設做得多好，最後也只有面臨滅亡。這句話不僅適用於硬體的建設，也同樣適用於軟體的建設。

醫療

在筆者手上，有一份名叫"Roma Urbs"（首都羅馬），長九十五、寬一百一十五公分的地圖，這是一份市售的地圖，理論上人人都買得到。但現代的羅馬市政與古代不同，相當缺乏恆心毅力，因此常會陷入缺貨的狀態，而且缺貨的狀況往往持續很久，所以並不容易買到，不過地圖的印刷設計相當精良，以現代羅馬人來說算是個難有的好主意。關於這份地圖的內容，是在一份以淡褐色印製的現代羅馬市區地圖上，又以黑色、灰色墨水印製了帝政時期的羅馬，由於圖中印有君士坦丁大帝修築的凱旋門和大浴場，所以可以得知其中記載的是西元四世紀的「世界首都」。圖中另以藍色墨水標示著水道與臺伯河。

當筆者看著地圖，首先發現的是，儘管圖中印的是西元四世紀的羅馬，但西元前的共和時期修築的重要建築物幾乎全部健在，有的年歲甚至於超過五百年以上。不過惡名昭彰的尼祿皇帝所修築的「黃金宮殿」已經被壓在圖拉真皇帝修築的大浴場附設庭院之下，由阿古力巴修築的「萬神殿」則是在失火之後由哈德良皇帝重新修築，換了一個樣子。不過這些是例外中的例外，其他的建築物都還維持修築當時的原樣。這是羅馬人不斷經營維修的佐證，而且維修能如此完美，也證明了帝國還能充分發揮其功能。

看著地圖發現的第二件事情其實很畫蛇添足，就是古代的羅馬市與現代的羅馬市完全重疊。這個現象和其他許多起源於羅馬時代的都市一樣，不過曾為行省主要都市的科隆、梅因茲、里昂和倫敦在規模與密度上就沒有帝國的首都羅馬這樣重了。而由於現代人在古代都市上生活，根本不可能進行有系統的挖掘，也讓人理解到為何人家說：羅馬大學的考古學系另一項不為人知的工作，就是一聽到有改建的工程馬上衝向工地現場。相對地羅馬的建築業者的煩惱，就是被這些趕來現場的「文化財產保護委員會」打斷工事。羅馬至今依舊沒有完整的地下鐵路系統，到現在好不容易才完成了兩三條，而且由於隨便一挖就會碰到遺蹟，鐵路必須挖掘到地底深處才能開工。基於同樣的理由，在羅馬市區裡，街頭停車特別的多，這是因為現在的地下一樓，正是兩千年前的地上一樓。

而且羅馬人偏偏在一些奇特的地方也很尊重傳統。按理說遷移沒什麼困難的軍營，和兩千年前的禁衛軍營正好在同一個位置，使得考古挖掘宣告絕望。禁衛軍團本是羅馬軍中的菁英，在這廣大的營區地下深處應該會有許多貴重的雕像存在，可是由於當地是軍事設施，至今一般人不得接近。

這就是羅馬的現狀，或者說是其他起源於羅馬時代的都市現狀。有位英國的考古學者說：考古學最不可或缺的是想像力。想來還真讓人不禁要感到贊同。

「首都羅馬」就是這樣一份耐人尋味的地圖，而這份地圖裡有樣東西讓筆者感到興趣，不過學者們提都沒提過，相信學者們並非不知道，而是早已知道但懶得贅言。所謂學者，就是這般同業間皆知的事項，就會懶得開口的那種人。筆者和他們不同，只是個業餘人士，而筆者感到興趣的是，帝國的首都羅馬竟然沒有大規模的教育與醫療機構。

古代的羅馬人是否對於教育與醫療毫不關心呢？有部份學者說，連首都都缺乏正式的教育機構與醫療設施，正是沒有公立學校與完全欠缺醫療體系的佐證。不過這是否代表羅馬人在這些方面落後呢？

羅馬確實長期缺乏專業的醫師，根據記載，要到西元前三世紀左右，希臘醫生才開始在羅馬行醫，也就是說從建國起五百年來，羅馬人是住在一個沒有醫師的國家。不過，沒有醫師並不代表沒有醫療，羅馬人觀念中可以接受的醫療，從建國時期便存在，而其大致上可分為家庭醫療與求神兩項。

家庭內的醫療人員是家父長。羅馬的家父長權力雖大，但責任也相對沉重與繁雜。家父長不僅要為家人的健康狀況負責，同時還是在家庭內及農園裡工作的奴隸健康狀況負責人。在羅馬，說明草藥種類與功能的書籍會比醫術書籍更先普及，就是因為有各個家庭的家父長這種選讀客層存在。而在病人的枕邊嘗試醫療的家父長，會找家中聰明的奴隸擔任助手，於協助中同時學習。這也就是又稱為「奴隸醫師」的家庭醫師濫觴。

醫療會長期由「家父長」擔綱，也是因為這種制度沒有什麼問題。被尊稱為醫聖的希波克拉底所倡導的醫學，本質上可說是預防醫學的大成，目的則在於強化身體的抵抗力。其中要注意的事項，包括有益健康的飲食、適度的勞動、充分的睡眠與保障衛生，這些同時也都是一家之主平日要注意的事項。雖說家父長關照在家中與農園工作的奴隸健康，不是站在尊重人權的立場，只是為了維持勞力。總之，在古羅馬時代，奴隸同樣可接受醫療。

關於求神的部份，不僅是羅馬人，每個民族都有這種傾向。每個人在身體不適時都會感到不安，陷入有什麼可以依靠就會想要依賴的心理。而羅馬可不缺依賴的對象。羅馬人在給予所征服的民族羅馬公民權時一點都不心痛，套句現代學者的話，就是「連敗者信仰的神都給予羅馬公民權」，因此神明數量最終增至三十萬尊，要每種病都分配一尊神負責實在是太容易了。看到疾病之神還好，當看到發燒、下痢、腰痛等神明時，筆者不禁想要發笑。想來這些神明都會有自己的小祠堂，如果當事人腰痛到無法步行，還會有人來代替他們參拜吧。

不過就像在諸神之中，是以最高神朱比特（希臘名為宙斯）、其妻朱諾（海拉）、米內華（雅典娜）為頂點一樣，醫療神之間也有位階的存在。醫療相關的神明是以起源於希臘的阿斯克雷比斯神為頂點，而這尊神通常以雙蛇纏繞的拐杖所代表：在現代的歐洲，大學醫學院畢業證書上同樣使用著雙蛇杖作為醫師的標幟。而古羅馬人將臺伯河裡的一座小島獻給了這尊神，根據《年代記》一書記載，這座神殿修築於西元前二九一年一場大型流行病之後。而又根據考古學家研究製作的復原模型可以得知，這座島上修築的並非醫療設施，而是整座島成為一棟大型的神殿，想必是因為河中的島嶼與世隔絕，又有清泉湧出，最適於患者在此進行祈禱吧，更何況這個地方離首都中心又近。臺伯河裡唯一的這座島嶼和醫療的關係，在帝國滅亡後依舊持續不斷，在現代同樣建有醫院。

在地中海世界有許多此類與醫療相關的聖地，但由醫師實際進行醫療的地方，除了多年前由醫聖希波克拉底建設為醫學院校的科斯島之外，只有寥寥數個地方。也就是說到獻給醫療神的神殿參拜的病人，只有躲在神殿裡拼命地祈禱奇蹟出現。有趣的是，我們不能因為這是求神的行為，就斷定是不科學的迷信。

首先，為了「求神」，患者被迫要取得一些假期，也就是要空出一段與工作脫離的時間。

第二點，雖說在臺伯河裡的小島（提貝利那島 Isola Tiberina 的含意）只要過了橋就到了，其他獻給醫療神祇的神殿多半建設在遠離人煙的山上，尤其希臘人喜好將神殿建於視為神聖的山丘上。因此病人不管是步行前往也好、騎在驢馬的背上也好，或是由擔架抬到神殿裡，都必須親身經歷這段旅程。在這過程中，體力已經受到考驗。

只有通過上述考驗的人才能躲在聖地中祈禱，而身處神殿裡時雖不至於沒飯吃，但祈禱期間只能取得簡單的食品，這樣可以帶動體內的清潔，使得患者距離痊癒更近一步。相反地，如果患者已經衰弱到無法承受粗茶淡飯，即使神就在身邊也難逃一死。

另外，雖說參拜的神明相同，不過羅馬人喜好參拜的聖地多半位於溫泉附近。有位研究人員甚至說，溫泉對羅馬人來說簡直是磁鐵。如此一來閉關期間內的衛生也獲得保障，而且多數的溫泉本身通常又有醫療效果。

最後則是同病相憐的環境了。本來這句話指的是處於相同環境的人之間互相憐憫的感情，

上為提貝利那島的復原模型。左為阿斯克雷比斯神像

不過其實人在下意識中，是種非常利己的動物。在家中只有自己生病，而感到不幸絕望的病人，一旦到了四周全是病患的環境裡，就算病痛只有比別人輕一點也會感到幸運，身上充滿了力量。當然，相形之下明顯地症狀較重的人，則因而更加絕望致死。

誠如上述，我們可以想像得到「求神」的治癒率其實相當地高。依據考古挖掘的結果，許多病癒的人為表示感謝，會製作病痛的部位雕塑獻給神。

而在羅馬帝國，法律明文規定，若奴隸被遺棄在獻給醫療神的聖地後病癒，以前的主人不得主張該奴隸的所有權。儘管在羅馬已可常見由希臘前來「賺外快」的醫師，但這些醫師的主顧還是政治圈及有錢人。對一般民眾來說，依靠家父長與求神治療的情況依舊沒變。

羅馬一直維持這種醫療水準，直到朱利斯．凱撒對其進行重大改革。不過凱撒雖然創設了許多中央集權的法律，逐步將羅馬由共和政體往帝政的路上推送，在創設醫療與教育體系時，卻沒有採用由國家操控的方法。也就是說，醫療與教育並非「公家」承擔的部份。不過，他並未忘記為「私人」整頓發揮能力的基礎環境。

在西元前四十六年，凱撒以十年任期為限取得獨裁官的職位，踏上稱帝的第一步。該年他立即展開制定「朱利斯曆法」等多項改革，在這些改革的項目中，便包括了給予醫師與教師羅馬公民權。

取得公民權的條件只有一個，就是本人必須身在羅馬，醫師須從事醫療行為，教師則從事教育工作。其他人種、膚色、出身地與社會地位等條件一律不過問，當然，所信仰的宗教也不予過問。較凱撒晚生兩個世紀，活於五賢帝時代的史學家穗德尼斯．波利納斯如此評論這項改革：凱撒的意圖有二，一在於為已在羅馬從事醫療的醫師改善環境，二是吸引更多優秀的醫師前來羅馬。

取得羅馬公民權，在社會地位上與經濟上都有不能忽視的好處。

第一在於獲得羅馬法的保障。凱撒所構想的帝國，是中央集權與地方分權並立的國體，因此醫師與教師若出身於希臘的雅典，就必須遵守雅典法。然而無論在民法或刑法方面，都是羅馬法較為完善，一來私有財產可獲得完善的保護，二來即使在受審時被判有罪，也得以行使控訴權。受到羅馬法保障顯然較為有利。

關於第二個好處，若希望擔任教師或醫師的人，不是從雅典等羅馬承認為「自由都市」的地方出身的話，取得公民權會更顯得有利。因為若取得羅馬公民權，連占收入百分之十的行省稅都得以免除，也就是說不需支付直接稅的。間接稅方面，以醫師和教師為目標的人，不大可能去從事其他商業，因此與百分之五的關稅應該扯不上關係。至於每當消費就必須支付的營業稅（實質上如同日本的消費稅），金額只有商品的百分之一。而原為行省人民但後來成為羅馬公民者，和世襲擁有羅馬公民權的人在法律前是平等的，因此必須遵守由開國皇帝奧古斯都所

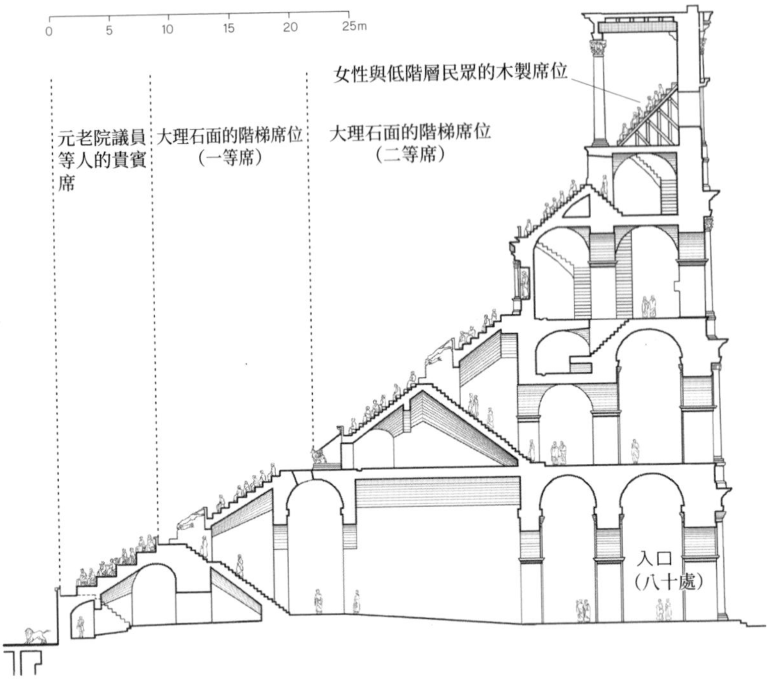

圓形競技場的階梯式觀眾席

創設的繼承法，擁有羅馬公民權的人必須支付百分之五的遺產繼承稅。不過若繼承人為血親，則可免除這項稅金。

另外，還得以享受只有擁有羅馬公民權才能享受的優惠。其一為「小麥法」所保障，每個月可免費支領約三十公斤的小麥。只要不排斥每個月排一次漫長的隊伍，就能免費得到足以餬口的主食。

第二項優惠，是如果持有小麥免費支領證書，就可免費入場，欣賞在圓形競技場舉辦的劍客決鬥，或在大競技場舉辦的四頭馬車比賽。也就是說在娛樂方面，享有與羅馬公民同等的待遇。

朱利斯．凱撒在招徠文明社會所需的醫師與教師時，並沒有搬出聖職的概念做標榜，而是打出在羅馬行醫任教較為有利做號召。在多年以前，醫聖希波克拉底便以讓畢業遠去的年輕弟子宣誓的形式，闡揚醫術為仁術的道理。誓言的內容為：終生擔任純真神聖的醫師；行使醫術時一心只為患者。歐洲的大學醫學院在學生畢業時，會隨畢業證書將上述〈希波克拉底宣言〉贈給學生。然而在我們求醫時卻會看到加框後和畢業證書並排掛在牆上的宣言，再掏腰包支付昂貴得要命的醫藥費。和兩千五百年前「神聖」且「純真」的誓言一比較，真讓人心中五味雜陳。

只不過兩千年前的羅馬人朱利斯．凱撒並沒有對醫師抱持這種期望罷了。他只是在法律上、稅制上以及其他方面給予醫師諸多優待，而要醫師能以適當的價格行使醫療行為；至於教師則是要求以適度的收費招收學生。亦即並非設立公共的機構，藉此提升醫療與教育的水準，而是將醫師與教師置於自由市場之中。

結果前往羅馬的醫師與教師因而激增，不僅是防衛邊疆的軍團得以常設醫療團，連身在羅馬，但工作上依舊有危險性的警察與消防隊都能擁有專屬的醫師。在市區內的各處，不只是一看便知道是“De Hospital”的小型診療所林立，還有許多可收容少數住院患者的設施存在。不過這些都屬於小型設施，不可能列入百萬人口的羅馬市全圖。

在此想必各位心中會出現一些疑問。第一在於凱撒對醫師與教師提供的優待政策，不是僅限於首都羅馬一地嗎？

確實，凱撒所實施的，是對於在首都羅馬從事醫療與教育工作者的優待政策。不過在羅馬時代，首都羅馬實施的政策，理所當然地會延伸到帝國各處，包括行省在內，例如大道與水道的普及，還有競技場提供娛樂節目等。因為透過這些事項，將整個帝國化為命運共同體，是歷任羅馬帝國領導人的方針。因此在凱撒死後，給予醫師及教師羅馬公民權的政策，依舊由歷任皇帝所繼承。即便到了五賢帝時代，皇帝們依舊監督著這項制度，看是否同樣在行省貫徹到底。因為「首都羅馬」在各個方面都是帝國全體的模範。

相信諸位的第二項疑點是這樣的：在帝國邊境維持國家安全的是士兵，而羅馬軍的主要戰力軍團兵是以具備羅馬公民權為入伍資格條件。協助軍團兵作戰的輔助兵則是由出身行省的人擔任，法律規定輔助兵在役滿退伍時可獲得羅馬公民權，然而到退伍為止要服二十五年的兵役。在前線工作的士兵要等二十五年才能獲得羅馬公民權，醫師和教師卻能立即取得，不是不公平嗎？

如果比較取得羅馬公民權所需時間的話，確實是不公平。不過，相信凱撒是認為雖說輔助兵不是主要戰力，依舊是羅馬軍團的一員，在兵役期間內食、衣、住都受到保障；而醫師與教師卻是必須在「自由市場」上生存的「自由業者」。對雙方的優待措施，會產生由「任務結束後」取得，與「任務開始時」取得的差距，也是當然的。

不過，雖說沒有確實的史料，因此下列說法僅為推論，但給予這兩者的羅馬公民權似乎又有世襲權與終生權的差別。

在輔助兵服完二十五年的役期後，所取得的羅馬公民權為世襲權；相對地，醫師與教師立即取得的公民權似乎僅限於當事人。在史上，輔助兵的兒子以羅馬公民權所有人的身份，成為以此為入伍條件的軍團兵例子層出不窮。也有人同時享受父親所傳下的羅馬公民權，而又成為提供軍團基地物資的商人。可是在史料中，找不到醫師與教師的兒子在擔任其他工作後，繼續擁有父親所傳下的羅馬公民權的記載。當然，醫師與教師的兒子有許多人繼承父業，使得他們重新取得的公民權看來有如世襲權利。

除此以外，給予醫師與教師的羅馬公民權，和行省兵退伍後取得的羅馬公民權還有一項不同的地方。在取得權利之後，他們似乎還要經常受人監督，看是否繼續從事醫療與教育的工作。後人在原位於帝國行省的許多城鎮中，挖掘出登記著享有該項優惠的醫師與教師人數的銅板。

可能是有些出身行省的人，在取得諸多便利的羅馬公民權之後，立即停止從事醫療或教育工作。即使是過去的戰敗者，只要現在為防衛帝國提出貢獻，羅馬人便會毫不猶豫地給予羅馬公民權，將其列為自己的同伴。因此，藉由醫療與教育工作為帝國提供貢獻的人，也當然會被納入《列傳》作者普魯塔克筆下羅馬強盛的最大要素「同化敗者」路線之中。不過也當然地，條件是當事者必須履行義務。

羅馬的帝政是在凱撒規劃藍圖、開國皇帝奧古斯都建構、二代皇帝臺伯留鞏固下完成，然而隨著羅馬帝國的繁榮，帝國的諸般制度也逐漸複雜與專業化。醫療體系也不例外，醫師的種類逐漸地被劃分為研究醫師、家庭醫師、開業醫師與軍醫，不過相互之間的界線並不明確。

職務範圍相形之下較為明確的，是繼承過去家父長醫療責任的家庭醫師。羅馬的領導階層元老院議員家中往往傭人上百，其中必定會有一兩名是醫生，但在這種情況下，當事人不過是分擔各種工作的傭人之一，多半身份屬於奴隸階層。可能由於工作範圍限於家庭之中，這種家庭醫師並沒有列入凱撒的優惠政策範圍內。不過，假設這種家庭醫師成為解放奴隸，列為自由人民一份子並且開業行醫的話，也就列入了授予羅馬公民權的對象之中了。由於這種人在成為開業醫師之後，多半兼任原主人的家庭醫師，因此家庭醫師未必全是奴隸醫師。

另外，家庭醫師的頂點，便是伺候皇帝的御用醫師，不但可獲得高額的薪資，而且得以在外行醫看病。例如曾經為卡利古拉帝與克勞狄斯帝看病的御醫便說過，我在其他患者那裡已經賺到了六十萬塞斯泰契斯銅幣，所以只向皇帝收取五十萬塞斯泰契斯銅幣就夠了，也就是說他利用御醫的名義在外開業，已經獲得了相當豐厚的收入。而有名醫師所收取的醫藥費之高，足以成為大葡里尼斯等有識學者指責的對象，以及諷刺作家時常攻擊的目標。

不過，似乎只有一些特例遭受攻擊，大多數的醫師即使在個人社會地位高漲後，依然沒有藉此斂財，繼續維持合理的收費，也許是羅馬公民權優惠僅限於當事人，以及無法遁形的檢測體系防止了醫師業界的壟斷。比方說解剖學之祖加雷努斯，他生於小亞細亞婆高蒙地區，在位於埃及的亞歷山大、當時的基礎醫學最高學府"Museion"長年學醫。他曾回到故鄉，擔任劍客訓練所的醫師，後來被聘用成為御醫。這個希臘人所追求的，並非利用御用醫師的身份大發利市，而是藉此繼續研究解剖學。不過他似乎在御用醫師的工作上同樣精進不懈，除了陪同皇帝前往參與對日耳曼的戰爭，另外還著作了醫療相關書籍。根據其著作表示，醫師最重要的應該是為患者著想，可是最好避免過度親密；在外診之前不但要避免食用含有大蒜或蔥的食品，最好連葡萄酒也少喝兩杯。其他內容還包括醫師應有的診察態度，比方說與患者間的對話應保持平穩的氣氛，遣詞用字也最好維持有教養的用語，說話的語氣也要始終維持低沉抑制的語調。還有，若患者是受過較高程度教育的人，醫師也要盡可能維持自然謙虛的態度，服裝最好穿著色調平穩的衣服，避免穿著華麗、流行的服飾。有趣的是，其後還提到了髮型、鬍鬚及指甲的保養方法同樣應該配合患者的身份氣質。加雷努斯醫師

診察患者的醫師（希臘浮雕）

的患者，也就是有名的哲學家皇帝馬庫斯·奧理略。

由於成為醫師伴隨著可獲得羅馬公民權這種現實的利益，因此羅馬時代的醫師絕大多數都是希臘人，不過這並不代表羅馬公民天生就對醫療不感到興趣，而是因為他們一出生就擁有羅馬公民權，因此沒有刻意從事醫療工作的必要。原本羅馬人便偏好於收集諸般事物資料，並分類著作成百科全書。比方說名聲僅次於《博物誌》作者大葡里尼斯的作家奧魯斯·科爾涅留斯·瑟爾薩斯，在他的著作《技術論》之中，便有農業論、醫術論、辯證論、戰術論四大章節。這本書的大部份已經失傳，不過內科、外科等論及醫術的八個章節還殘存於後世。他在書中表示，醫師應有下列態度：在進行醫療前，醫師必須診察病人的情況。然而聽取因不安而心生動搖的病人言語，無法得到正確的資訊，因此醫生首先要穩定患者的情緒。坐在患者身邊，拉著患者的手，親切地與患者說話，消除患者的不安。等到這些過程結束後，才對患者進行觸診。這就是奧古斯都時代的羅馬人瑟爾薩斯的醫師論。

不過人類社會並非全都是這麼有醫德的醫師。因過度熱心於研究，打算就近觀察維蘇威火山爆發，因而殞命的大葡里尼斯，便如此評論著醫師：

「所謂醫師，就是趁人之危，拿患者的危險與犧牲來累積個人經驗的職業。只有當醫師的人，才擁有殺人的完全免責權。」

這種苦澀的感想，到了諷刺作家的筆下又成了另一般模樣。在此引用馬爾提亞里斯的兩首諷刺詩：

「確實我沒有精神。可是欣曼科斯啊，當你帶著百名弟子前來診察，被這一百隻有如北風般冰冷的手撫摸之後，原本沒有發燒的我便開始苦於高燒啦。」

「安德拉歌拉和我們一同入浴，後來又一起開心地進餐，可是第二天早上卻過世了。浮士德斯啊，你想這暴斃的原因是什麼？我懷疑他是不是做了有愛爾莫克拉底醫師出現的夢啊。」

另外，詩人還留下這首題為「給三流醫生」的作品，嘲笑因開業失敗，不得不轉行當鬥劍士的眼科醫師。

「以前當眼醫的你，現在以劍客為業。可話說回來，你現在在競技場上做的，正是當年在診療室裡的行為。」

話說回來，能夠成為諷刺作家的攻擊目標，也證明了在羅馬世界裡的醫師地位和收入已有提升。

至於收入方面絕對不會成為諷刺作家攻擊目標的研究醫師，以現代而言便有如學習基礎醫學，或是在醫學院擔任教師的人。各位也許認為這些人應該不會遭到指責與嘲諷，但實際並非如此。

羅馬時代的醫學院校所在地，包括小亞細亞西岸的婆高蒙、斯米爾納、愛菲索斯、科尼德斯，以及科斯島、敘利亞的安提阿，還有埃及的亞歷山大。這些地方都是在希臘化的東方地區，也因此羅馬時代的醫學用語一直維持使用希臘語。在這些醫學院校中，不只教導解剖學、生理學、病理學等理論，同時還分派給每個學生一位病人，學習臨床醫學。這些醫學院校的營運經費，並非由學生的學費所維持，而是由學校所在的行省，亦即亞細亞、敘利亞、埃及三個行省負擔由教師的年薪到研究設備經費等各項費用，其中埃及屬於皇帝私人直轄，因此被視為醫學研究聖地的亞歷山大學園，便由羅馬皇帝捐資營運。

亞歷山大的"Museion"，在日文中多半譯為「圖書館」，不過由於其中藏有萬卷書物（當時的書籍為卷軸），因此這個譯名也不能說是錯誤。不過若直譯"Museion"，其含意為協助人類創作活動的繆斯女神之所在聖地。而當一個地方收藏有大量書籍，自然會聚集閱讀書物的

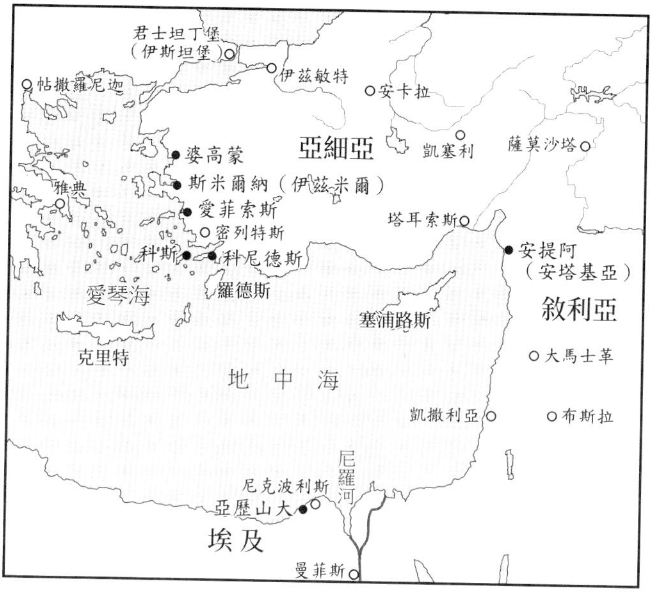

羅馬時代的醫學院校所在地（以●標識的都市）

人，圖書館也很自然地成為研究機構。而希臘文的“Museion”在拉丁文中便成了“Museum”，意為蒐集、展示藝術品和歷史文物的地方，這個含意便為現代的「梵諦岡美術館」以及「大英博物館」所承繼。而在古代，“Museion”的首要含意，指的是研究機構兼最高學府。若說柏拉圖於希臘雅典創設的“Academia”是人文科學的聖地，那麼位於埃及亞歷山大的“Museion”專精在天文學、地理學和醫學研究，可說是自然科學的聖地了。

在史料中找不到任職於“Museion”的教授薪資多少，不過有任職於“Academia”教授年薪的資料記載。其內容提到教授的年薪依照年齡區別，約在四萬到六萬塞斯泰契斯銅幣之間，"Museion"的教授收入應該與其同等，或在其之上。另外，據說研究醫師同樣具有收費診療患者的權利，雖說如此，研究醫師的收入還是不及於首都羅馬行醫、據說有遺言表示留下數千萬塞斯泰契斯銅幣遺產的知名醫師。研究醫師會遭到批評，主要在於他們的醫療專門化。

所謂研究這樣東西，似乎躲不過越是研究，對象就越細微的命運。在古代已經分為內科、外科、婦產科、眼科、耳鼻喉科、牙科，然而重視應用科學更甚於基礎科學的羅馬人，實在無法認同希臘醫生這種對專門外的疾病毫不關心的觀念。西塞羅寫給朋友的信中，便抱怨過這種醫療細分化的傾向。

「當年希波克拉底在科斯島教導醫學時，想必不是要隨病痛部位找不同醫生的時代。」

而諷刺作家馬爾提亞里斯則寫道「哎呀噫呀真糟糕，我的命不知該交給哪個醫生才好」。羅馬人在全面委由希臘人研究醫學的同時，還自己想出了對應這種醫療細分化的方法，也就是連希臘人在全盛時期都沒想過的，衛生方面的充實工作。羅馬人整頓上下水道以及大浴場，最大的目標在維持城市與個人的清潔，而且羅馬人還為其加上了按摩服務。羅馬人典型的生活型態，是在結束當天的工作之後入浴，其後接受按摩舒鬆身體，指壓結束後才進晚餐。若說清潔方面，西塞羅想必比蘇格拉底要來得好。雖說人們常將希臘、羅馬文明並稱，但這兩個

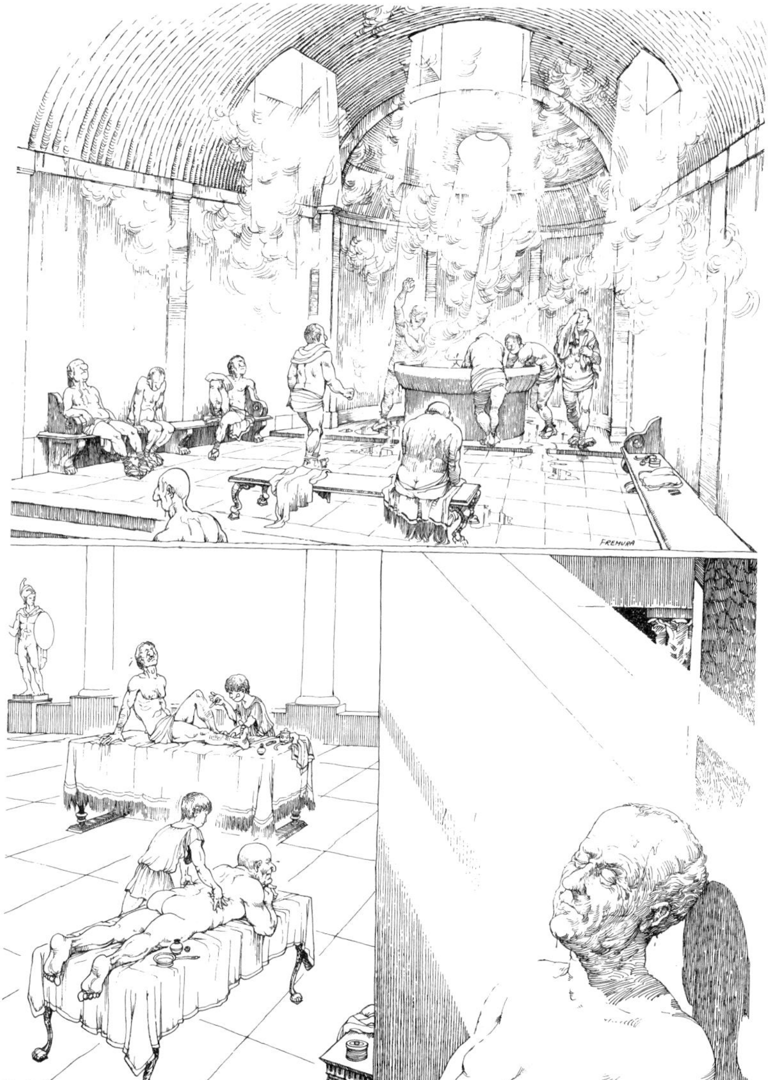

浴場內的樣子。上圖為蒸汽浴室，下圖為接受按摩的人們

（引用自 *Terme romane e vita quotidiana*）

民族還是有其差異，尤其軍醫這項職位，更是最能表現出羅馬人觀念的例子。

在一九七〇年代，有一部美國電影叫做"M★A★S★H"，這是一部以韓戰時期在前線任職的兩位軍醫為主角的喜劇。筆者與一位年輕的外科醫師共同觀賞這部電影之後，他的感想並非針對喜劇的內容，而是說：「美國人竟然在野戰醫院，使用在義大利連大學醫院都沒有的醫療器材。」

而在兩千年前，羅馬人正是這麼做的。

根據朱利斯·凱撒所制定的法律，只要從事醫療或教育工作的人，都能獲得羅馬公民權。我們不待史學家穗德尼斯·波利納斯指明便可得知，這是一項以改善羅馬世界醫療與教育工作水準為目的的政策，正因為知道這項政策有效，所以歷代的皇帝才會繼承這項政策，並持續讓這個體系發揮功能。在此將話題限定在「醫療」方面，也許凱撒會想到這項政策，起源自想要確保在他軍團中的軍醫人才。

朱利斯·凱撒其人，在軍事方面的才華出眾，普魯塔克的《列傳》中便將他與亞歷山大大帝並列。但他的才華不只限於如此而已，在各個層面他都顧慮到他旗下的士兵。在戰鬥中，不會付出無謂的犧牲；而在執行任務時，就算本人因此負債，也絕不會讓士兵挨餓。諺語說「羅馬軍靠補給站打勝仗」，而展現出這項策略的有效性，讓其成為羅馬軍基本方針的，正是凱撒。同時，他也沒忘記照顧退伍的部下。我們從龐貝城遺蹟中可以得知，羅馬帝國內的地方都市議員選舉活動相當熱絡，有投票權的是居住於該地，年滿十七歲的羅馬公民權所有人，而制定候選人資格限制的，也是凱撒。

未曾服兵役者——三十歲以上。

曾擔任軍團步兵者——二十三歲以上。

曾任騎兵，或百夫長以上經驗者——二十歲以上。

這並非單純的優待政策，而是為了顧及軍人如何平順地由軍中生活轉換成平民生活而產生的策略。

其二，由法條中二十或二十三歲的年齡限制可以得知，這是考量到軍人因特殊因素，例如疾病或戰鬥負傷而無法繼續從軍時的撫卹政策。因為兵役年齡為十七歲至四十五歲，而凱撒的養子暨繼承人，亦即後來的開國皇帝奧古斯都將兵役期間固定之後，羅馬軍人多半是在三十七歲役滿退伍。由於只有在役滿除役時才能取得退職金，可見照顧中途退役的軍人生活，正是重視每個士兵的凱撒作風。奧古斯都能夠戰勝殺害凱撒的布魯圖斯等人，也是因為凱撒旗下的士兵，以及已經進入平民生活的退伍軍人全都歸到了奧古斯都的旗下。據說凱撒軍團的士兵，就算是受了瀕死的重傷，依舊一樣頑強，士兵們相信若負傷將死，總司令一定會來到士兵的床前，目送他們離世。凱撒會認為應竭盡全力拯救還有希望的士兵，並且不辭辛勞為其設法，不正是很當然的事情嗎?

話說回來,至今還沒有發現軍團醫師墓碑之類的史料,證明凱撒軍團中有軍醫存在。不過,奧古斯都在許多方面都繼承了凱撒,而在開國皇帝登基後的羅馬軍團中,又必定常駐有醫療團。一個醫療團要負責照顧六千名士兵,其中除了醫療人的醫師外,還包括為馬匹及搬運攻城器械用的牛隻看病的獸醫,還有照顧病人用的奴隸看護夫,一個醫療團至少要有兩名以上的醫師負責指揮。而既然身為軍醫,那麼身份也同樣屬於軍團的一份子,羅馬的軍團兵是以擁有羅馬公民權為入伍資格條件,即使手上拿的是手術刀而不是長矛,軍醫同樣要滿足這個條件。想來凱撒創立這項給予醫療人員羅馬公民權的法案,使得軍團得以獲得眾多優秀軍醫,而這項法案也連帶提升了羅馬世界的醫療水準。就好像羅馬大道原為軍用目的而鋪設,但相對提升周邊人與物產的交流,有助於提升生活水準。

儘管如此,雖說時間在兩千年前,但基地內的軍醫院設備之充實,真是讓人讚嘆不已。在拉丁文中將軍醫院稱為“valetudinarium”。而根據考古挖掘結果,除了共計二十八個的軍團基地之外,在出身行省的輔助兵基地中也有醫院存在。亦即不只是擁有羅馬公民權的軍團兵能享有軍醫服務,協助軍團兵作戰,負擔部份帝國國防重責的輔助兵同樣能享有軍醫的醫療服務。

在此要重新強調,遺蹟的挖掘調查困難,是因為羅馬時代的基地,絕大多數都是現代的都市,例如德國的梅因茲、法國的史特拉斯堡、匈牙利首都布達佩斯等地,現代人萬萬不可能在市中心進行大規模的考古挖掘活動。筆者在第IX冊的第二章中可以介紹占田的軍醫院全貌，是因為現代的占田並非大都市，而且當地又很難得地，古代軍團營區與現代城鎮並未完全重疊。

我們將話題轉到第三十雲雀軍團的駐軍基地占田軍醫院。這個地方在羅馬時代名為卡斯特拉．威提拉，是面臨帝國萊茵河防線的最前線基地，因此我們可將設置於此地的醫院視同野戰醫院。

這座醫院的結構忠於古羅馬建築形式，外部有通道直通內部。而醫院本身又有如軍團基地一樣，呈正方形四面結構，只有北側附有一小塊似是提供醫院員工居住的一角，這點與軍團基地不同。

除去北側的這一小角不論，醫院每邊長八十三．五公尺，是個幾近七千平方公尺的大正方形。由平面圖可以得知，一進入入口，便到達由圓柱所環繞的大廳，這應該同時也是住院患者休養的地方。不過，一般的羅馬建築物，在大廳的中央會採用無屋頂的 Atelier 建築形式，但這座醫院的屋頂卻是完全封閉的密閉空間，想必這是為了順應北歐地勢與氣候條件所作的改變。連接大廳的手術室有數個面南的大窗戶，不僅寬敞，而且明亮。

醫院的中心是每邊超過四十公尺的中庭。時常巡視前線基地的哈德良皇帝雖表示，軍團基地的廣場是軍隊集合的用地，因此必須鋪設石板地面，但他也允許軍醫院的中庭設置花草樹木、噴水池。住院患者可以在體力與天氣狀況允許的時候，在寬廣的中庭散步休息。這個中庭

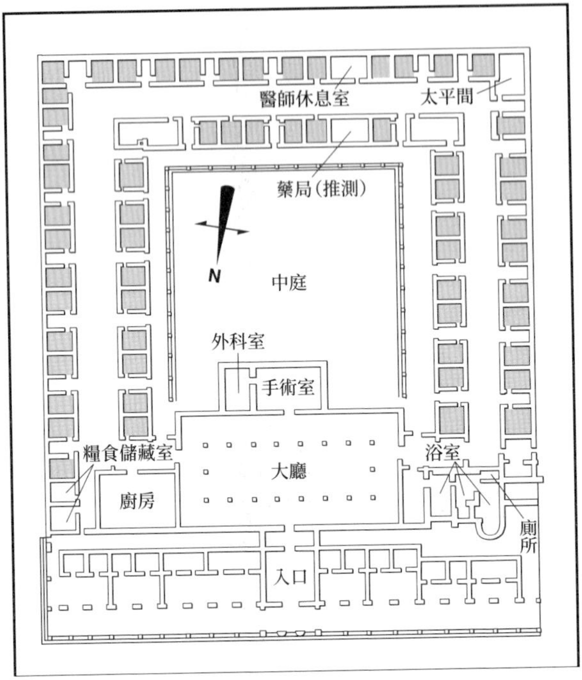

占田軍團基地的軍醫院平面圖（　　的部份為病房）

的其中三個邊是深達三公尺的列柱迴廊，而迴廊的後方則是兩排病房。

房間的總數為六十五間。根據研究人員表示：有幾間房間挖掘出醫療器具與疑為儲存藥品用的壺，推測為醫師休息室或藥局的房間，在此姑且不論。其餘用於病房的房間有六十間，每間病房的面積為三・五×四・五公尺，亦即十五・七五平方公尺。依據學者表示，每個病房可收容三名病患，因此這應該是一間可收容一百八十名住院患者的軍醫院。而筆者打從心中讚嘆的，則是以下數點：

第一點在於，兩排病房之間

的通道寬達六公尺。一想到現代病床、醫師、護士匆忙往返，擠滿了病患家屬與探病親友的現代醫院，這般寬敞的醫院不是讓人羨慕得嘆息嗎？

第二點則在於，醫院建築設計巧妙，各個病房的出入口並未與寬六公尺的中央通道直接相連。羅馬的建築物，牆壁部份是以水泥、磚塊連接而成，而其厚度之厚，從歷經兩千年風吹日曬而依然留存的遺蹟就可以理解了。羅馬的建築物，連位於內部的牆壁都遠超過五十公分厚，加上這種結構設計，足以讓患者擁有一個寧靜的空間。

而且羅馬時代的軍醫院，其醫療服務的對象不限於與軍團有關的人員。在文獻中找不到皇帝敕命允許接受一般人看診，也沒有經由元老院議決法制化的條文存在，因此這應該是長期自然演變的既有現實。役滿退伍的軍團兵，多數與兵役期間內在駐地附近認識的女子結婚，退伍後便定居在當地。當他們或他們的家人有醫療需求時，想必也很自然地前往基地的醫院。法律中沒有明文規定軍醫院只能收容士兵，可見中央政府也承認基地的醫院接受一般人看診的事實。結果羅馬軍團的基地，在醫療方面也擔負了將行省羅馬化的工作。

然而在這裡卻產生一個疑問。羅馬帝國連邊疆地區都有這麼完善的醫療設施，為什麼到了帝國首都羅馬卻沒有興建大型的醫院？

筆者認為，有幾項解開這項疑問的關鍵存在。

第一點，在行省之中，有完善醫院存在的，還是只有軍團兵與輔助兵駐守的基地。而行省的省都科隆、里昂及倫敦就有如小型的羅馬市，同樣有廣場、大浴場及圓形競技場等公共設施，但和帝國的首都羅馬一樣，即使有供奉醫療神的神殿，也不會有大型醫院存在。

第二個關鍵在於，羅馬的皇帝之中，沒有人跟某些中國的皇帝一樣追尋不老不死的仙丹。不僅如此，連中央政府發布通告給各個神殿，為大限不遠的皇帝舉行犧牲祭典向諸神求壽的記錄都不存在。當受民眾愛戴的皇帝因病臥床時，自然會有群眾湧向神殿為其祈福，不過這並非受到上層的命令。而且位高權重的人知道自己大限將至時，有不少人會選擇絕食的方式自裁，我們可以舉出許多的實例，比方說西塞羅的好友阿提克斯，或是涅爾瓦皇帝的祖父。

基於上述事實，我們或可認為由凱撒構思、奧古斯都政策化的羅馬帝國醫療體系，不正反映了古羅馬人的生死觀念嗎？若用個粗俗點的說法，就是不在壽命將盡時做垂死掙扎。亦即羅馬人認為，人對生命的態度，應該是當年輕有活力的人因病或因戰鬥負傷時，會盡全力對其治療；而如果沒遇上這等不幸，但壽命已將結束，就從容地升天而去。羅馬人的墓碑多由D與M兩個字開頭，這是「獻給牽引著死者升天的天使」的縮寫。羅馬人相信，人死後會有兩位天使來迎接，拉著他們的雙手升天。

不過受過教育的人就不抱持這等幻想了。哈德良皇帝自輓詩便哀嘆自身將落到「陰暗寒冷，什麼都沒有，一個沒有相互談笑之愉悅的世界」。事實確實如此，不過筆者最喜歡的，還是下面這一段，一個無名羅馬人的墓誌銘：

「我死後葬在這裡。我現在雖不過是一把骨灰，然而骨灰會化為塵土，塵土會滲入大地，建構人間世界的基礎。那麼，我不正是沒有死，而且活在世上的每個地方嗎？」

不過這只是個嚴肅的墓誌銘範例而已，下面舉的就是相反的例子了：

「我知道泡澡、酒和女人是長生的敵人，不過我認為沒有泡澡、酒和女人的人生不算是人生。可到了五十二歲時人生也結束了。」

羅馬大道在都市附近的路段，兩旁會列有許多的墳墓，而羅馬人並不認為墳場是什麼不乾淨的地方。幹線道路兩旁會由各式各樣的墳墓所占據，是因為眾人聚集的都市中心沒有多於空地用來埋葬死者。像是奧古斯都修築的皇帝廟、在埋葬圖拉真皇帝骨灰的土臺上修築的圖拉真圓柱，以及當皇帝廟容量爆滿後，哈德良皇帝於臺伯河右岸修築，現代稱為「聖安傑洛堡」(Castel's Angelo) 的皇帝陵寢，都緊臨於當時羅馬人認為是市中心區域的邊線外側。連皇帝都如此了，其他人自然只能在都市外側修築墳墓。

理由的第二點在於，除了科爾涅留斯一門等極少數例外以外，大多數羅馬人都流行埋葬骨灰，骨頭和骨灰在衛生上沒有問題，不必刻意挖掘到地底深處埋葬。只有和羅馬人不同，有埋葬遺體習慣的伊特魯里亞人和猶太人，才有必要準備和活人隔絕、專屬於死者的墓園。而即使同為羅馬帝國一份子，埃及人依舊維持著傳統中埋葬木乃伊的方式。我們光是看墓園這項事物，就可以想像一個民族的生死觀念。

羅馬人的墓碑上，鮮少刻有死者姓名。要說其為墓誌銘，不如說是大量的留言板，畢竟墳墓位於人來人往的大道旁，給生者的訊息閱讀率想必也相當高。

這些墓誌銘中，為夭折子女哀嘆的父母所留下的訊息自然不少，而有如履歷表一般的墓碑數量也不相上下。另外，還有許多如同方才介紹的，記述人生觀的墓碑，表露對逝世的丈夫或妻子愛情的墓碑也不在少數。比起地位高的人來說，平民會比較多話。而這些墳墓也正是往來於大道上的旅人最好的休息處。

羅馬大道的幹道部份，是由寬四公尺的車道，以及兩側各三公尺寬的步道所構成。十公尺寬的大道兩側嚴禁種植樹木，這是由於路面鋪設有石板，為避免樹根深入地底，破壞路面、地基的緣故。在大道兩邊，只能在步道外側擺設墳墓，而墓園周圍則可以種植樹木。因此，歷經長程旅行的人們可在綠樹成蔭的墓前階梯上坐下，稍微歇息一會兒，同時看著死者留給生者的訊息。在這個流行埋葬骨灰，又沒有地獄觀念的時代，生者與死者就是這樣比鄰而居。然而這種風氣，到了西元四世紀時有了變化，醫療制度也隨著基督教的獲勝形成轉變。

如果說國家帶頭負擔醫療費用，可看成醫療制度的進步，那麼的確進步的時代已經到了。羅馬市區裡的十四個行政區之一，便劃分成由國家負擔薪資的醫師所常駐的醫院，患者只要前往這些醫療設施，就不需負擔醫藥費。基督教以友愛和慈善為其旗號，因此認為付不起醫療費用的窮人也有受醫療的權利。

不過這只是表面上的理由，而不是真心話。在西元四世紀時，雖然羅馬政府承認基督教，但並非所有羅馬人都是基督教徒，大多數的平民還是一樣，當身體不舒服時會跑到醫療神阿斯克雷比斯的神殿參拜，或是前往負責發燒與腹痛的諸神祠堂裡祭拜。對於基督教這種以不承認其他神明存在為根基的一神教來說，這是相當困擾的現象，因此企圖以免費醫療的手段，將民眾由神殿吸引到公立醫院中。

不過這個方法並未立刻見效。由於基督教徒醫師選拔的基準並非醫學知識，而是信仰是否堅強，因此醫療能力不足，人們還是習於到一般醫師診所求診。而在求神的部份，長年的信仰也不是一日便能拋棄的。基督教下的公立醫院制度，要到西元四世紀末期狄奥多西皇帝排除其他宗教才得以成功。從這時起，基督教以外的其他宗教都被視為邪教，而信仰邪教的人就被視為邪教徒，要遭受刑罰，前往諸神神殿、祠堂的人因此銷聲匿跡。

從現代國家預算中醫療相關費用的比例就能得知，認為醫療應當主要由「公共」負擔的這種想法，使得醫療事業成為需要龐大經費的事業。然而西元四世紀時的羅馬帝國經濟由於諸般因素影響，以現代的說法來形容，便是處於破產狀態之下；而在凱撒時代，羅馬人認為醫療應由「私人」為中心，其經濟力量卻是蒸蒸日上。由此可知，部份現代學者所說的「羅馬帝國完全缺乏醫療體系」一事，並非反映其經濟力量的政策。這問題似乎只有回到「公」、「私」概念差異的老題目上思考。

我們比較下列兩句話，應該就能充分了解以希臘—羅馬為代表的古代鼎盛期，和基督教抬頭的古代末期，對於貧窮的看法有何不同。

「貧窮並非恥辱，但安於貧窮卻是可恥的。」——伯里克里斯

「貧窮的人有福了。」——耶穌基督

基督教的「慈愛」，到了近代又被「人權」所取代，而醫療依舊維持以「公共」為中心的想法至今。教育方面也由「私人」為中心的想法，轉移到「公共」中心主義，這點和醫療方面頗為相似。

教育

在羅馬，教育原本是是雙親的工作，名門貴族或是富裕人家將子弟的教育托付給家庭教師的情況，要到西元前三世紀之後才會出現。不過這並非因為羅馬的經濟力量有所提升，而是因

為教師的來源地希臘國內有所變故。這點和醫師的環境相同。

西元前三世紀前後的希臘，正值亞歷山大大帝東征時期，與其英年早逝之後的希臘文明時代，然而相對而言，希臘城邦國家群的國力，已經不如敘利亞或埃及等希臘化大國。原本希臘人便有海外發展的傾向，當國內發展環境不佳的時候，很自然地會往國外發展。若以現代的話來形容，就是人才外流。當然有許多人是流往希臘文化圈的各國，但也有部分人流向不屬於希臘文化圈的地中海西側。當時地中海西側最強的國家是迦太基，吸引一些希臘人流往此處，可是迦太基人的民族性又是有名的封閉，他們會自行學習母語腓尼基語，但卻不大願意學習當時的國際通用語言希臘語。相對地在羅馬，教育程度較高的家庭對於教導子弟希臘文的熱忱，不亞於教導子弟學習拉丁文。當迦太基與羅馬在布尼克戰役相互衝突時，兩大主角分別是迦太基的漢尼拔，以及羅馬的西比奧．亞非利加努斯。漢尼拔要到年過三十才開始學習希臘文，相對地西比奧則自幼在希臘裔家教之間長大，是個標準的雙語人才。希臘人才不流往經濟上大為優裕的迦太基，而改為前往羅馬，就是基於上述因素。

多虧了需求與供給的完美契合，西元前三世紀之後羅馬的權貴家中總少不了希臘裔的教師。不過教師之間也有「品牌」存在，最高級的品牌，是生於雅典、在雅典求學的希臘人；其次則是在有名的學府，例如小亞細亞的婆高蒙或愛菲索斯、羅德斯，敘利亞的安提阿，埃及的亞歷山大等地求學過的希臘人。當然，隨品牌不同，所繳付的學費金額也有所不同。除了西比奧所屬的科爾涅留斯一門，或是克勞狄斯一門等貴族中的貴族以外，平民出身的貴族英雄格拉古一家，以及據說是羅馬第一富豪的克拉蘇家中，子弟都是跟隨著「最高品牌」的希臘裔教師求學。

朱利斯．凱撒出生的世家，是不遜於科爾涅留斯或克勞狄斯的名門貴族，不過經濟能力卻只有中等水準。但凱撒的母親出身於有名的學者世家奧理略一門，是位通曉希臘文，教育程度極高的女性。當這位奧雷里亞女士在為獨生子凱撒選擇家庭教師時，則採用了實力主義，她選擇了一個在埃及的亞歷山大求學過的高盧人。若以現代來說，就好像選了一個牛津或劍橋大學出身的新加坡人或印度人。少年時代的凱撒除了拉丁文和希臘文以外，還向這位高盧家教學習數學、地理、歷史及理則學等種種學問。

這讓人想到，也許就是因為少年時期的這種經驗，使得凱撒在就任獨裁官，能夠開始為建構帝國打基礎時，第一項政策就是賦予教師及醫師羅馬公民權。正因為不是在希臘教師教導下成長，而是在高盧教師的教育下長大，成年後才能構思不論民族與宗教，只要從事教育工作便能獲得優待的政策，而且在執行時心中也不覺得有什麼疙瘩。不過筆者的兒子卻說，凱撒就是因為每當弄錯希臘文時就要挨上高盧家教兩個耳光，因此從小就對高盧人有成見，所以長大以後才會帶兵打進高盧，征服整個高盧地區。這段玩笑話姑且不論，羅馬時代的教師對學生體罰的程度，的確不會比十九世紀的英國公學校來得遜色。即使教師的身份是奴隸，在體罰主人的孩子時也絕對不會手軟，而在羅馬時代認為這是理所當然的。

筆者認為，凱撒這項醫師、教師及從事醫療與教育工作者得以獲頒羅馬公民權的法律，是一項足以改變時代潮流的根本改革法案。因為如同在醫療一節中所述，在這之前的羅馬，能接受充分醫療服務的只有經濟力量豐厚的人家，以及在這些家庭中工作的奴隸。這讓人想起了「西瓜偎大邊」這句話。生於中等層度以下家庭的人，長年只有求神一途可選。而教育的狀況也是一樣的。在有能力聘請家教的家庭中，是由家長的小孩，以及屬於該家庭奴隸的小孩共同求學。在這個時代裡，生於羅馬上層階級的小孩成年後自然是擔任公職，對他們來說，自幼一起求學，忠誠又優秀的助理是比什麼都貴重的。而且有權勢的人家自然擁有資產，在運用這些資產時，同樣需要優秀的人員輔助。簡單來說，在羅馬的上層階級家庭中，不論是原本便屬於該家庭的奴隸，或是由奴隸市場購得的少年奴隸，都有合理的理由接受教育。

有不少希臘人移居羅馬之後，並未成為家庭教師，而是開設私塾。因此，中等層度以下的家庭兒童並非沒有機會接受教育。不過，學生支付學費與否，也就影響到學生個人受到的待遇。要縮小學生待遇的差距，只有增加教師人數一途，這個方法又由凱撒加以實現，而且是藉由國法規範，使其成為政策與制度。

探討到此，想必大家都會開始在意學費的部份，凱撒所實行的是讓教師和醫師一樣成為自由市場，因此並未規定一個固定的收費基準。基於後述的理由，學生人數無法增加，因此受歡迎的教師所收取的學費也就較高。研究歷史時有一項特點，就是必須在沒有完整史料存留的狀況下進行，更何況羅馬時代已經是兩千年前的古代了。在此能介紹的，只有文獻中僅存的一個數字，根據該項記載，受初等教育的學生，其家長付給私塾教師一個月的學費是八亞西銅幣。

那麼，八亞西銅幣又有多少購買能力呢？

基於公共政策，因此收費低廉的公共浴場入場費用為成年男子〇．五亞西銅幣，成年女子一亞西銅幣。

小麥由於屬於自由市場，價格會有起伏。在此列舉最高與最低品質的製粉後小麥價格，每公斤在一．五至五亞西銅幣之間。

非熟練勞工的日薪約在十亞西銅幣左右。

開國皇帝奧古斯都時代的軍團兵士兵薪資，雖食衣住已有政府保障，但年薪換算成日薪後，亦有十亞西銅幣。

就算家中有數位已屆學齡的兒童，若教育經費如此低廉，那麼即使雙親屬於非熟練勞工，同樣有足夠能力送小孩前往私塾求學。而圖拉真皇帝為低收入家庭子弟提供「育英資金」的"Alimenta"制度，提供了每個月六十四亞西銅幣的獎學金，如此絕對支付得起八亞西銅幣的學費，而且當年不需要繳付教科書費用。初等教育「讀、寫、算」的「讀」部份，就是要學生熟記老師所朗讀的古今文章。至於「書寫」部份，則由各個學生寫在自行攜帶的塗蠟木板上。關於「算」的部份，最初的一兩年只用手指就足夠了，要使用塗蠟木板這種「筆記用紙」，則要等到開始學習分數運算的時候。若要進行更複雜的運算，則使用當時已經存在，名為"abacus"的算盤。

羅馬時代的初等教育名叫“ludus litterarius”，是以七歲到十一歲的兒童為對象。在這五年的期間內，學童要由字母和羅馬數字開始學習，亦即學習讀書寫字和算術。由於同時收受女學童，因此雖然比例不均，但羅馬時代的小學是男女同校的。

在選拔羅馬軍團兵時，有一項測驗是拉丁文的讀寫以及計算能力，這想必是多虧了低額的學費，使得初等教育普及。根據學者們表示，以古代來說，羅馬的文盲比率可說是驚人的低。另外，在少數留存的文獻中發現，羅馬軍團兵寫給家人的書信中，所使用的拉丁文相當正確，而且這並非出自於軍官的書信，而是士兵所寫的。附帶一提，羅馬帝國貫徹著雙語的策略，連在帝國東方的希臘語圈發布皇帝的通告時，還會改以希臘文重新發布。不過在羅馬軍團中，卻規定一律以拉丁文為官方語言。

羅馬時代的學童在小學學到的數字，當然不是中世紀末期傳到西歐並普及、流傳到現代的阿拉伯數字。在現代，有些講究點的時鐘面盤或紀念碑的文字同樣會使用下列的羅馬數字，而羅馬數字中，沒有零的觀念。

1—I
2—II
3—III
4—IV
5—V
6—VI
7—VII
8—VIII
9—IX
10—X
50—L
100—C
500—D
1000—M

此外，學童還要學習「九九乘法」。在大英博物館的收藏品之中，就有一份刻有一×一、二×一、二×二等九九乘法表的木板。另外還應用到輔助計算的「算盤」，算盤為銅製品，由小型攜帶式的到大型產品都有，而考古挖掘也曾發現手持大型算盤的商人浮雕。不過這種被稱為"abacus"的算盤，在古中國與巴比倫都有人使用，並非羅馬人的發明。

小學所教的數學範圍似乎只到分數計算。對羅馬人來說，分數計算是絕對必要的能力，例如與稅金相關的部份，行省稅又名「十分之一稅」，營業稅為「百分之一稅」，而遺產稅則稱為「二十分之一稅」。

至於這些與其稱為私立小學，不如稱為私塾的學校所在位置，一般是利用廣場的一角或是城鎮中有屋頂的地方。在廣場中附有被稱為「艾賽德拉」的半圓形角落，這種建築型態是由

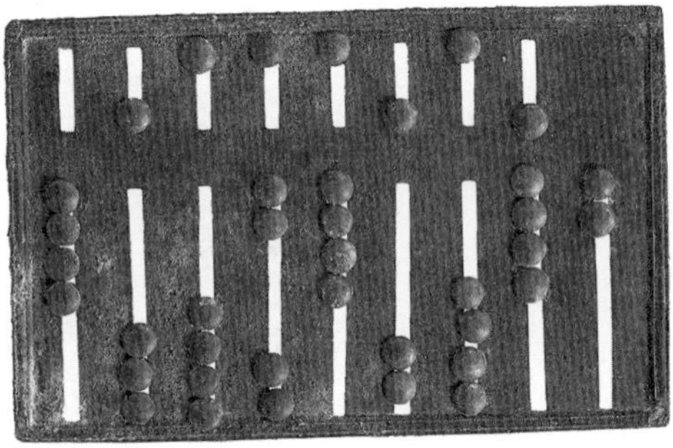

羅馬時代的算盤

凱撒所修築的廣場所創始的，讓人懷疑是否這種設計就是為提供私塾用地而創設。在「艾賽德拉」中，一般而言會沿著半圓形的牆壁擺設歷代偉人的雕像，因此最適於作為教室。而在大理石牆面上也曾發現過兒童塗鴉寫道「愛留斯老師是死豬」。

私塾也可能開設於街頭。一般而言學生人數在十五人到二十人左右，如果這種學校開設在住宅窗前的話，喧鬧的程度只怕令人難以承受。當閱讀到詩人感嘆這種羅馬時代「麻雀上學」的詩歌時，不禁讓人感到好笑。

羅馬時代小學生的一天大致如下：

清晨由母親，或由家中的奴隸叫起床。由於羅馬人有著星星還在半空中閃爍時起床，隨日出工作的習慣，因此清晨時家中已有人活動。不過每個小孩都是不慣於早起的，要在母親的催促下才會去洗臉刷牙。

之後則是更衣。若在天氣良好的季節，穿的是木棉或麻織品，名叫圖尼卡的短衣服，而在春季或秋季，短衣服的材質則改為毛織品。若天氣更冷，則更換布料更厚的毛織衣物，在穿上皮製涼鞋前，也會穿上一層長襪；怕冷的人還會在頸部圍上一條圍巾。若下雨時則穿上一件附有頭巾的短斗篷，因為即使下雨，學校還是不放假的。

當儀容整頓好了，則開始準備當天學校要用的東西。塗蠟木板、鐵筆及算盤是不可或缺的，另外還必須帶著折疊式的簡易椅子。

都準備好了以後，前去向父母問安。父母問他是否拜過神之後，前往被稱為「拉拉力姆」，祭祀守護該家庭的守護神與祖先的祭壇做朝禮。羅馬人是個重視祖先的民族。

之後，坐在椅子上吃一頓簡單的早餐。早餐是麵包、冷水和少量的水果。吃完早餐後離開家裡，前往學校。途中有不少小孩會繞到「達維納」，購買剛出爐的福茲卡加餅當零食。由於早餐的量不多，因此小孩沒辦法等到中午才進食。不過想必有許多小孩禁不住剛烤好的餅香誘惑，腳一邊往學校前進，嘴一邊就啃了起來。

到了這個時刻，成人也已經開始一天的活動了，而學童則必須上課到中午為止。

下課以後馬上回家，家中會備有簡單的午餐。吃過午餐後就把學校忘得乾乾淨淨，奔向公共浴場。不過孩童並非以入浴為目的，而是因為免費入場的大型公共浴場備有廣大的體育場和庭園，兒童可以無論天候好壞在此與同伴打球休閒。

這種樂趣也只能持續到下午五點浴場打烊的時候。孩童回家之後與雙親共進晚餐，然後就準備入睡等待第二天來臨。

被稱為"grammatici schola"的中等教育，則是以十二歲到十七歲的少年為對象。以現代來說，大致是從國中到高中二年級為止。這個階段的教師被稱為"grammaticus"。"grammaticus"一詞同時又代表所有的教師，由此可知在羅馬時代的教育制度中，中等教育具有重要的地位。不過學費也似乎稍微偏高了一點。與小學相同的是，同樣採私塾式教育，而教室也是露天設備。不過中等教育除多了希臘語這項科目以外，授課內容也改為以文學和歷史為中心，教材則採用希臘與羅馬的有名作家作品。在希臘文學方面，除了敘事詩人荷馬以外，愛斯秋羅、蘇夫克雷斯、愛比提等三大悲劇作家的作品是必讀的；在拉丁文學方面，則囊括愛尼屋斯、卡特魯斯、普勞塔斯、德倫西·阿富洛、維吉爾、霍雷斯、奧維狄斯、魯卡努斯等人。上課內容簡直可說是一部希臘羅馬文學史，因此學生的負擔並不輕鬆。不過上課時並非學習全文，而是由教師選擇其認為適當的部份進行教學，因此與其說是文學的課程，不如說是以文學作品為教材，藉以學習文章的結構。

上課一般是以下列的程序進行的。首先由教師朗讀文章，接著說明內容，再來則是選出其中較重要的用詞，追溯該詞的意義和語源，並在其他人的作品中尋找是否有類似的用詞。最後則是互相敘述感想或批評。也許各位會認為課程的水準偏高，不過能正確掌握用詞含意的能力，也相對影響到將自身想法傳達給他人的能力。有名的演說好手朱利斯·凱撒也曾說：演說的巧妙與否，是由所選用的遣詞用字所決定。

羅馬時代的中等教育，同時也是學習一般教養的機會。到了十七歲以後，少年們今後要走的路也各有不同。另外，軍團兵的資格年齡下限也同樣是十七歲。至於十七歲以上的年輕人所受的教育，則已經是完全的專門教育了。

羅馬時代的學校風景，站著的是遲到的學童

（於德國多利亞出土的浮雕）

放學後，學童在大浴場的中庭玩耍（引用自 *Terme romane e vita quotidiana*）

現代的研究人員將拉丁文的"rhetoris schola"譯為「高等學校」，雖然從字面上來看，這是年齡自十七歲到二十歲的年輕人所進修的"school"，不過從學校的課程內容可以得知，這是以培育律師或政治人物為目的的學校。這種學校的教師被稱為"rhetoris"，現代則用於稱呼大學校長。在羅馬時代，學校教師所教授的是拉丁文中的"ars oratoria"，亦即藉由辯論傳達意志的技能(ars)。

使用的教材為西塞羅等辯論好手的著作。尤其西塞羅的著作，多半為本人自行出版在法庭上辯論的過程與內容，最適於作為教材。若要學習希臘式的辯論技巧，則以西元前五世紀到前四世紀之間，活躍於雅典的留夏斯(Lysias)法庭辯論集最為恰當。

在使用這些教材時，教授首先會分析辯論內容：

一、藉由展示主題而展開的序論。

二、事實的條列與提示證據。

三、利用證據和事實與對方展開辯駁。

四、結論。

由於筆者並非畢業於法學院，因此沒有把握上述譯名是否恰當。不過由此可知「起承轉結」

並非只適用於唐詩，而是適用於古今中外各種語言的定理，在元老院的議場上，也應當能完全應用。因為靠口耳傳達的演講和辯論與使用雙眼閱讀的著作不同，如果結構不能更清晰，則無法期待其效果。

不過，並非只要內容結構符合起承轉結就可以了，因為敘述者還必須將聲音傳到眾人耳中，所以除了內容以外，還要注重讓聽眾聽得進去的技巧。在提升意志傳達的技巧時不能忽略的事項包括：什麼樣的姿態手勢較為合適，或是什麼樣的音色才讓人聽得舒服，什麼時候夾雜一點幽默才有效果，以及進行辯論的地點在哪裡，聽眾大致是什麼樣的人。因此光是使用法庭辯論記錄作為教材並不足夠，還要引用政治人物與武將的演說，例如朱利斯·凱撒的演說，能有效的使用辭句，使得情勢瞬間逆轉，正是最佳的題材。附帶一提，在羅馬時代，幾乎找不到終生僅擔任律師的人，律師多半有過從政或擔任武將的經驗。因此"ars oratoria"是菁英階層人人必備的技能。在現代，越是地位重要的人，聘用演說代筆(speech writer)的人越多，而在羅馬時代不但沒有這種職業，只怕也沒有人想要去仰賴這種專家吧。正所謂「文如其人」，一個人的文章，可以顯示其個人的整個人格，所以羅馬社會才會要求以成為社會菁英為目標的年輕人，學習有效表達言辭文章的必需技巧。

上述的教育機構，在羅馬都找得到。因為出身於行省，渾身鬥志的青年，不論是身在南法、西班牙或迦太基，都會前往首都羅馬留學。不過羅馬雖然是帝國的首都，卻沒有更高級的教育機構了，這也就是古羅馬市的地圖上沒有大型學校的原因。因為在羅馬稱霸的時代裡，雅典的"Academia"與位於埃及亞歷山大的"Museion"已經是地中海世界的兩大最高學府，身為征服者的羅馬人又想都沒想過將其轉移到羅馬。一來如此才合理，二則這也是統治異族的恰當政策。也許因為羅馬人是個講求實用的民族，因此認為只要滿足培育菁英階層的教育需求，其他的教育大可交給別人來做。實際上，柏拉圖創設的"Academia"，還有以萬卷藏書而聞名的"Museion"，研究機構的色彩要高過教育機構，我們也許可將其形容為大學的研究所。有趣的是，有不少羅馬人曾在這類最高學府求學，例如曾於雅典留學的西塞羅與詩人霍雷斯，可是權勢達到帝國頂點的皇帝中卻無人有這種經驗。尤其奧古斯都在十七歲時便捲入政爭之中，連高等教育都沒畢業，軍團出身的維斯帕先皇帝與圖拉真皇帝就不用提了，連出身較高的哈德良皇帝也沒有在大學待過。在羅馬時代，一個人要出頭不必仰賴學歷，然而儘管當時不講究學歷，羅馬帝國卻以國庫支援"Academia"和"Museion"。只有研究機構是國立的機關，而任教於此的教授也能獲得與事務官僚相當的年薪。

這真是有趣的現象。羅馬帝國的教育制度特色，就在於小學、中學與高中都是私立學校。凱撒賦予全體教師羅馬公民權，意圖在於免除教師繳納名為行省稅的直接稅義務，相對地要求教師以適當的收費從事教育工作。既沒有國家指定的教科書與課程，教材選擇與教育方法也委由教師自行選定。由於教育成果不佳的話，學生家長自然會將學生轉送到其他私塾去，因此教師可說是位於自由市場之中，想必教師平日也不得鬆懈。而最高學府的教授，卻和這種競爭扯不上關係。難道說這些沒受過大學教育的皇帝們，竟然知道研究與競爭之間的關係未必良好嗎？

不過在羅馬帝國，初等、中等、高等教育終將面對公營的時代。教育制度公營化的腳步，和基督教強化支配的步調彷彿是一致的。

教師資格必須經由考試認定，可是測試的不是知識和教學方法、能力，而是教師是否信仰基督教。在教材方面，也必須使用教會所選定的書籍，希臘—羅馬的古典作品被視為邪教徒的作品，毋庸置疑地不得使用，能獲准使用的只有《聖經》或是聖人傳記等文章，教會同時也監督著教學方法。不過，教師已經能獲得固定的收入，而學生也得以免費就學。醫療制度公營化的同時，教育制度也跟著公營化了。奇妙的是，在帝國經濟力量強盛時，醫療與教育都是以私立為主，卻在經濟力量衰退之後公營化。有些人認為社會應由某種思想所統一，一旦這些人手中掌握了權力，首先會動手的便是依照自身的想法改組教育與福利制度。當基督教成為羅馬帝國的國教之後，教會就是這麼做的。而過了半個世紀之後，羅馬帝國就滅亡了，僅存被視為基督教帝國的拜占庭帝國。位於帝國東方雅典的"Academia"，和亞歷山大的"Museion"不久後也荒廢了。諺語說，研究之基礎在於存疑，然而整個社會卻已經被「信者有福了」所統一了啊。

結 語

"infrastrutura"一詞，帶有社會資本、基礎設備、基層結構的意味，在學習羅馬史的過程中，筆者逐漸覺得這代表著由國家或地方政府代為行使個人之力無法做到的事情。而在羅馬人的定義中，"infrastrutura"就是人為了要活得像人所需的大事業。筆者在書中將其分為硬體與軟體兩個部份，硬體部份由於是建築物，所以可以目視確認探討；而軟體部份由於是社會體系，因此肉眼無法看見。若列舉雙方的建設，則應該如下：

硬體建設——作為交通手段的大道、橋梁、港灣、神殿。至於宗教設備方面，則是兼作為集會與審判用途，以及公共圖書館，可說是民眾生活中心的"forum"（廣場）和"basilica"（公會堂）。娛樂設施方面，則有源於希臘的橢圓形競技場和半圓形劇場，以及羅馬人創造的圓形競技場。還有在衛生方面其功效不可忽視的上水道、下水道、公共浴場。

軟體建設——國防安全、治安、稅制、通貨制度、郵政制度、貧民救濟制度、育英資金制度，以及醫療和教育。

在羅馬時代，如果不具備上列所有條件，就不能算是個都市。實際上，每當看到研究人員所製作的帝國內部各都市復原地圖，總讓筆者想要脫口喊出「這不是小型的羅馬嗎？」帝國的首都羅馬市，在公共建設方面同時也是其他各都市的模範。

然而在本書中，筆者並未提及上述所有的公共建設。大多數的事項，已在之前的九本書中提到，而且最重要的安全保障問題，亦即羅馬人口中的"securitas"，每冊之中一定會談到，第XI冊後的各冊想必也省略不了吧。因為安全保障問題相當重要，居於羅馬皇帝的三大職責「安全保障、內政、公共建設」之首位，羅馬皇帝才會身兼主要／輔助戰力合計三十萬人的羅馬軍最高指揮官。而在官方立場來說，皇帝位居羅馬公民權所有人與元老院委任治理國家的地位。當時的觀念認為，統治者的職責就是保障被統治者的安全與食糧，而保障「食糧」，也就是保障「工作」。又無論是保障「食糧」或者「工作」，都要先實現「安全」保障才有基礎可言。因此，無論古今中外，毫無例外地，人類生活中最重要的事項都是安全保障問題。即使生於現代，只要看看身在戰亂頻繁地區的人民生活有多痛苦，相信大家也都能理解這個觀念了。

而古羅馬人則將此重責大任委由皇帝代為統理。我們譯為「皇帝」的"Imperator"一詞，原本是士兵贈給帶領自身作戰獲勝的指揮官尊稱，因此即使在帝政時期前的共和時期，也有許多"Imperator"存在，這些人也就是得以在首都舉行凱旋儀式的人。到了帝政時期之後，最高統治者兼任最高指揮官已經成了慣例，所以即使最高統治者在任內從未帶兵作戰，也被稱為"Imperator"，亦即「皇帝」。

在羅馬時代，皇帝一詞具有如此重要的含意，因此在研討羅馬史時，也不得不論及其軍事史。就拿日耳曼民族入侵一項而言，並非日耳曼民族到了帝國末期突然出現，侵入了帝國領土。而是日耳曼民族時時存在，並時時試圖入侵，只不過在"Imperator"擁有擊退日耳曼民族的力量時，使其無法成功侵入而已。

另外，在本書中未曾提及的還不只安全保障一項。在硬體建設方面，便省略了港灣、神殿、公會堂、廣場、半圓形劇場、圓形競技場、競技場等項目。原因在於這些建設，已經在之前的九冊中論及由哪個皇帝或權貴下令修建時提及，例如廣場是在第Ⅴ冊談論凱撒時，而圓形競技場則在第Ⅷ冊之中。

至於軟體的建設方面，則未曾提到治安、稅制與貨幣制度，因為這些已經在第Ⅵ冊中詳述過。畢竟第Ⅵ冊的主角奧古斯都不愧開國皇帝之名號，是建構帝國一切基礎的人物。

也因為如此，在本書第Ⅹ冊之中，才能將話題集中在大家一提到羅馬時代的公共建設，就會立刻浮現在腦海裡的大道、橋梁與上下水道。話說回來，這些也正是羅馬時代的公共建設代表。

在現代的先進國家，道路鐵路都相當完善，使我們忘記公共建設有多重要；然而在某些國家卻無法期待這種生活，這正提醒我們公共建設有多重要。光是用水一項，目前在世上還有許多人無法得到充裕的用水。

這是因為經濟上沒有餘裕嗎？

還是缺乏認為整頓公共建設一事是不可或缺的觀念呢？

抑或是缺乏實現上述想法的強烈政治意圖？
又或者，是因為無法保證「和平」能持續下去？

二〇〇一年秋　記於羅馬

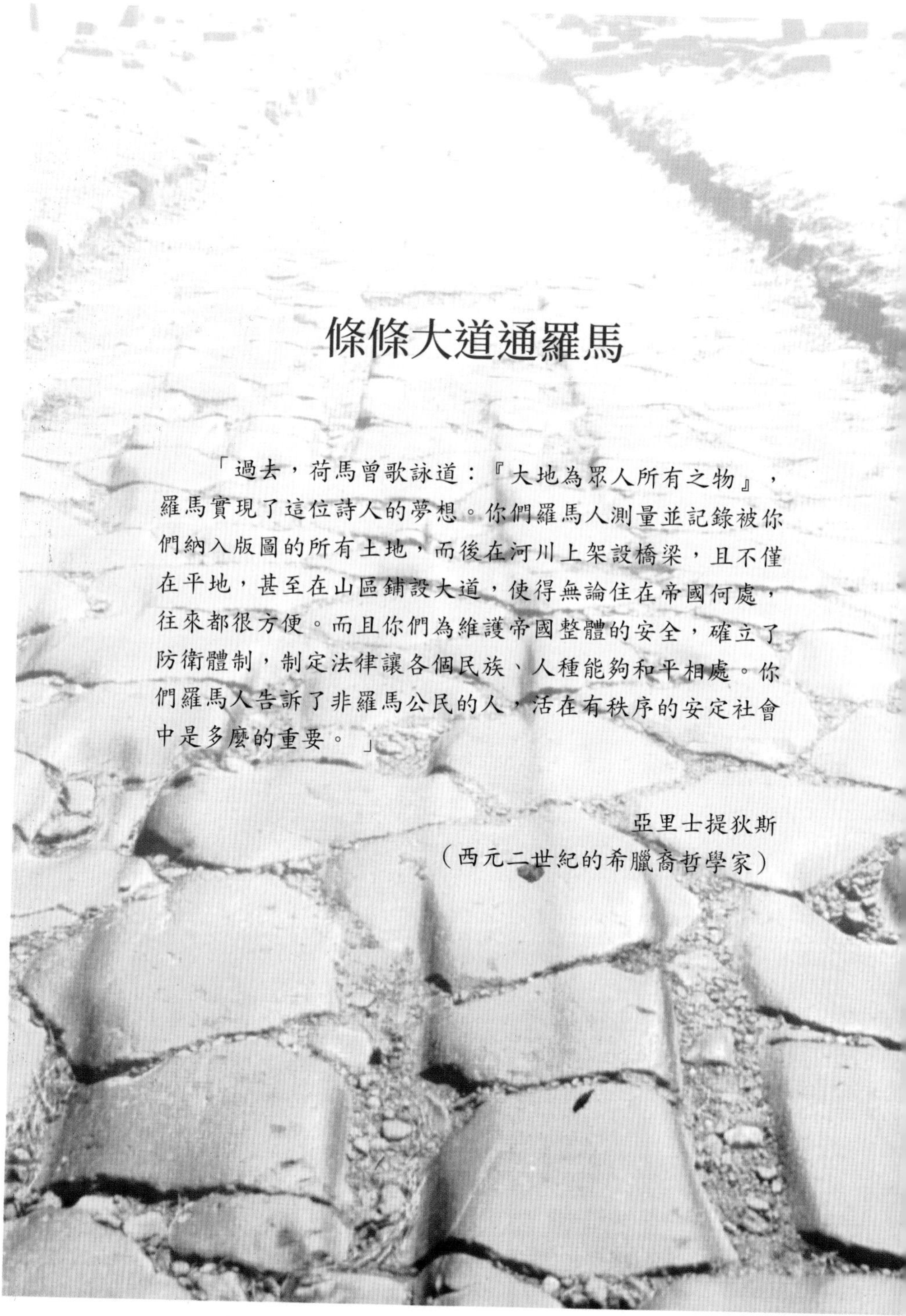

條條大道通羅馬

「過去，荷馬曾歌詠道：『大地為眾人所有之物』，羅馬實現了這位詩人的夢想。你們羅馬人測量並記錄被你們納入版圖的所有土地，而後在河川上架設橋梁，且不僅在平地，甚至在山區鋪設大道，使得無論住在帝國何處，往來都很方便。而且你們為維護帝國整體的安全，確立了防衛體制，制定法律讓各個民族、人種能夠和平相處。你們羅馬人告訴了非羅馬公民的人，活在有秩序的安定社會中是多麼的重要。」

亞里士提狄斯

（西元二世紀的希臘裔哲學家）

阿庇亞大道

各地修築的羅馬大道

薛拉·葛雷德斯山地（西班牙）

龐貝遺蹟的道路

普羅旺斯（法國）

曼徹斯特附近（英國）

迦太基（突尼西亞）

狄翁（希臘）附近通往
奧林帕斯山的道路

克勞狄亞水道橋

各地修築的水道

塔拉格那（西班牙）

凱撒利亞
（以色列）

愛菲索斯（土耳其）

迦太基水道的水源地之一
札葛安（突尼西亞）

迦太基（突尼西亞）附近

羅馬時代的三大都市
由上起分別為
安提阿
羅馬
君士坦丁堡

全長 6.75m 的地圖
“Tabula Peutingeriana”

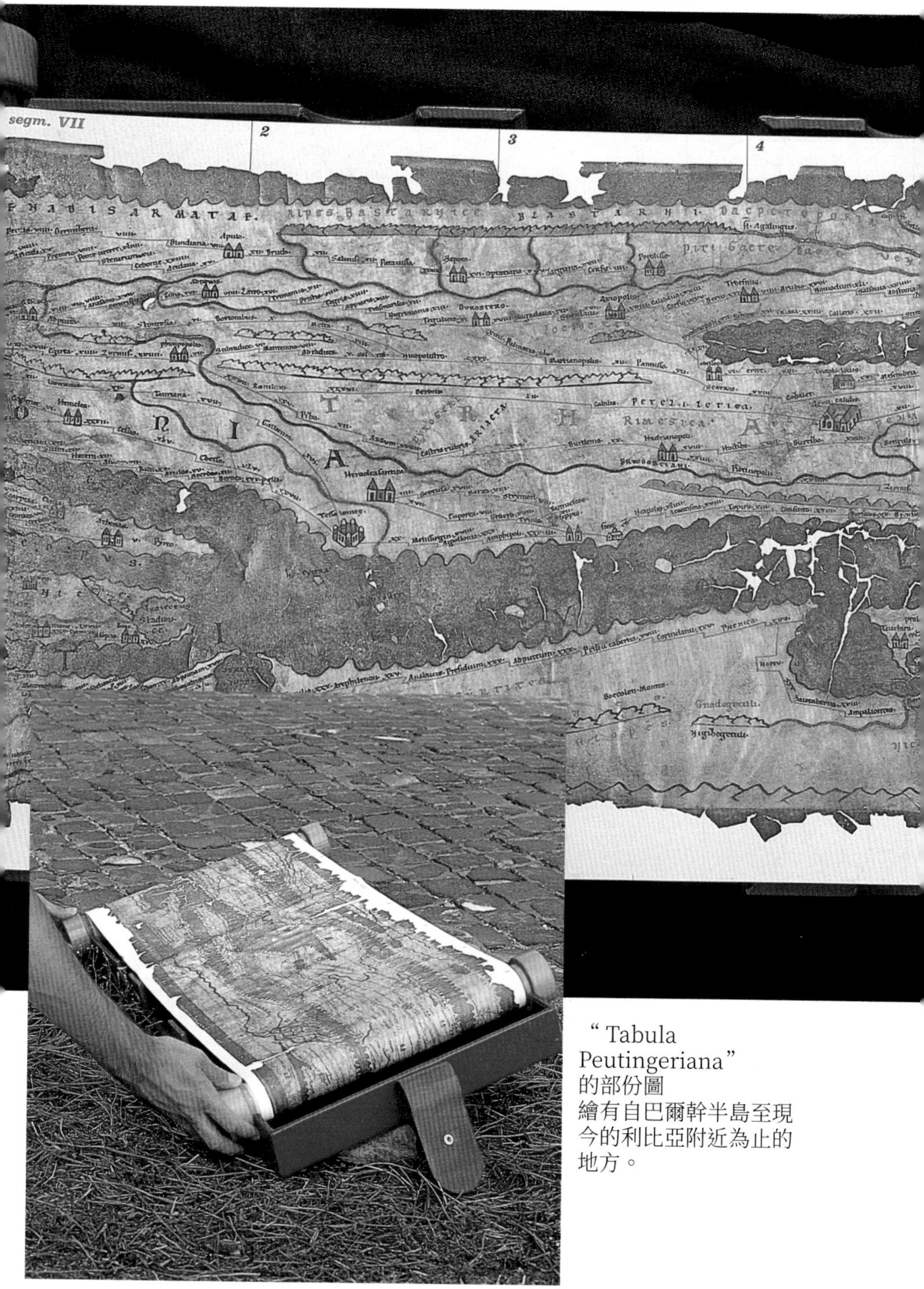

"Tabula Peutingeriana"的部份圖
繪有自巴爾幹半島至現今的利比亞附近為止的地方。

羅馬時代本國義大利的道路網（帝政時期）

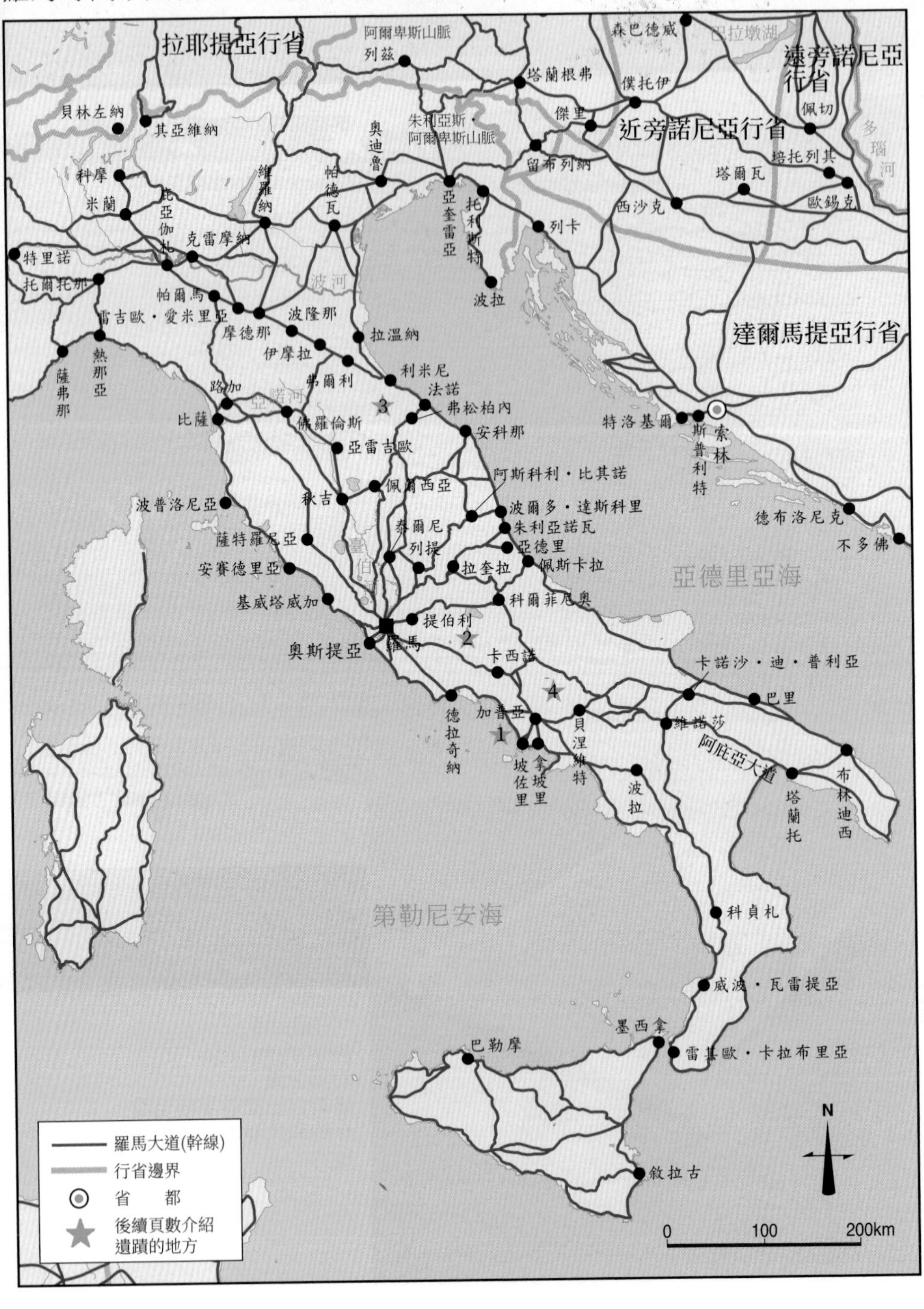

現代的義大利（二〇〇〇年）

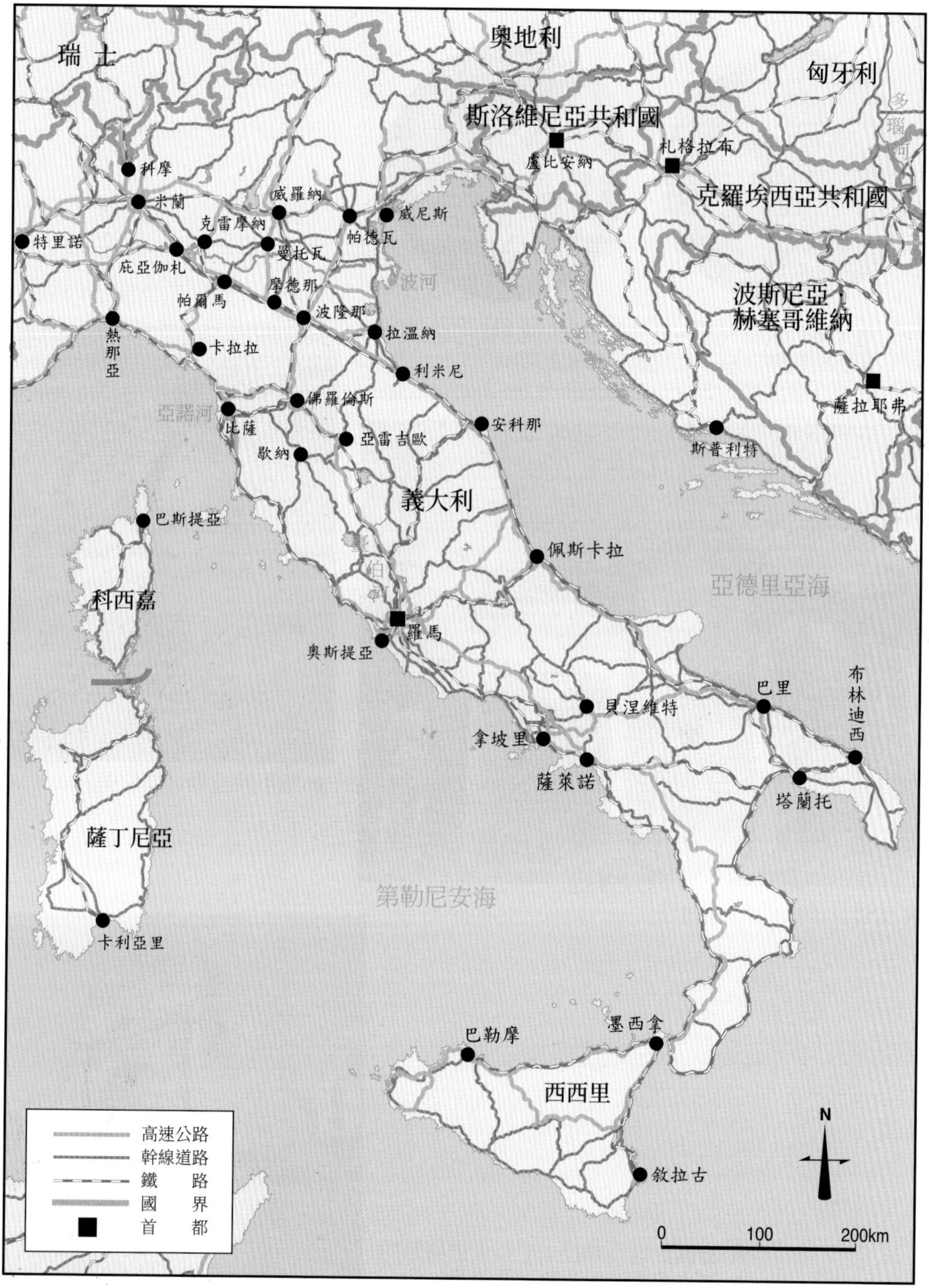

義大利的主要遺蹟

布尼克戰役之前羅馬與迦太基
貨幣鑄造技術的差距

迦太基的金幣（左，西元前四世紀末期）
羅馬的銅幣（右，西元前三世紀初期）

★1 圓形競技場（坡佐里）

★2 哈德良帝的別墅（提伯利）

★3 標識此地為弗拉米尼亞大道終點的
奧古斯都帝凱旋門（利米尼）

★4 圖拉真帝凱旋門（貝涅維特）

羅馬時代的羅馬近郊道路網（帝政時期）

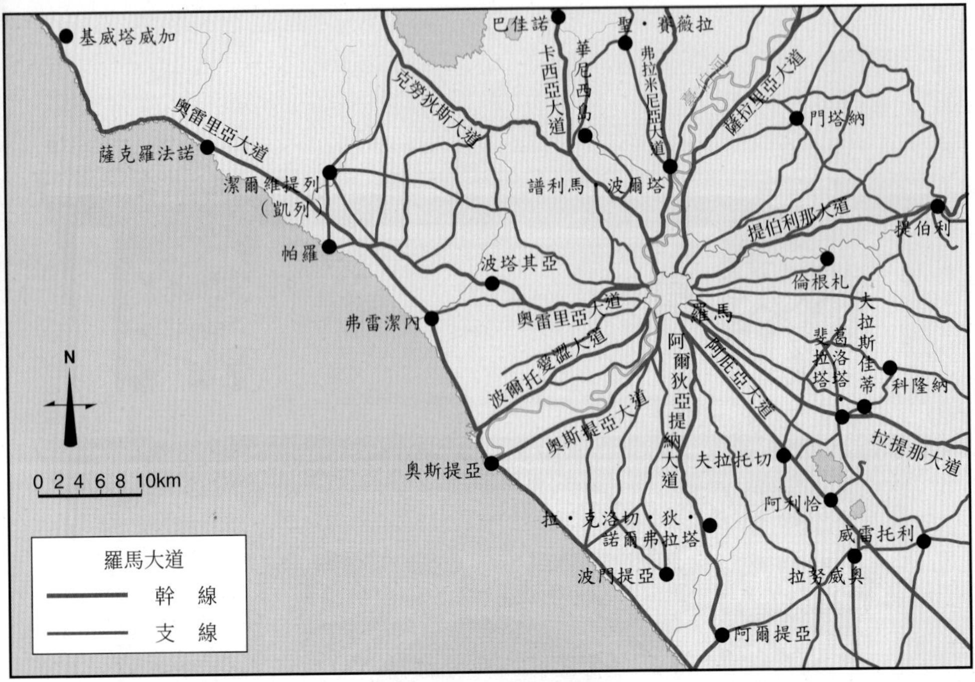

現代的羅馬近郊（二〇〇〇年）

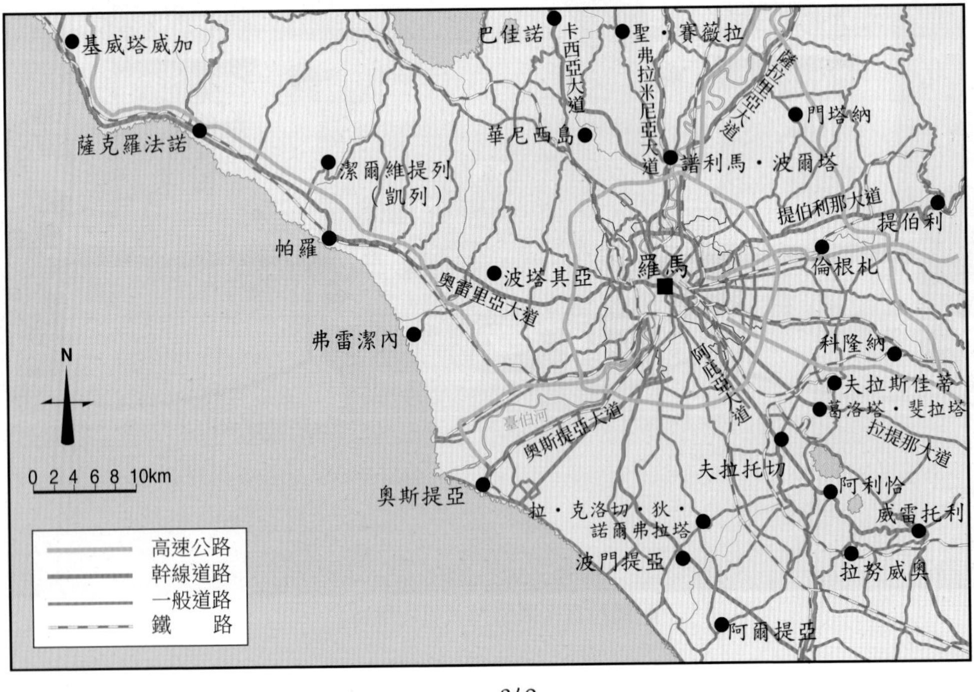

萬神殿及其內部（圓圈內為復原模型，下為現今的樣子）

卡拉卡拉浴場（左為現今的樣子，上為復原模型）

特雷威噴水池

據說是羅馬時代下水道蓋子的「真實之口」

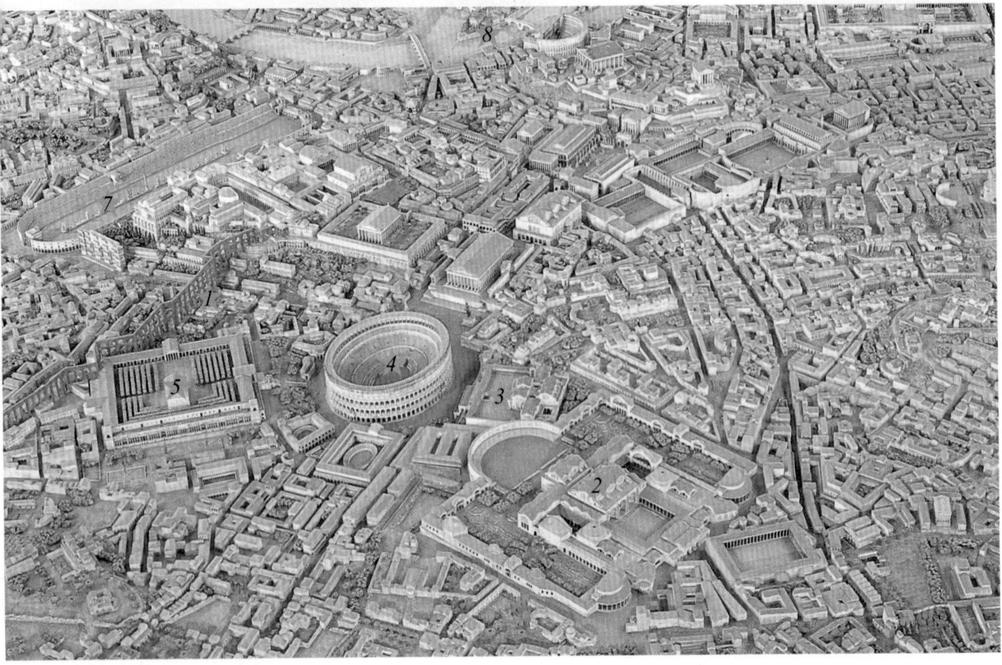
1
2
3
4
5
7
8

西元前六世紀的羅馬與君士坦丁時期的羅馬（復原模型，羅馬文明博物館）

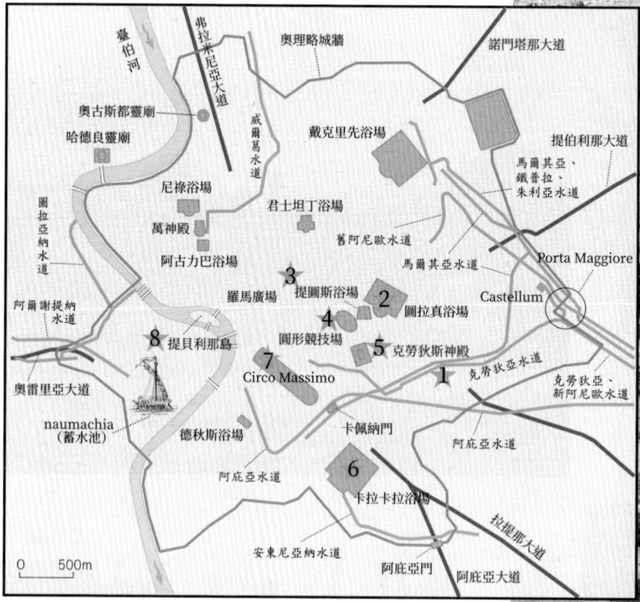

羅馬市街略圖（帝政時期）

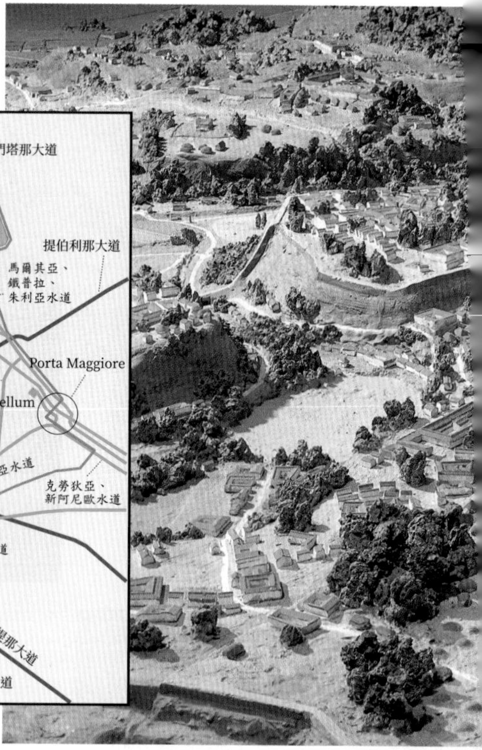

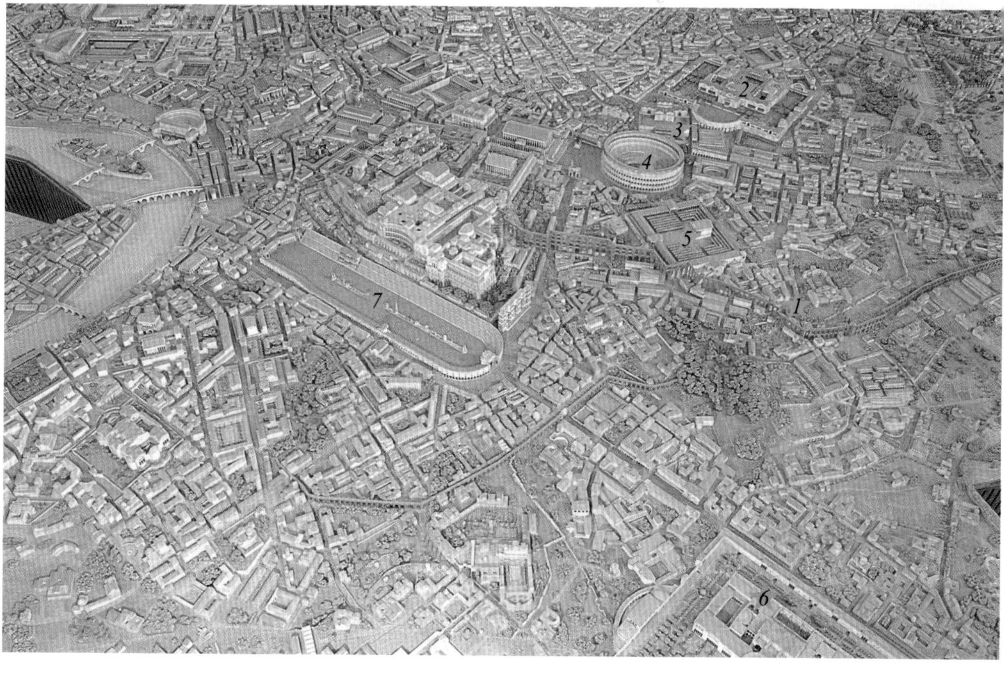

羅馬市內的遺蹟與復原模型

Circo Massimo（大競技場。上為復原模型，右為現今的樣子）

Colosseum（圓形競技場）

羅馬廣場

羅馬廣場內的馬克森提斯帝及君士坦丁帝會堂（完工於西元三一二年）

羅馬大道旁的墓碑

圓形競技場（右上方）與克勞狄亞水道橋（復原模型）

聖・賽巴斯提亞諾門（阿庇亞大道與奧理略城牆的交叉點。左上為復原模型）

奧古斯都靈廟（右為復原模型，上為現今的樣子）

羅馬市區內〔橋〕

米爾威奧橋 完工於西元前一〇九年，至今仍在使用

阿耶利斯橋
文藝復興時代易名為聖天使橋。是由哈德良帝開工，安東尼奧·派阿斯帝於西元一三九年完工。於一八九二年修復，右為修復時的照片。

愛米流斯橋遺蹟 完工於西元前一四二年。
於十六世紀末期崩塌後被稱為波特羅特（斷橋）。

馬庫斯．奧理略帝於此地修築的橋，後世稱為西斯特橋，但於西元七九四年崩塌。目前的橋修築於十五世紀。

法布里秋橋 完工於西元前六十二年。
是經過一再修復，至今仍在使用的羅馬橋梁之一。

君士坦丁時代的「提貝利那島」（復原模型）
前方可見的是愛米流斯橋（目前已經崩塌，僅餘部份遺蹟）

伽斯提奧橋
完工於西元前四十三年，至今仍在使用。

羅馬時代的拿坡里近郊道路網（帝政時期）

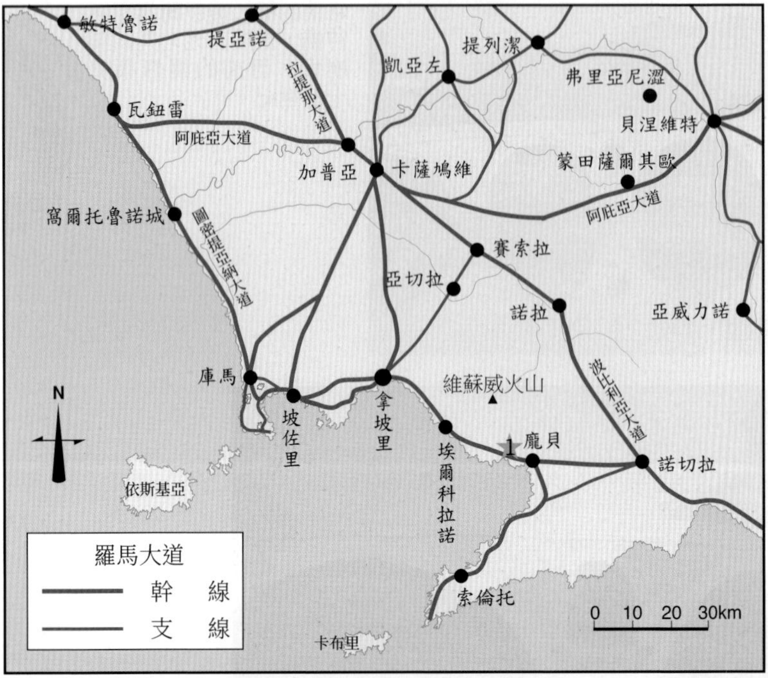

現代的拿坡里近郊（二〇〇〇年）

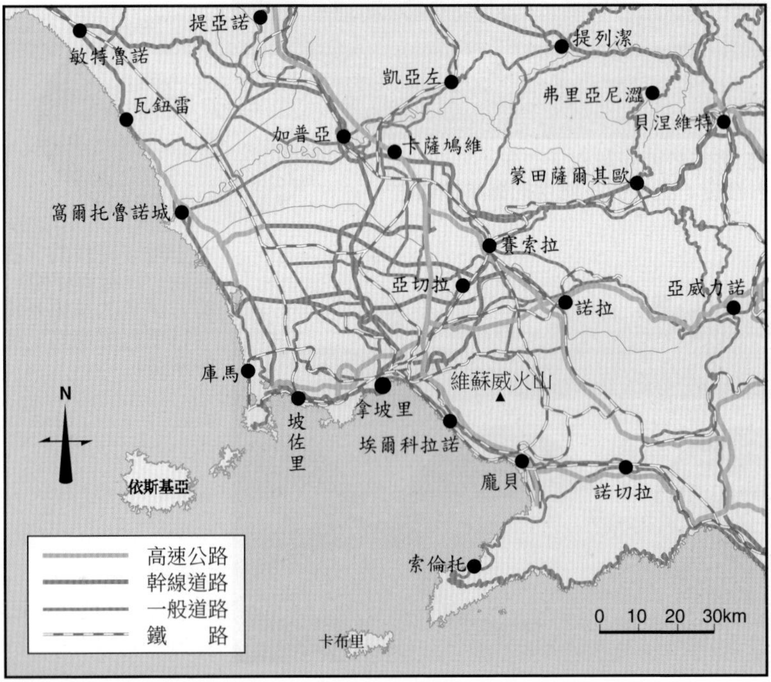

1 龐貝遺蹟

羅馬時代的西班牙、葡萄牙道路網（帝政時期）

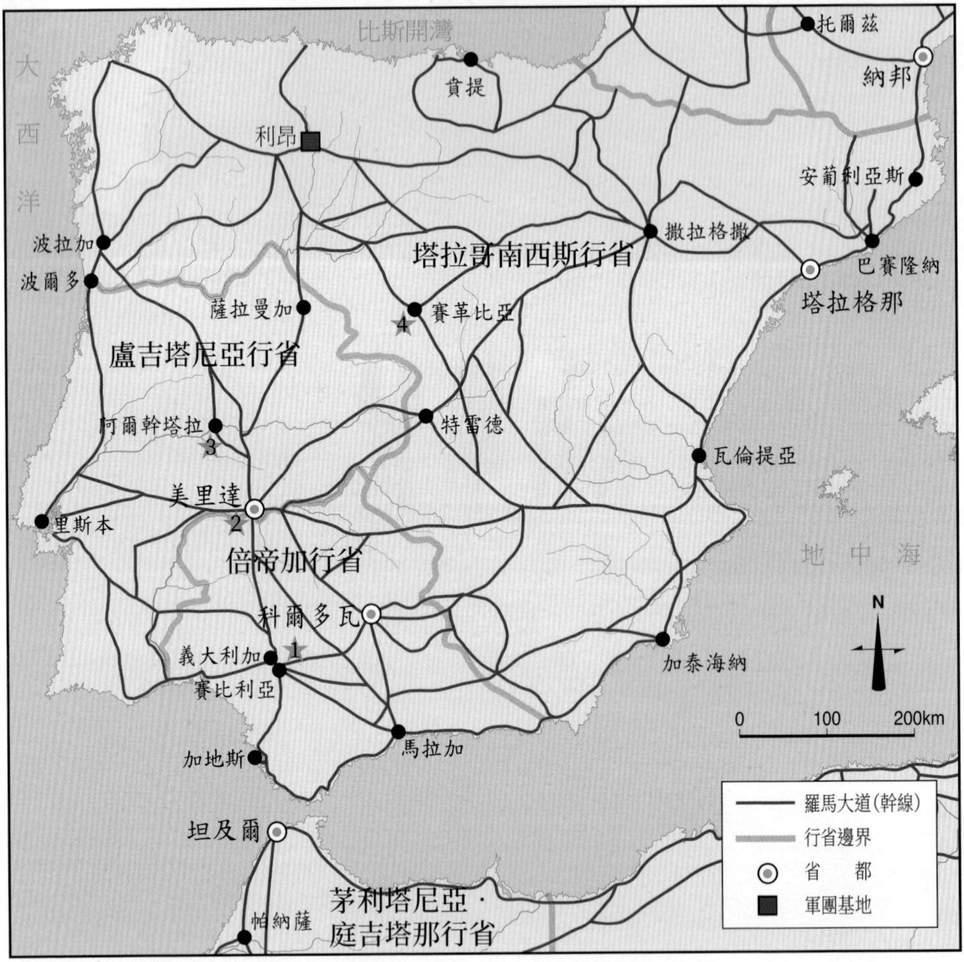

現代的西班牙、葡萄牙（二〇〇〇年）

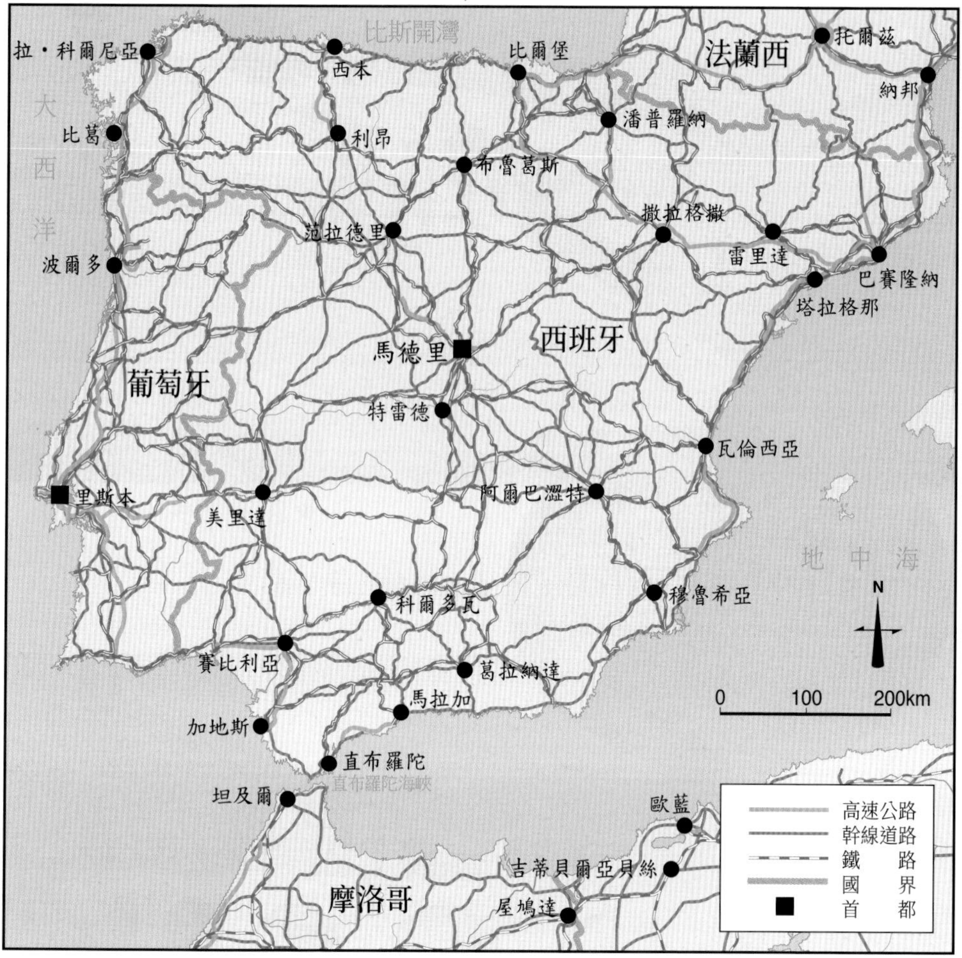

西班牙的遺跡

1 圓形競技場（義大利加）

2 劇場遺蹟（美里達）

3 阿爾幹塔拉之橋（興建於圖拉真帝時代）

★4 水道橋（賽革比亞）

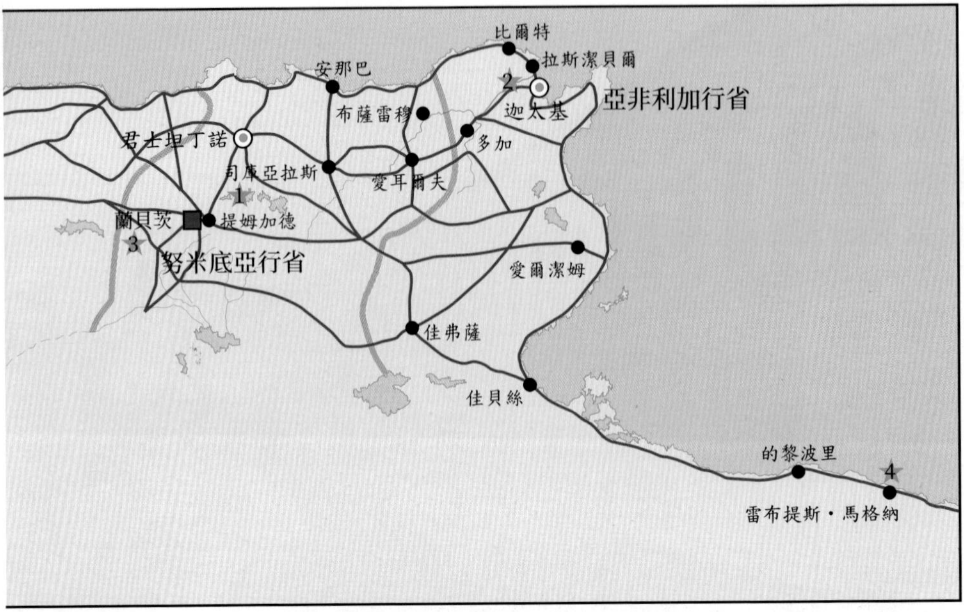
比爾特
拉斯潔貝爾
安那巴
2
亞非利加行省
迦太基
布薩雷穆
君士坦丁諾
多加
司庫亞拉斯
愛耳爾夫
1
蘭貝茨
提姆加德
3
努米底亞行省
愛爾潔姆
佳弗薩
佳貝絲
的黎波里
4
雷布提斯・馬格納

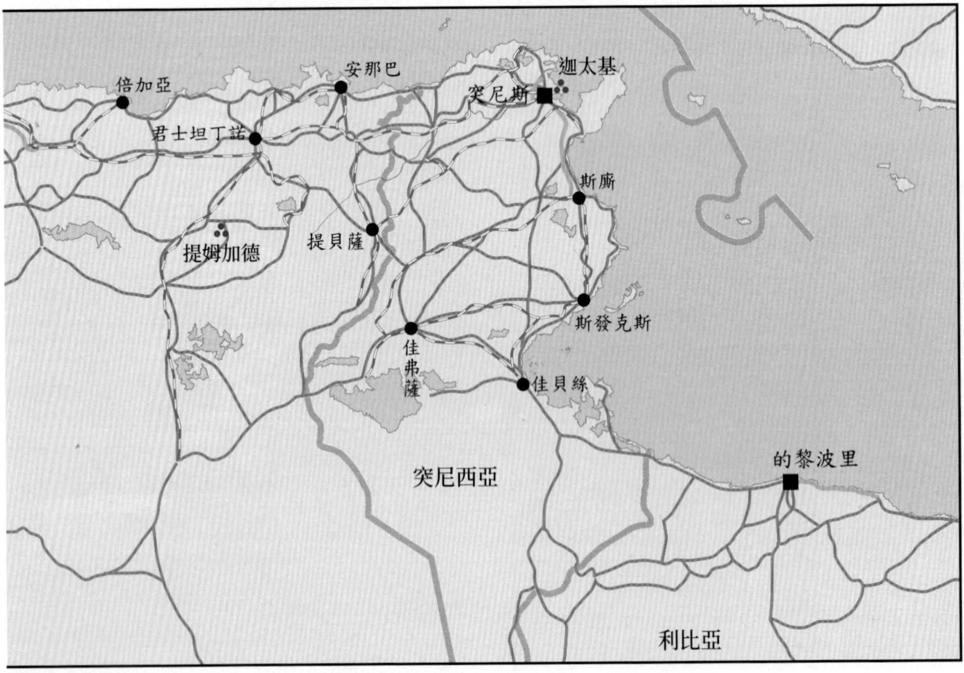
倍加亞
安那巴
迦太基
突尼斯
君士坦丁諾
斯廝
提貝薩
提姆加德
斯發克斯
佳弗薩
佳貝絲
突尼西亞
的黎波里
利比亞

羅馬時代的北非道路網（帝政時期）

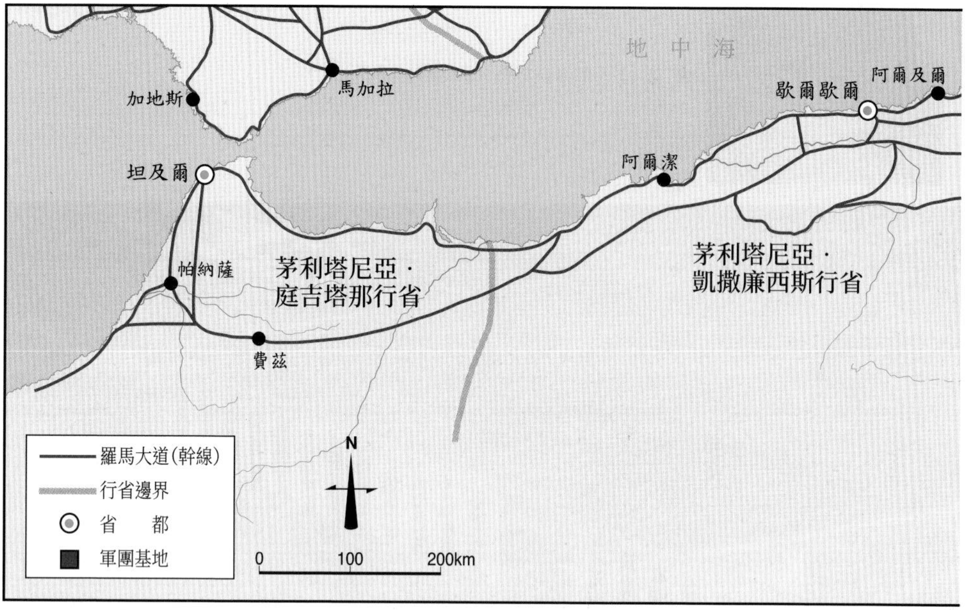

現代的北非（二〇〇〇年）

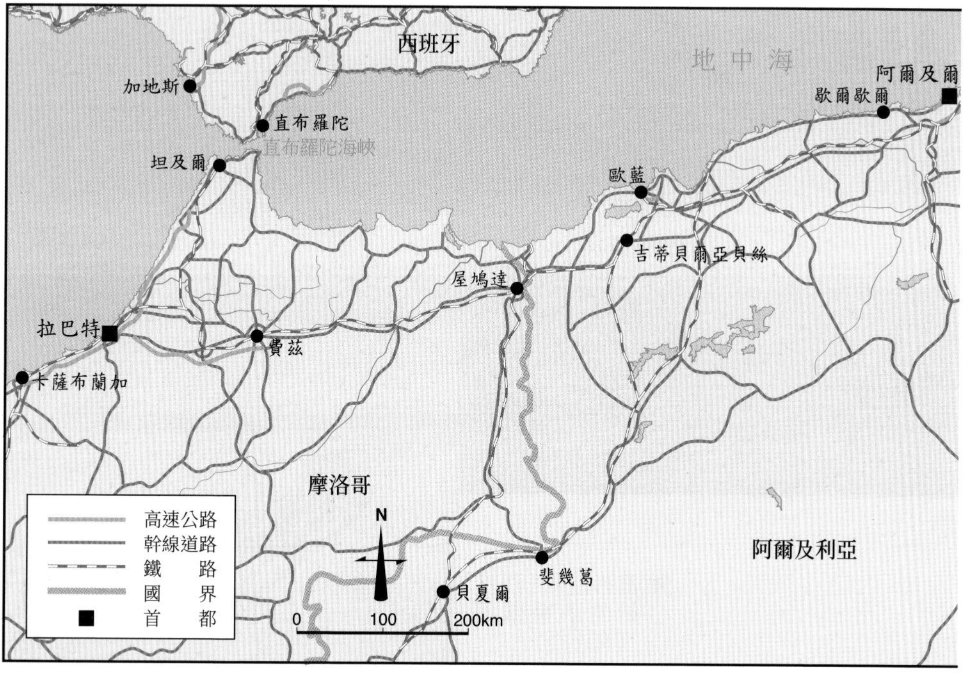

北非的遺蹟

★3 蘭貝茨的四柱門（阿爾及利亞）

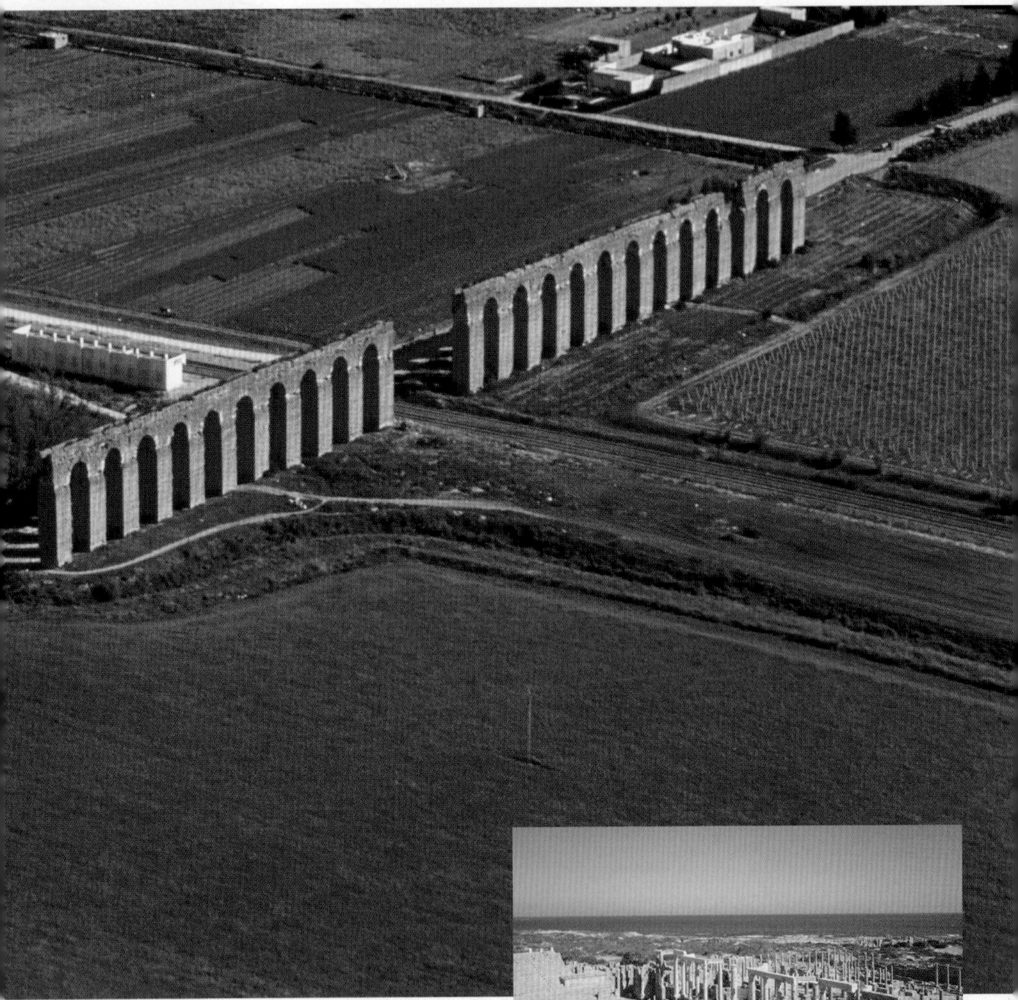

★4 雷布提斯．馬格納的劇場遺蹟（利比亞）

1 提姆加德的羅馬大道遺蹟
前方可見的是圖拉真紀念門
（阿爾及利亞）

2 迦太基郊外的水道橋遺蹟（突尼西亞）

羅馬時代的高盧道路網（帝政時期）

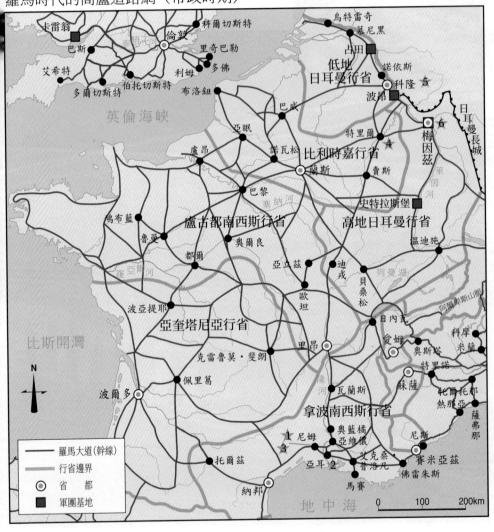

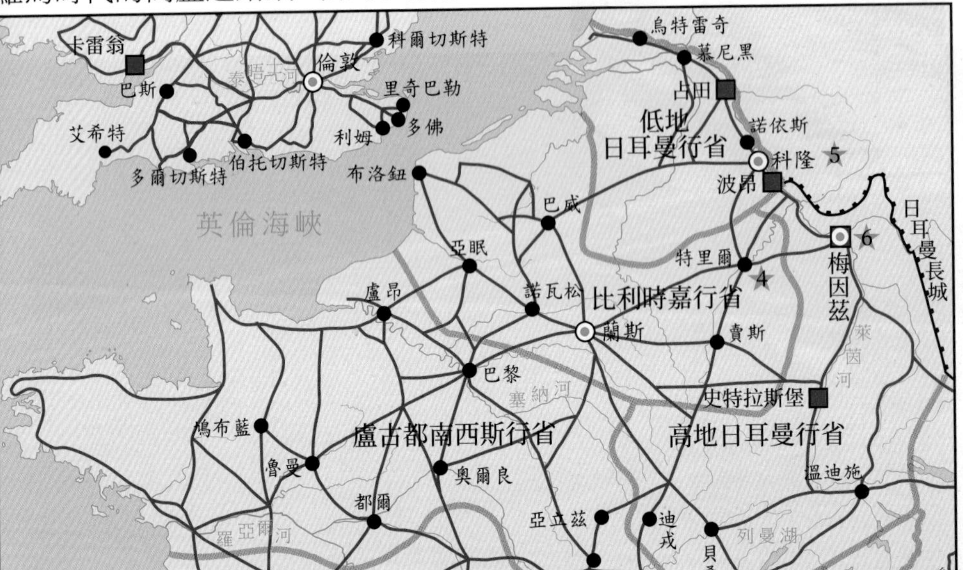

現代的法國周邊（二〇〇〇年）

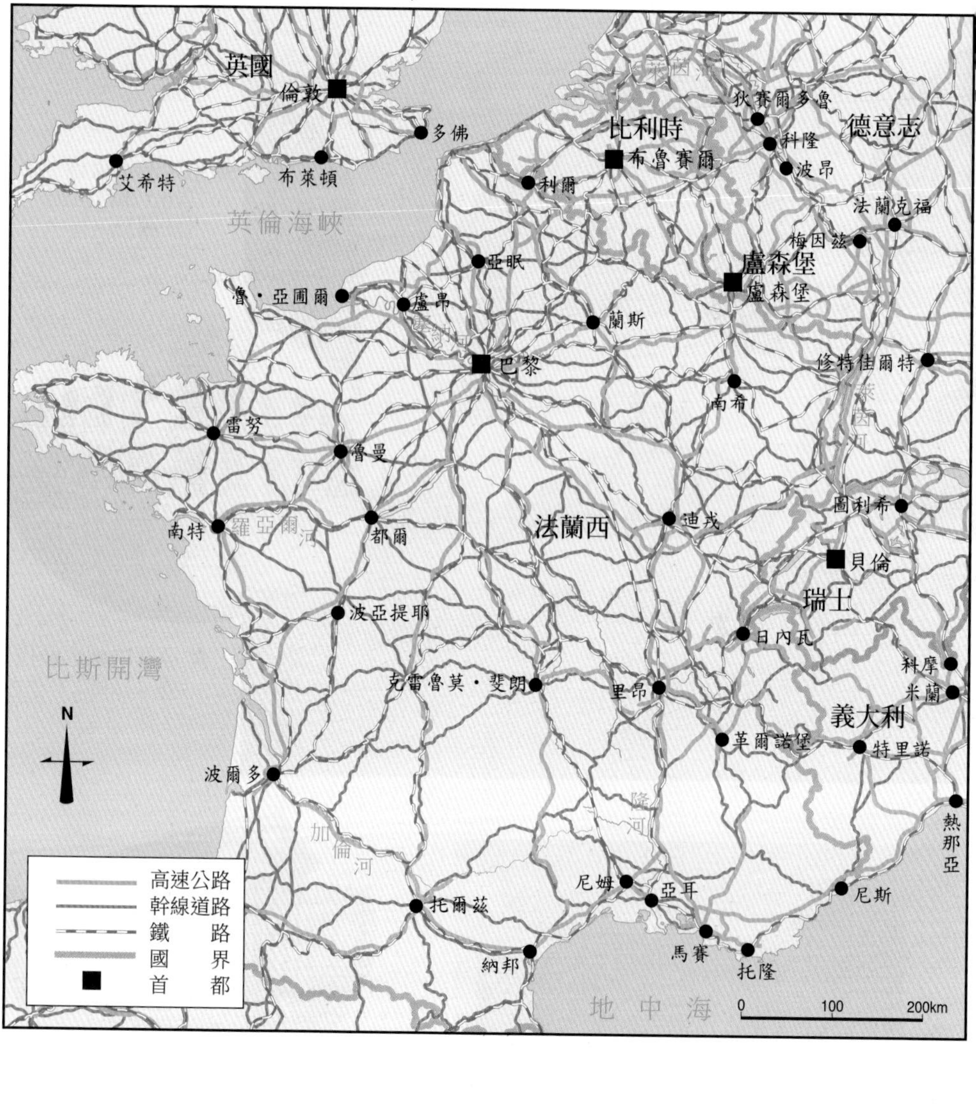
英國
倫敦
多佛
艾希特
布萊頓
英倫海峽
比利時
布魯賽爾
利爾
狄賽爾多魯
科隆
波昂
德意志
法蘭克福
梅因茲
盧森堡
盧森堡
亞眠
魯・亞圃爾
盧昂
蘭斯
巴黎
修特佳爾特
南希
雷努
魯曼
南特
羅亞爾河
都爾
法蘭西
迪戎
圖利希
貝倫
瑞士
波亞提耶
日內瓦
比斯開灣
克雷魯莫・斐朗
里昂
科摩
米蘭
義大利
革爾諾堡
特里諾
N
波爾多
隆河
加倫河
熱那亞
高速公路
幹線道路
鐵　路
國　界
首　都
尼姆
亞耳
尼斯
托爾茲
馬賽
托隆
納邦
地中海
0
100
200km

高盧（法國、德國）的遺蹟

1 尼姆的水道橋 "Pont du Gard"（法國）

2 亞耳的圓形競技場（法國）

4 留存於特里爾的羅馬時代城門（德國）

3 尼姆的神殿 "Maison Carree"（法國）

6 尼祿皇帝紀念柱
（德國梅因茲）

5 科隆的城牆
護塔（德國）

羅馬時代的英國道路網（帝政時期）

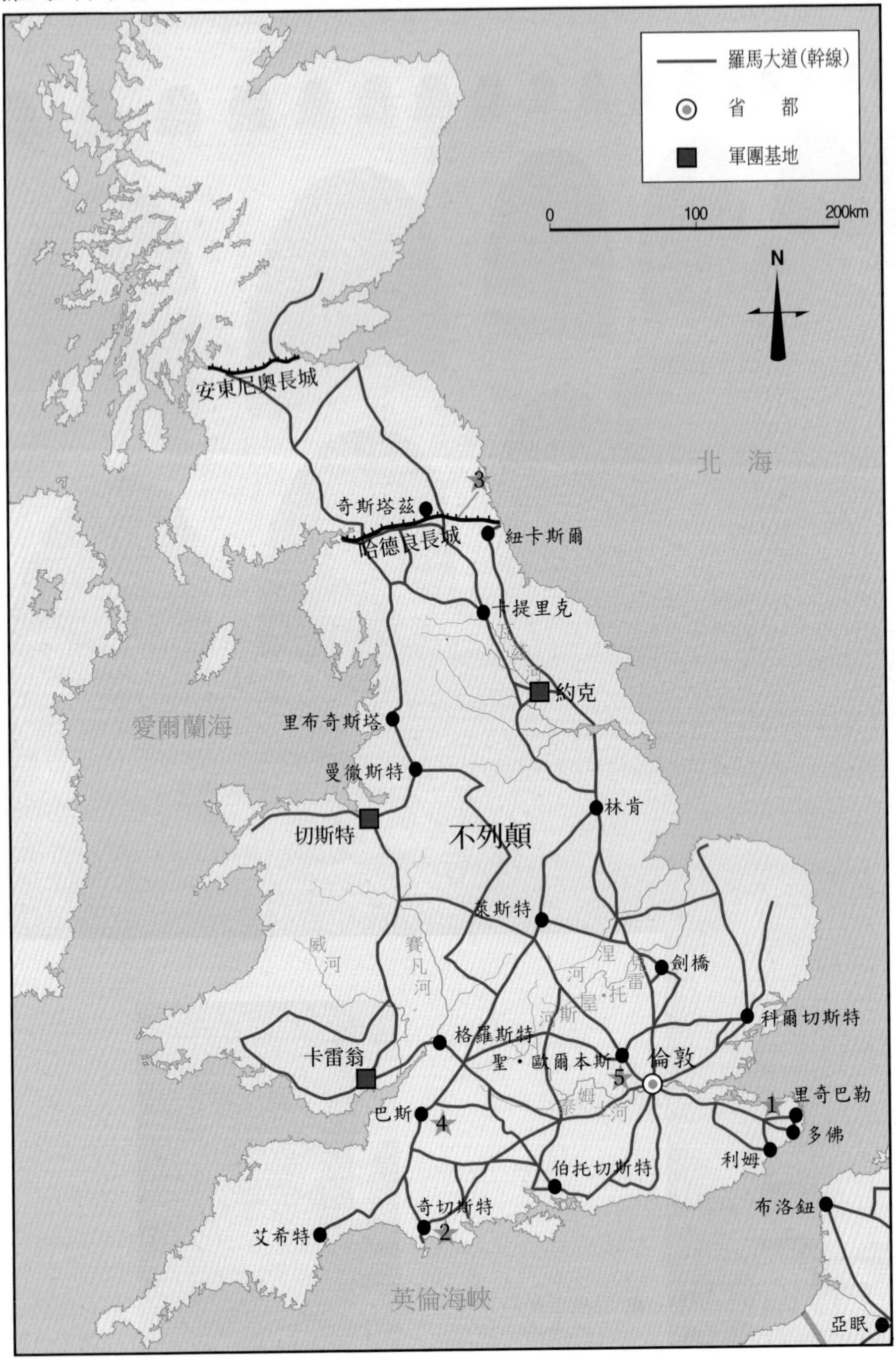

現代的英國（二〇〇〇年）

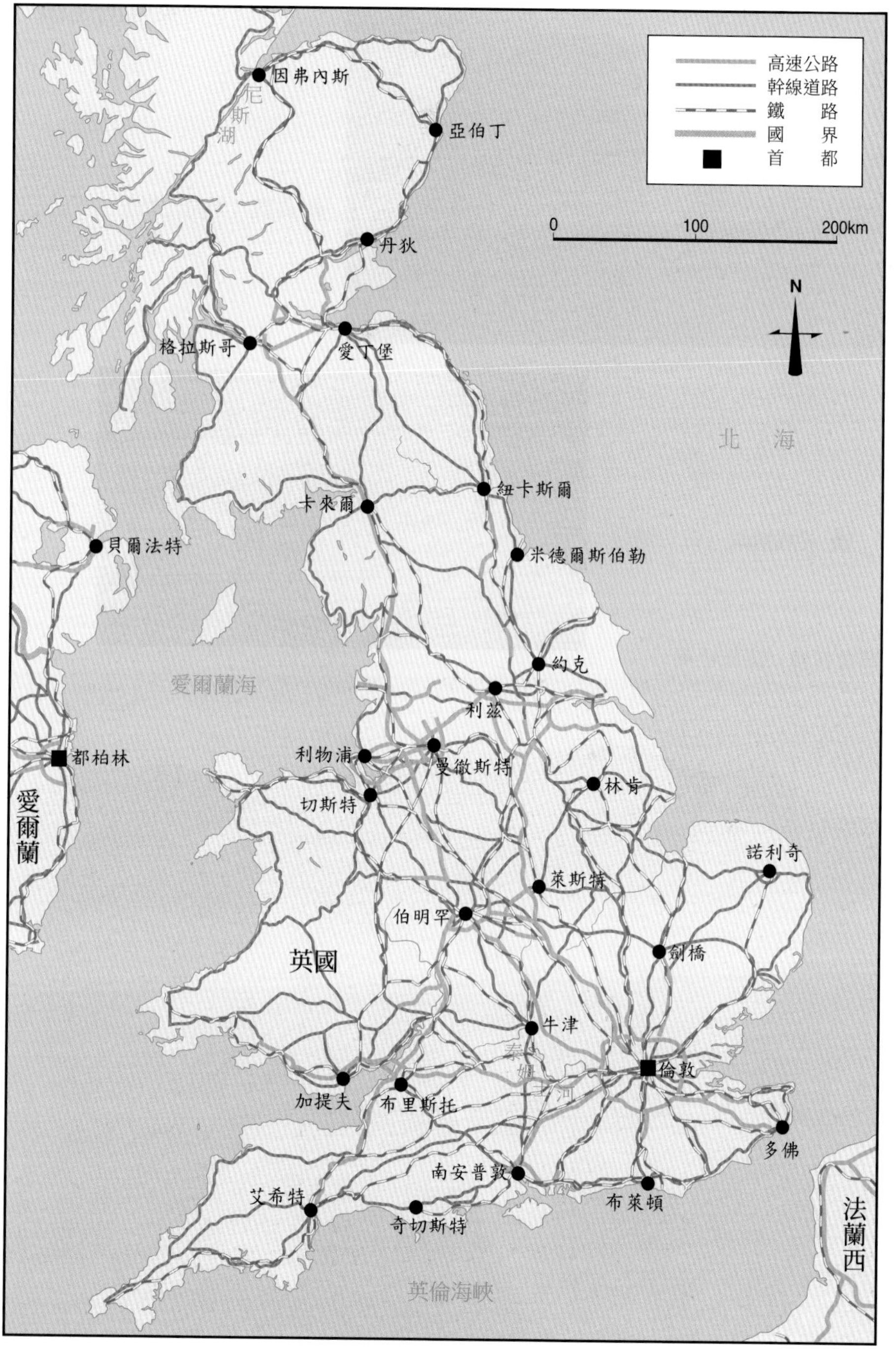

高速公路
幹線道路
鐵　路
國　界
首　都
0
100
200km
N
因弗內斯
尼斯湖
亞伯丁
丹狄
格拉斯哥
愛丁堡
北　海
紐卡斯爾
卡來爾
貝爾法特
米德爾斯伯勒
約克
愛爾蘭海
利茲
都柏林
利物浦
曼徹斯特
林肯
切斯特
愛爾蘭
諾利奇
萊斯特
伯明罕
劍橋
英國
牛津
泰晤士河
倫敦
加提夫
布里斯托
多佛
南安普敦
布萊頓
艾希特
奇切斯特
法蘭西
英倫海峽

英國的遺蹟

1 要塞（里奇巴勒）

2 要塞遺蹟（奇切斯特）

3 哈德良長城（諾札巴蘭）

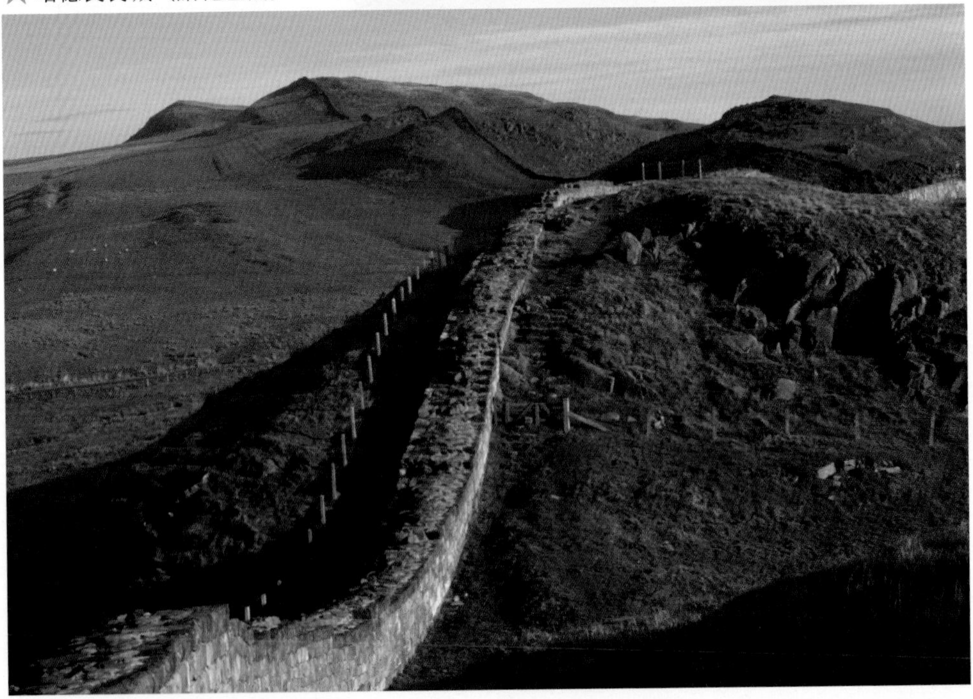

★4 羅馬時代的浴場（巴斯）

★5 圓形競技場遺蹟（聖·歐爾本斯）

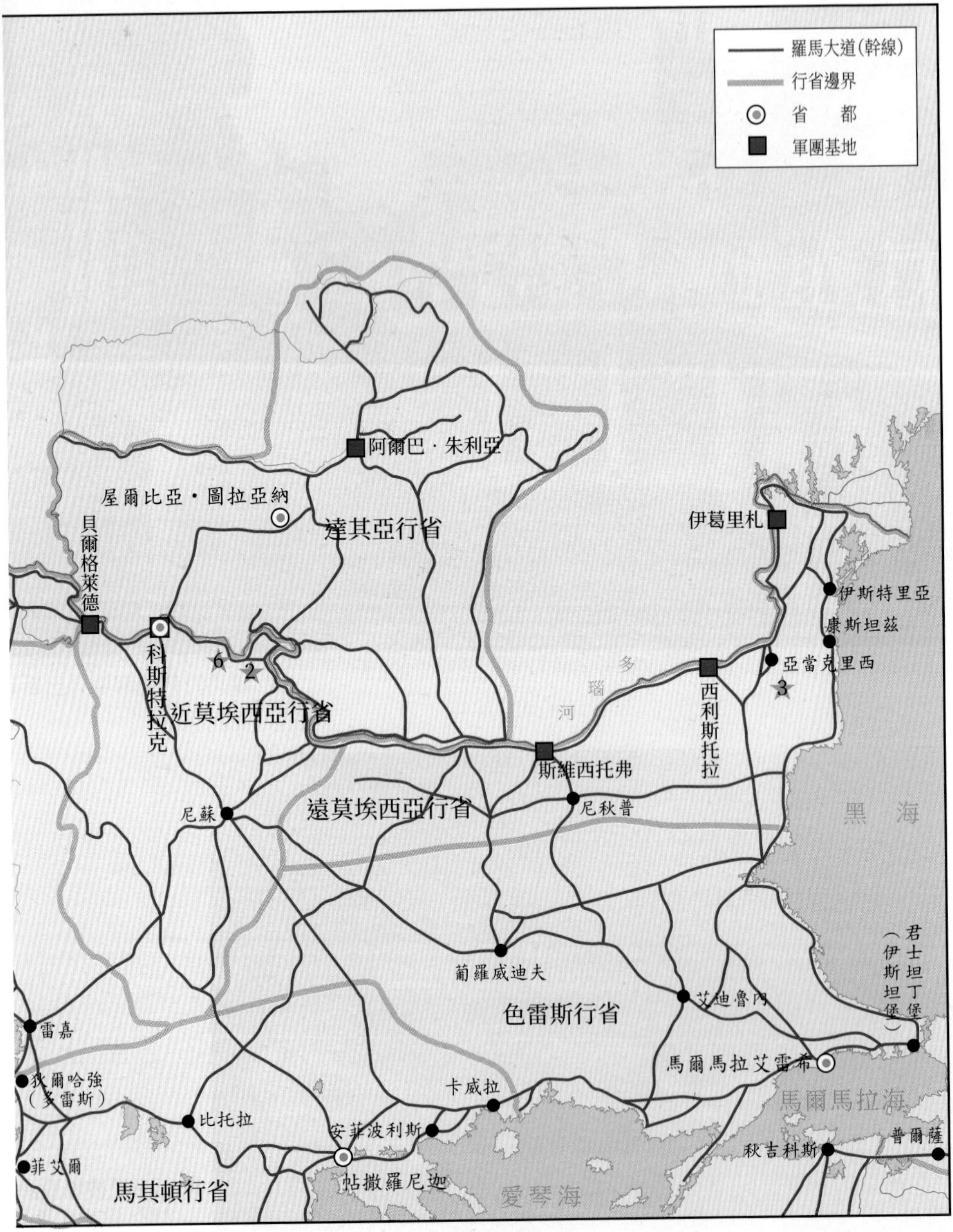
羅馬大道(幹線)
行省邊界
省　都
軍團基地
阿爾巴·朱利亞
屋爾比亞·圖拉亞納
達其亞行省
貝爾格萊德
科斯特拉克
6
2
近莫埃西亞行省
伊葛里札
伊斯特里亞
康斯坦茲
亞當克里西
3
多瑙河
西利斯托拉
斯維西托弗
尼秋普
尼蘇
遠莫埃西亞行省
黑海
君士坦丁堡（伊斯坦堡）
葡羅威迪夫
艾迪魯內
色雷斯行省
雷嘉
狄爾哈強（多雷斯）
馬爾馬拉艾雷希
馬爾馬拉海
卡威拉
比托拉
安菲波利斯
秋吉科斯
普爾薩
菲艾爾
帖撒羅尼迦
馬其頓行省
愛琴海

羅馬時代的多瑙河流域道路網（帝政時期）

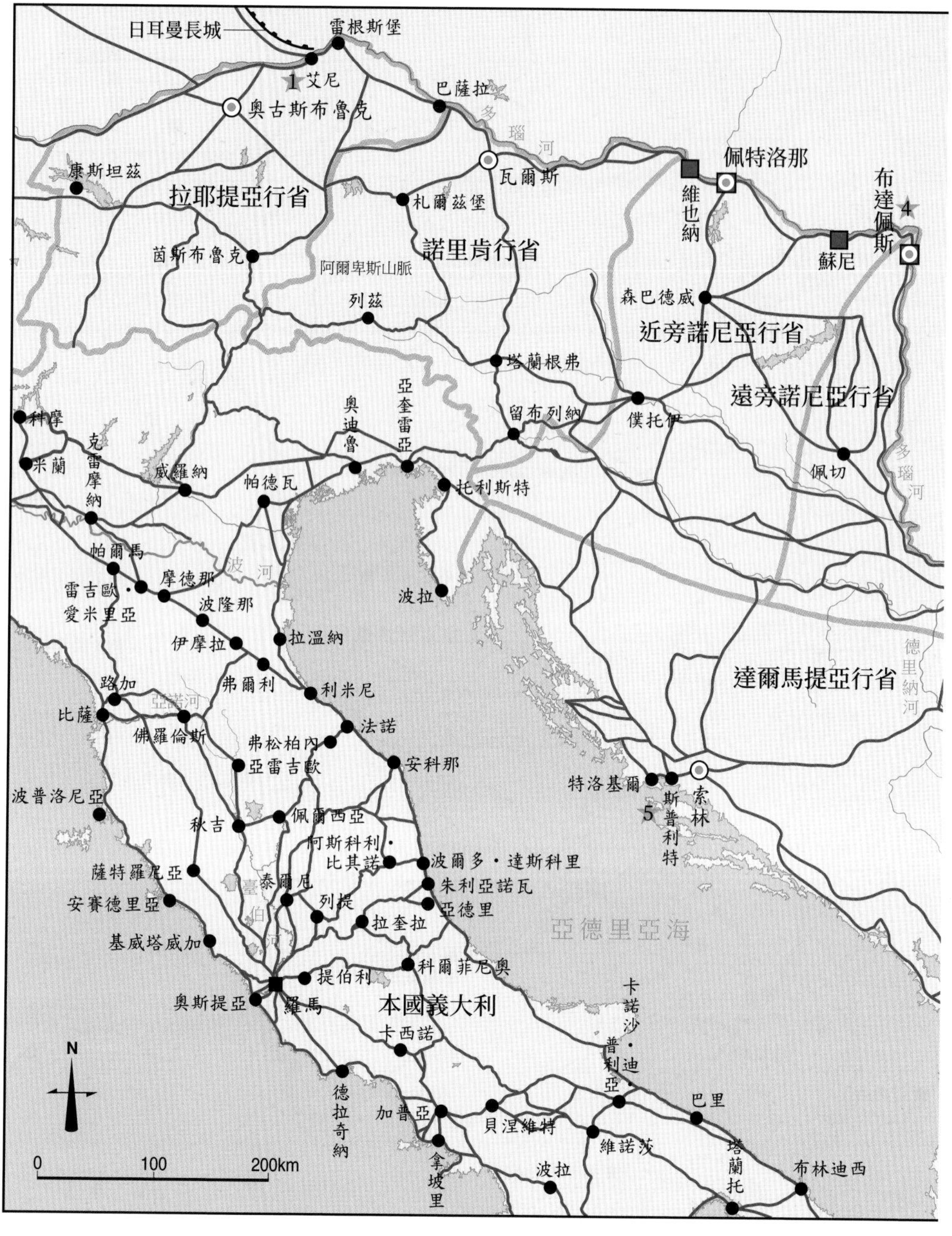
日耳曼長城
雷根斯堡
艾尼
巴薩拉
奧古斯布魯克
多瑙河
康斯坦茲
瓦爾斯
佩特洛那
維也納
布達佩斯
拉耶提亞行省
札爾茲堡
茵斯布魯克
諾里肯行省
蘇尼
阿爾卑斯山脈
森巴德威
列茲
近旁諾尼亞行省
塔蘭根弗
遠旁諾尼亞行省
科摩
奧迪魯
亞奎雷亞
留布列納
僕托伊
米蘭
克雷摩納
威羅納
帕德瓦
托利斯特
佩切
多瑙河
帕爾馬
波河
雷吉歐·愛米里亞
摩德那
波拉
波隆那
伊摩拉
拉溫納
德里納河
弗爾利
達爾馬提亞行省
路加
利米尼
亞諾河
比薩
佛羅倫斯
法諾
弗松柏內
亞雷吉歐
安科那
特洛基爾
索林
斯普利特
波普洛尼亞
秋吉
佩爾西亞
阿斯科利·比其諾
波爾多·達斯科里
薩特羅尼亞
泰爾尼
朱利亞諾瓦
安賽德里亞
臺伯河
列提
亞德里
拉奎拉
亞德里亞海
基威塔威加
科爾菲尼奧
提伯利
奧斯提亞
羅馬
本國義大利
卡諾沙·普利迪亞
卡西諾
德拉奇納
加普亞
貝涅維特
巴里
維諾莎
拿坡里
波拉
塔蘭托
布林迪西
N
0
100
200km

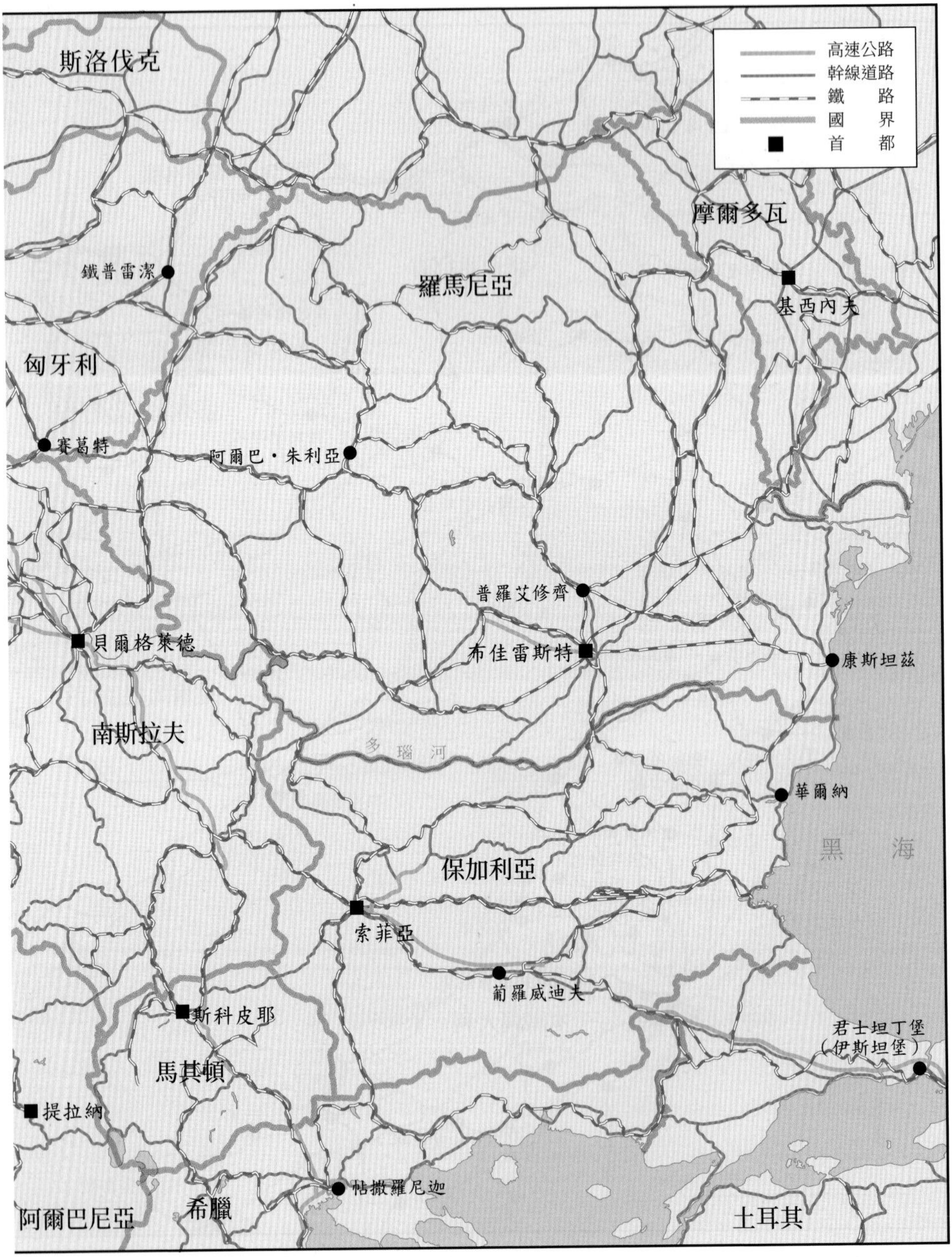
高速公路
幹線道路
鐵　路
國　界
首　都
斯洛伐克
摩爾多瓦
羅馬尼亞
鐵普雷潔
基西內夫
匈牙利
賽葛特
阿爾巴·朱利亞
普羅艾修齊
貝爾格萊德
布佳雷斯特
康斯坦茲
南斯拉夫
多瑙河
華爾納
黑　海
保加利亞
索菲亞
葡羅威迪夫
斯科皮耶
君士坦丁堡
（伊斯坦堡）
馬其頓
提拉納
帖撒羅尼迦
阿爾巴尼亞
希臘
土耳其

現代的多瑙河流域（二〇〇〇年）

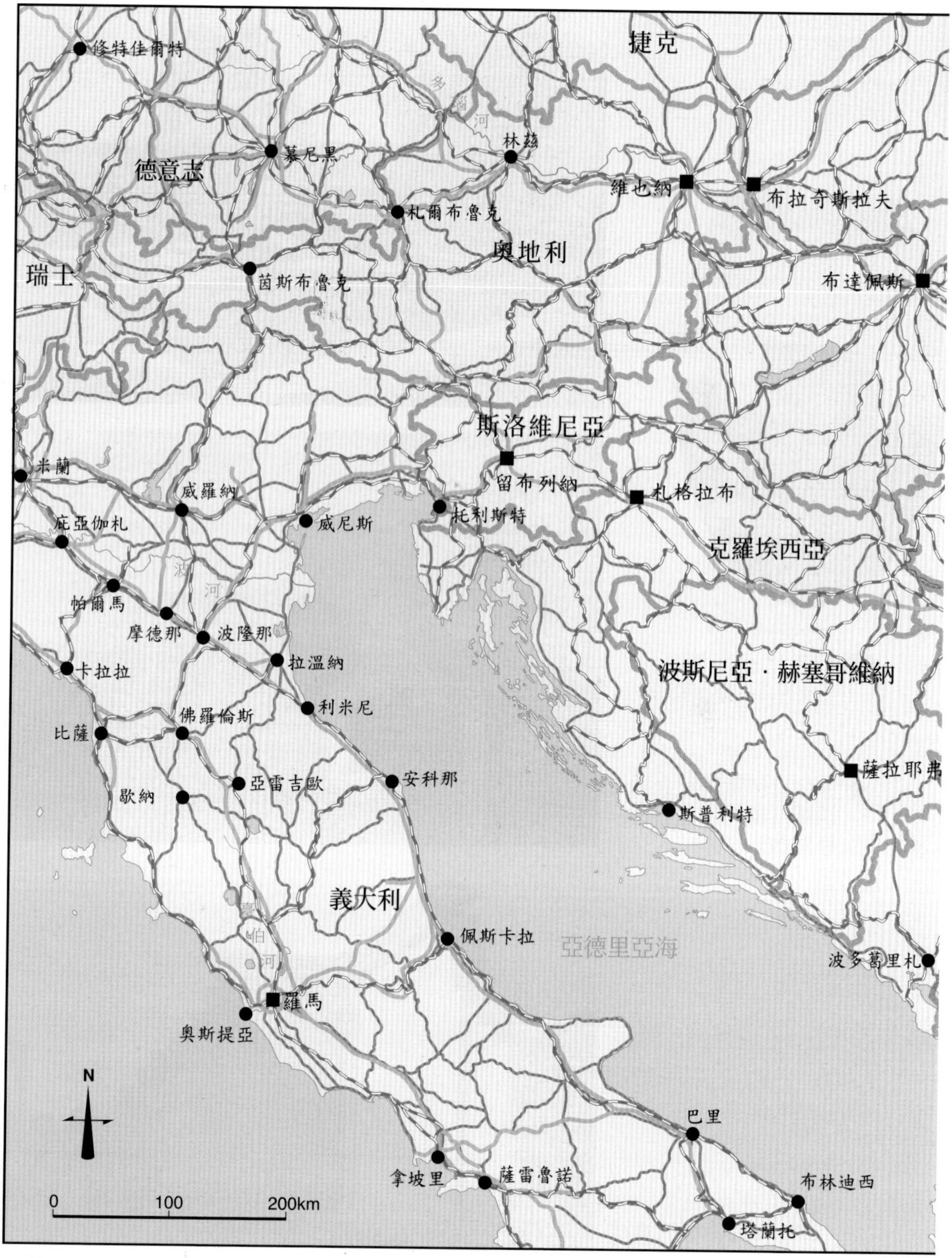

多瑙河流域的遺蹟

1 日耳曼長城沿線要塞遺蹟（德國艾尼）

2 圖拉真橋的骨架（南斯拉夫）

3 圖拉真帝戰勝紀念碑遺蹟（羅馬尼亞亞當克里西）

4 布達佩斯的遺蹟（匈牙利）

★5 戴克里先帝宮殿遺蹟（克羅埃西亞共和國斯普利特）

★6 "Tabula Traiana" 多瑙河岸邊的羅馬大道開通紀念碑（南斯拉夫）

羅馬時代的希臘道路網（帝政時期）

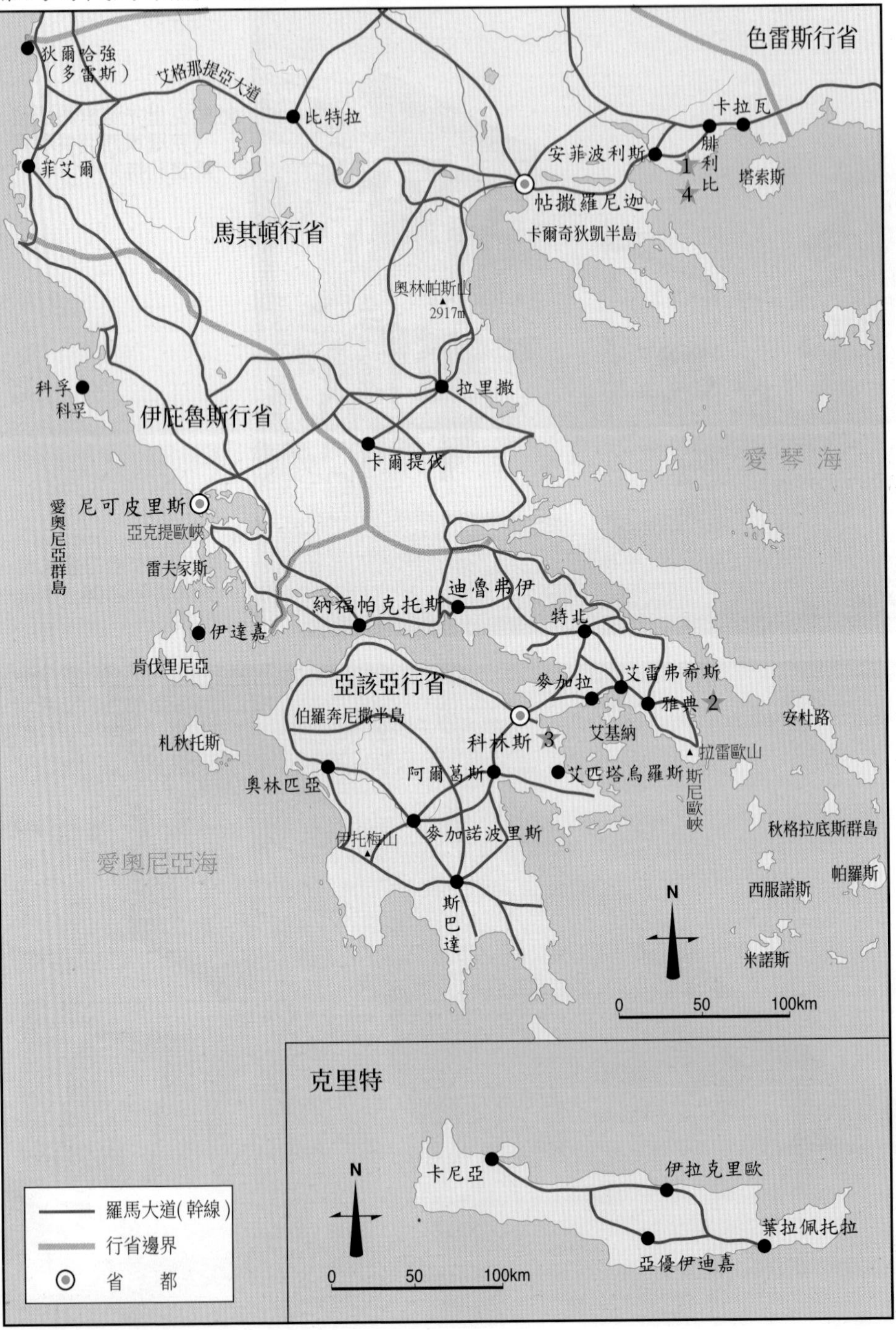
色雷斯行省
狄爾哈強
（多雷斯）
艾格那提亞大道
比特拉
卡拉瓦
腓利比
安菲波利斯
塔索斯
菲艾爾
帖撒羅尼迦
卡爾奇狄凱半島
馬其頓行省
奧林帕斯山
2917m
科孚
科孚
拉里撒
伊庇魯斯行省
卡爾提伐
愛琴海
愛奧尼亞群島
尼可皮里斯
亞克提歐峽
雷夫家斯
迪魯弗伊
納福帕克托斯
伊達嘉
特北
肯伐里尼亞
艾雷弗希斯
麥加拉
亞該亞行省
雅典
伯羅奔尼撒半島
科林斯
艾基納
安杜路
札秋托斯
拉雷歐山
阿爾葛斯
艾匹塔烏羅斯
斯尼歐峽
奧林匹亞
麥加諾波里斯
秋格拉底斯群島
伊托梅山
愛奧尼亞海
帕羅斯
斯巴達
西服諾斯
N
米諾斯
0
50
100km
克里特
卡尼亞
伊拉克里歐
N
葉拉佩托拉
亞優伊迪嘉
0
50
100km
羅馬大道（幹線）
行省邊界
省　都
1
2
3
4

現代的希臘（二○○○年）

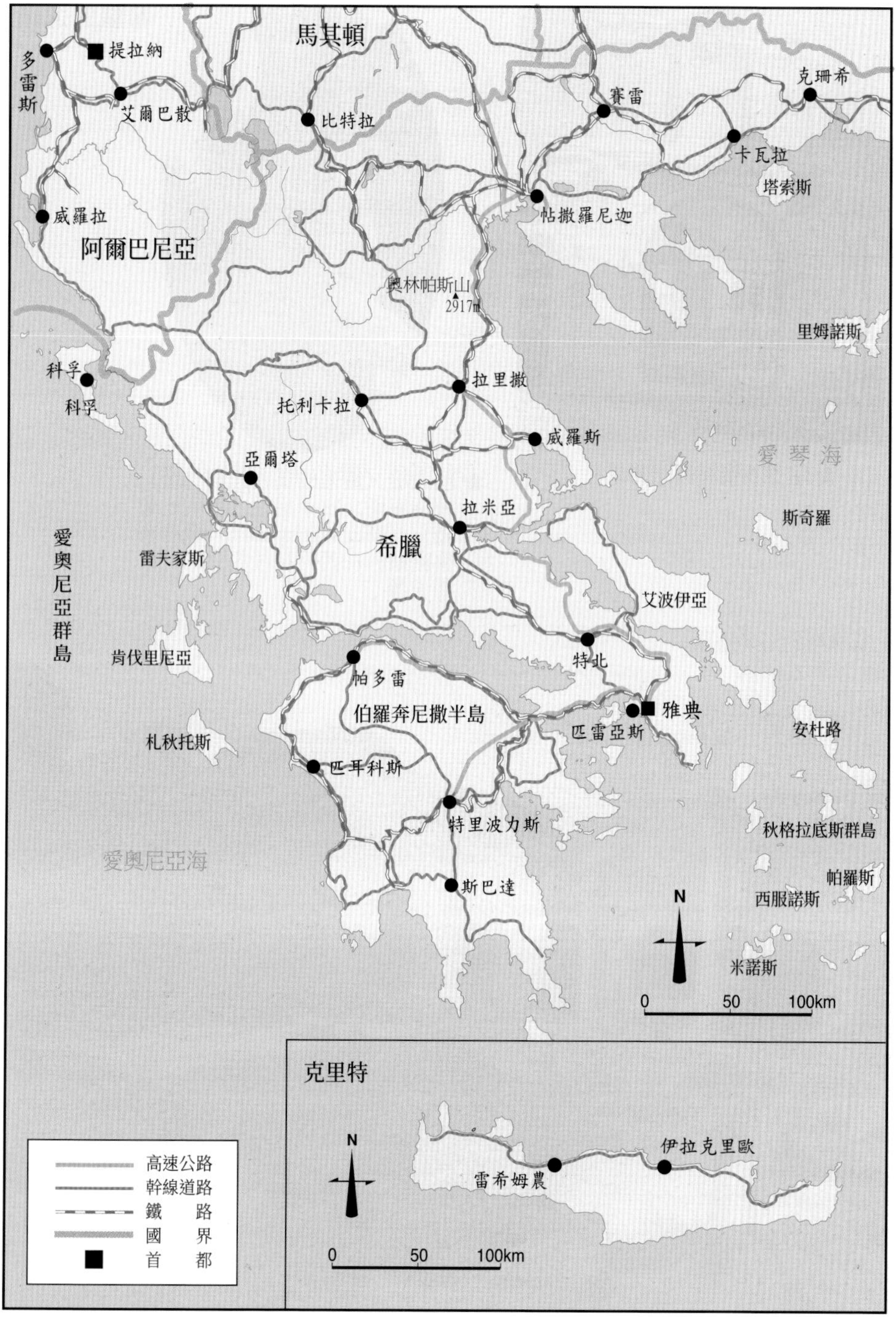

馬其頓
多雷斯
提拉納
艾爾巴散
比特拉
賽雷
克珊希
卡瓦拉
塔索斯
帖撒羅尼迦
威羅拉
阿爾巴尼亞
奧林帕斯山
2917m
里姆諾斯
科孚
科孚
拉里撒
托利卡拉
威羅斯
愛琴海
亞爾塔
拉米亞
斯奇羅
愛奧尼亞群島
雷夫家斯
希臘
艾波伊亞
肯伐里尼亞
特北
帕多雷
雅典
伯羅奔尼撒半島
匹雷亞斯
安杜路
札秋托斯
匹耳科斯
特里波力斯
秋格拉底斯群島
愛奧尼亞海
帕羅斯
斯巴達
西服諾斯
N
米諾斯
0
50
100km
克里特
N
伊拉克里歐
雷希姆農
0
50
100km
高速公路
幹線道路
鐵　路
國　界
首　都

希臘的遺蹟

2 哈德良帝城門（雅典）

1 屋大維（後來的奧古斯都皇帝）與馬庫斯・安東尼在「腓利比會戰」（西元前四十二年）戰勝布魯圖斯與加西阿斯後設立的紀念獅子像

3 科林斯的浴場遺蹟

腓利比近郊的羅馬大道
（艾格那提亞大道）

羅馬時代的小亞細亞道路網（帝政時期）

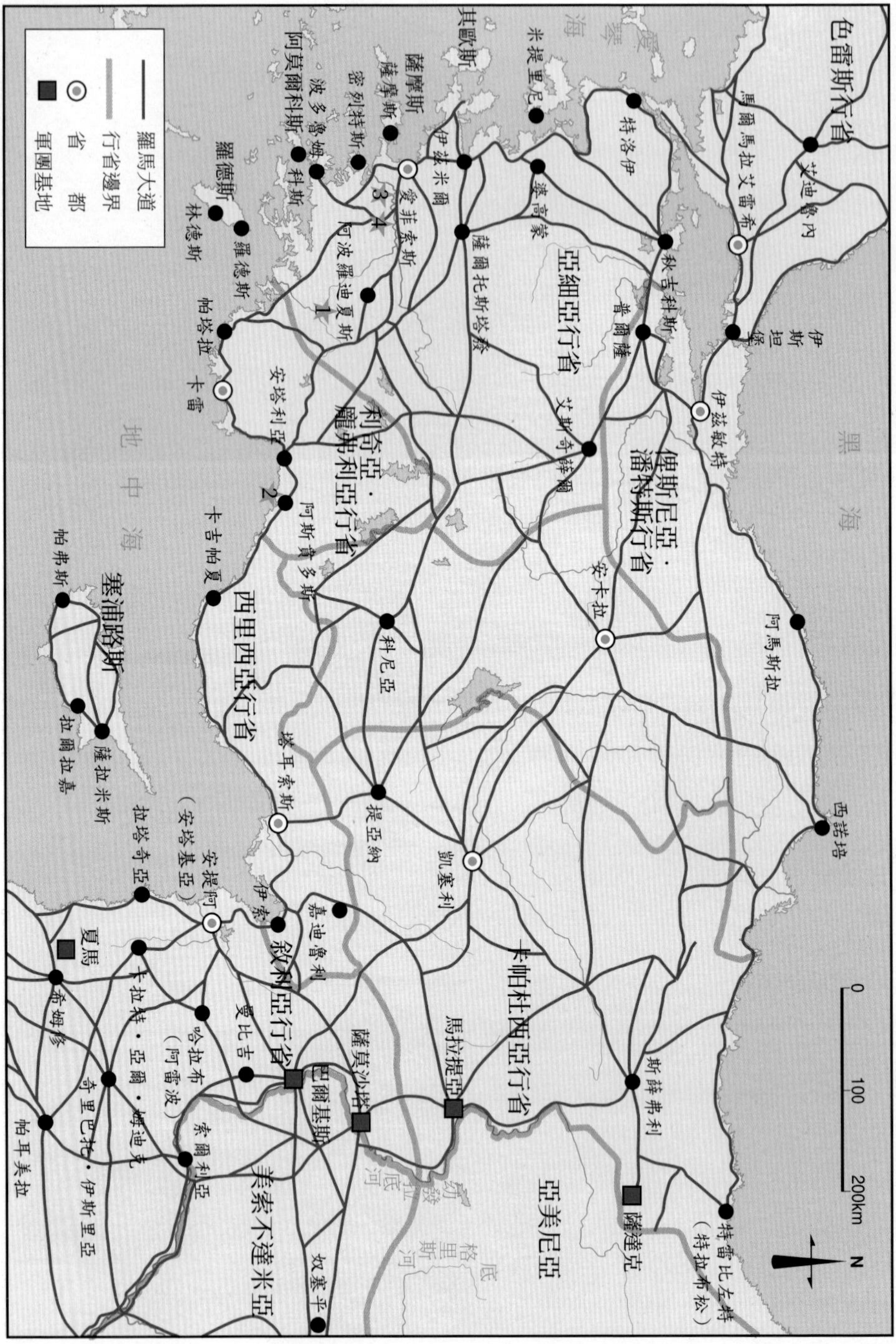

現代的土耳其（二〇〇〇年）

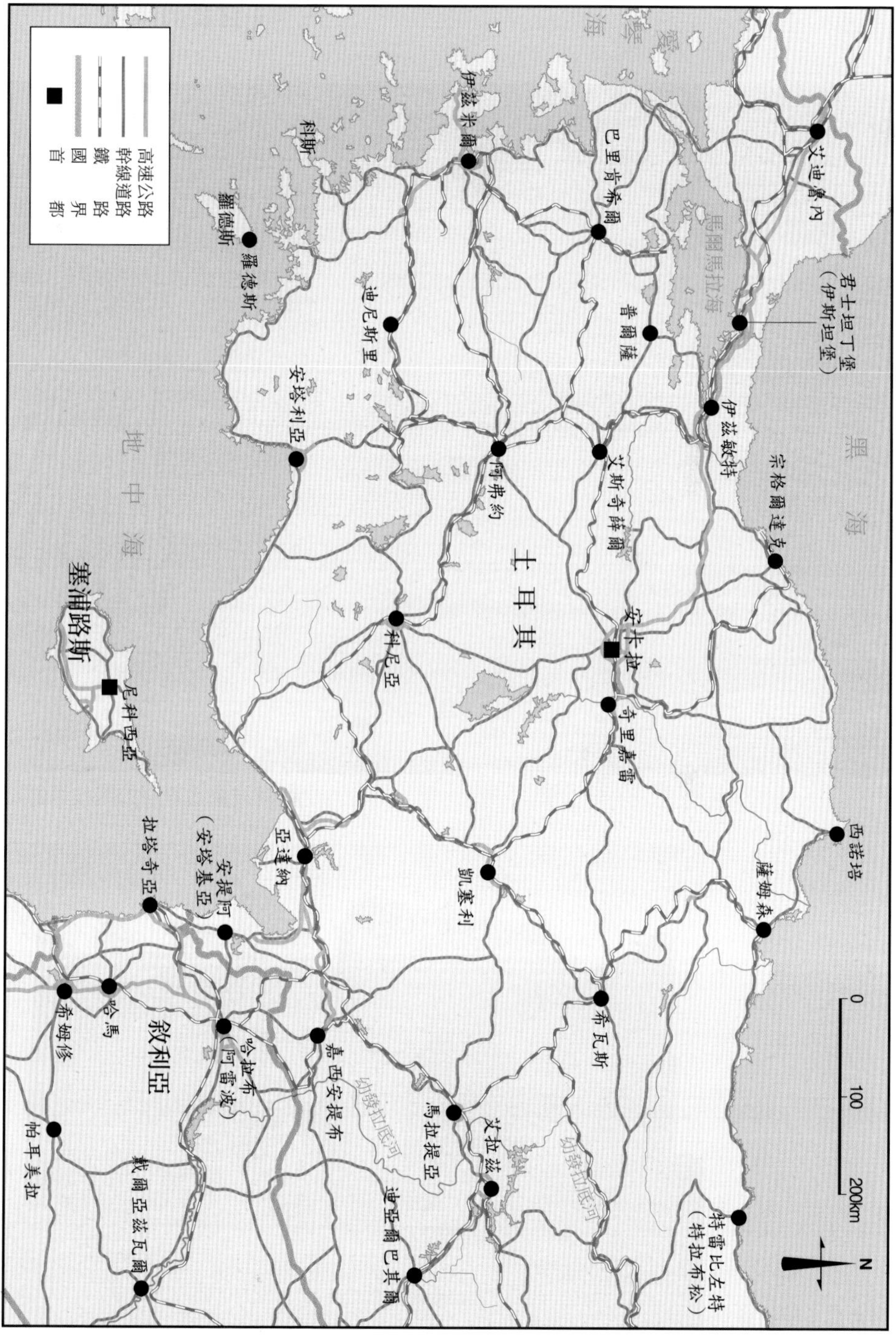

土耳其的遺蹟

★1 阿波羅迪夏斯的競技場遺蹟

★2 阿斯貢多斯的會堂

4 愛菲索斯的圖書館遺蹟

3 愛菲索斯的遺蹟（上為劇場與通往港口的大道，下為遺蹟內的克雷特斯街與哈德良建的神殿）

羅馬時代的中東道路網（帝政時期）

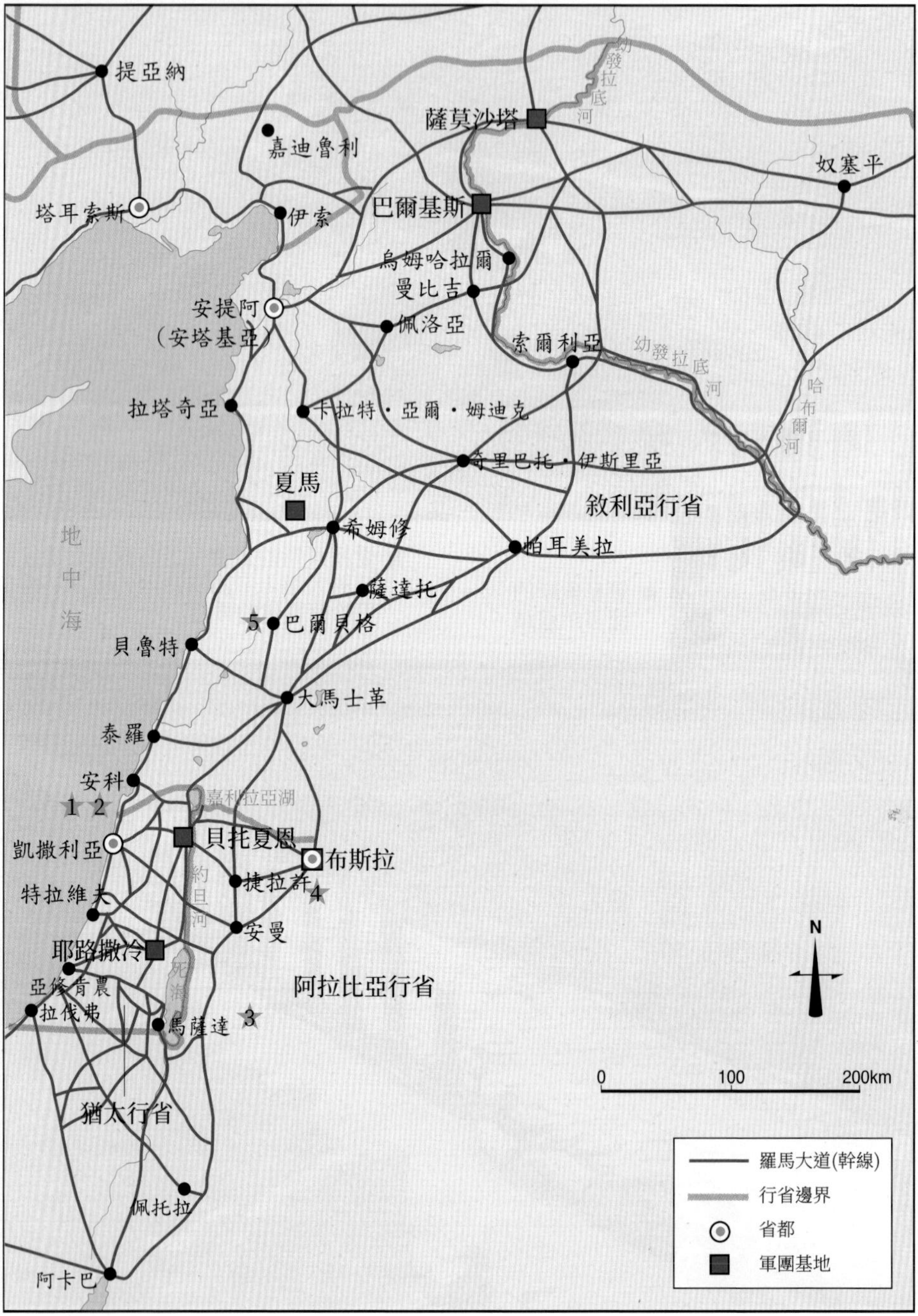
提亞納
幼發拉底河
薩莫沙塔
嘉迪魯利
奴塞平
塔耳索斯
伊索
巴爾基斯
烏姆哈拉爾
曼比吉
安提阿
（安塔基亞）
佩洛亞
索爾利亞
幼發拉底河
哈布爾河
拉塔奇亞
卡拉特・亞爾・姆迪克
奇里巴托・伊斯里亞
夏馬
敘利亞行省
地中海
希姆修
帕耳美拉
薩達托
5
巴爾貝格
貝魯特
大馬士革
泰羅
安科
嘉利拉亞湖
1
2
貝托夏恩
凱撒利亞
布斯拉
約旦河
特拉維夫
捷拉許
4
安曼
N
耶路撒冷
死海
亞修肯農
阿拉比亞行省
拉伐弗
馬薩達
3
0
100
200km
猶太行省
佩托拉
阿卡巴
羅馬大道(幹線)
行省邊界
省都
軍團基地

現代的中東（二〇〇〇年）

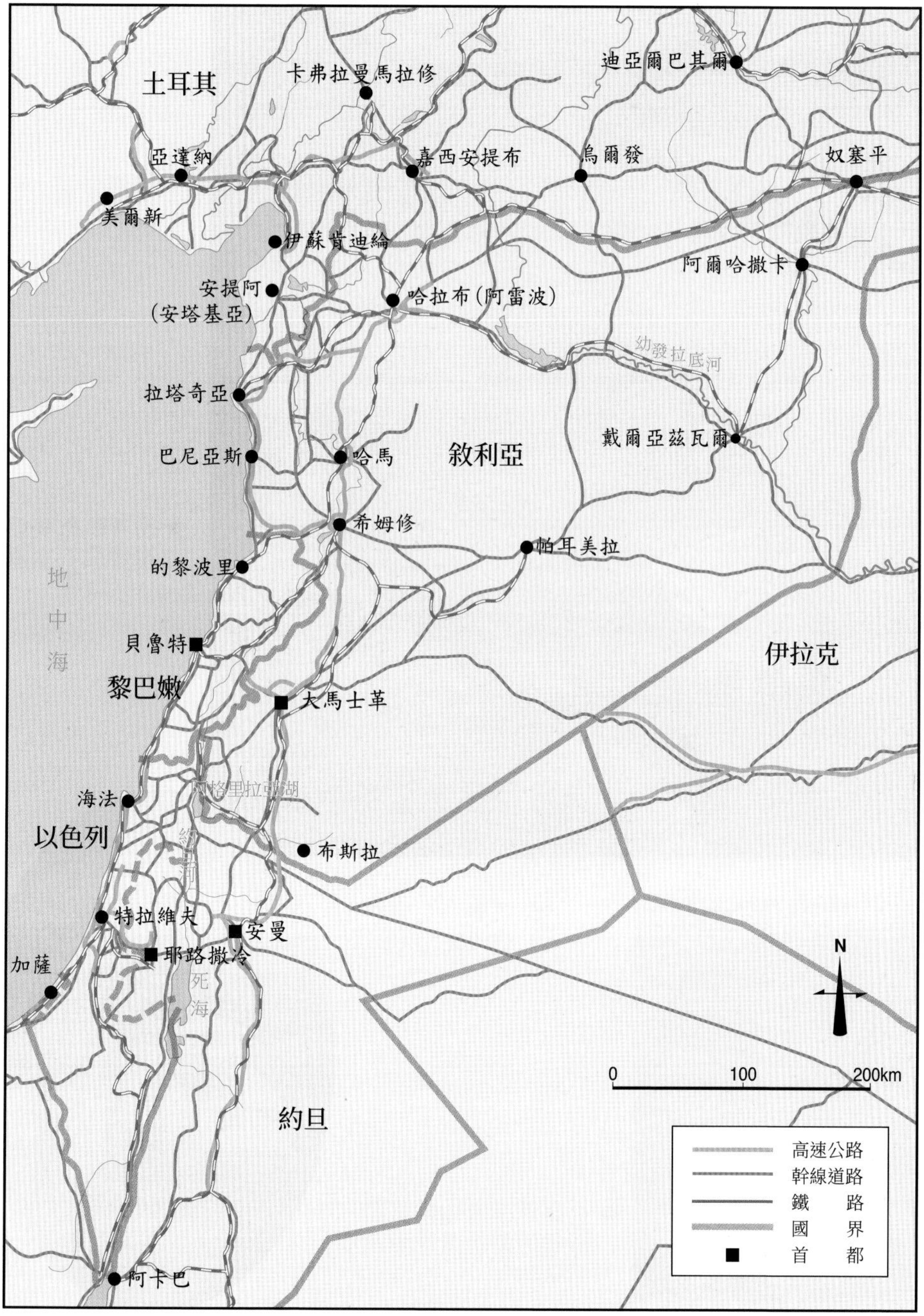

土耳其
卡弗拉曼馬拉修
迪亞爾巴其爾
亞達納
嘉西安提布
烏爾發
奴塞平
美爾新
伊蘇肯迪綸
阿爾哈撒卡
安提阿
（安塔基亞）
哈拉布（阿雷波）
幼發拉底河
拉塔奇亞
戴爾亞茲瓦爾
巴尼亞斯
哈馬
敘利亞
希姆修
帕耳美拉
的黎波里
地中海
貝魯特
伊拉克
黎巴嫩
大馬士革
阿格里拉亞湖
海法
以色列
約旦河
布斯拉
特拉維夫
安曼
耶路撒冷
加薩
死海
N
0
100
200km
約旦
高速公路
幹線道路
鐵　路
國　界
首　都
阿卡巴

中東的遺蹟

1 沿著凱撒利亞海岸建造的水道橋（以色列）

2 凱撒利亞遺蹟的拱門群（以色列）

3 馬薩達要塞攻防戰時搭建的羅馬基地遺蹟（以色列）

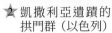

5 巴爾貝格的神殿（黎巴嫩）

4 列柱廣場（約旦捷拉許）

羅馬時代的埃及與昔蘭尼加道路網（帝政時期）

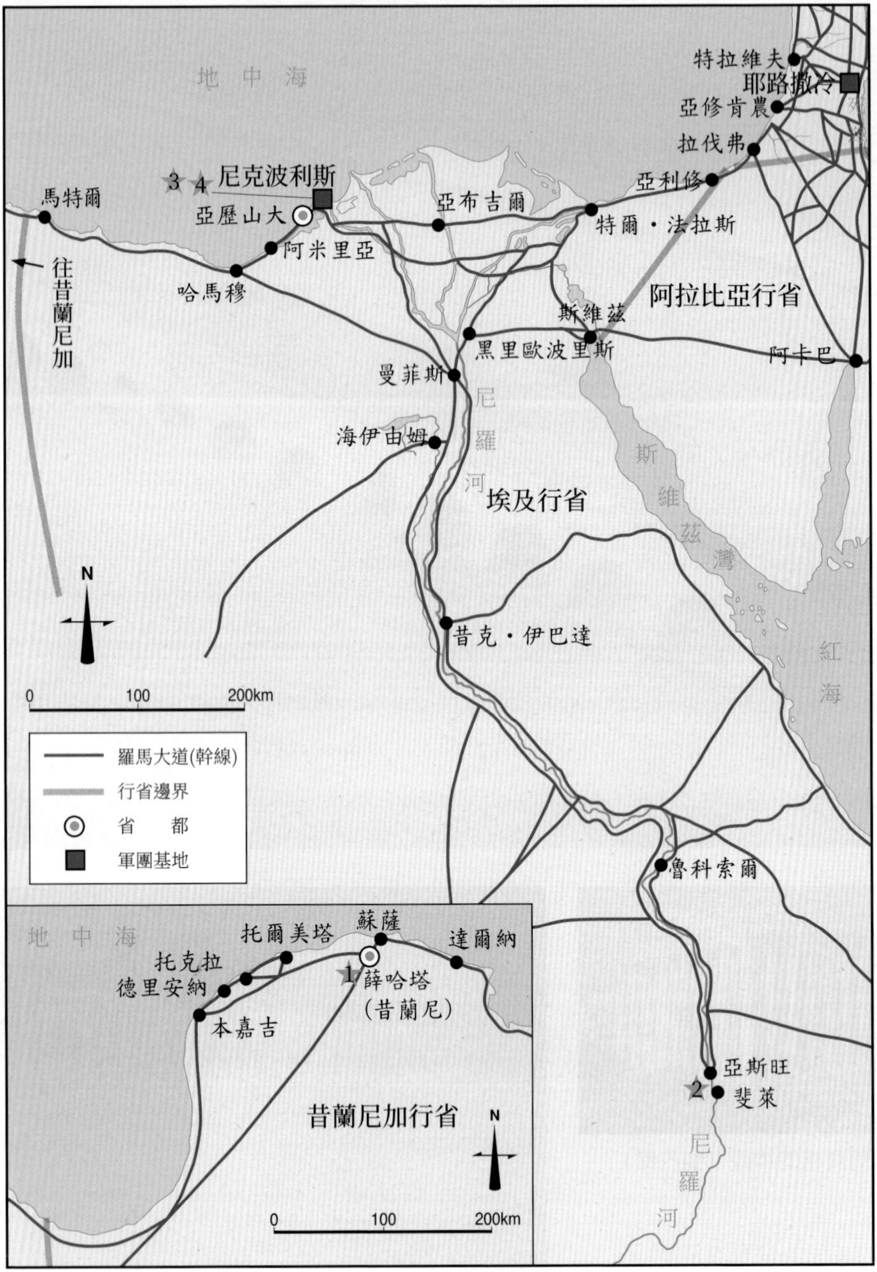

現代的埃及與昔蘭尼加（二〇〇〇年）

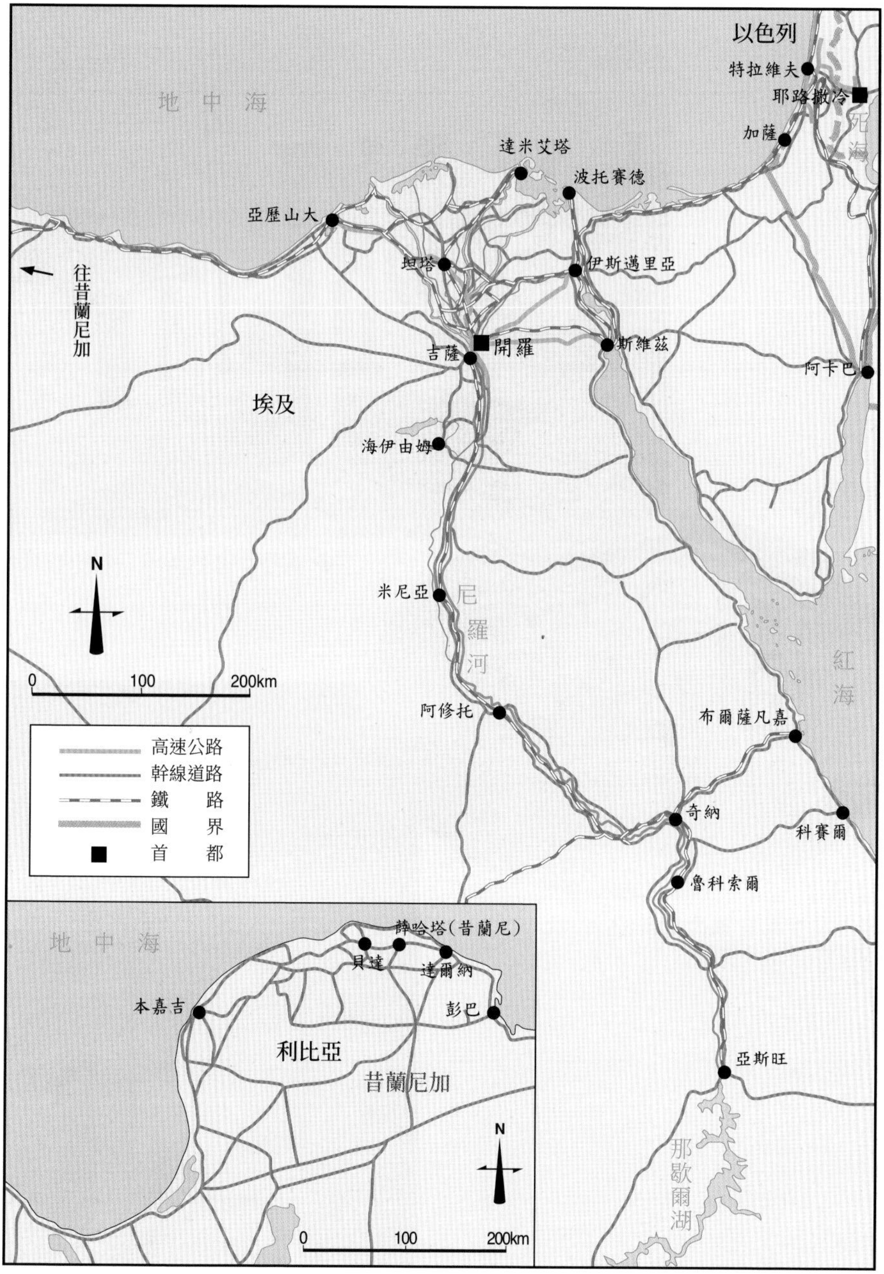

以色列
特拉維夫
耶路撒冷
死海
加薩
地中海
達米艾塔
波托賽德
亞歷山大
坦塔
伊斯邁里亞
往昔蘭尼加
吉薩
開羅
斯維茲
阿卡巴
埃及
海伊由姆
米尼亞
尼羅河
紅海
阿修托
布爾薩凡嘉
奇納
科賽爾
魯科索爾
亞斯旺
那歐爾湖
N
0
100
200km
高速公路
幹線道路
鐵　路
國　界
首　都
地中海
薛哈塔（昔蘭尼）
貝達
達爾納
本嘉吉
彭巴
利比亞
昔蘭尼加
N
0
100
200km

埃及、昔蘭尼加的遺蹟

1 圖拉真帝的浴場（利比亞薛哈塔）

2 殘存於斐萊的圖拉真帝紀念建築物（埃及斐萊）

3 亞歷山大的劇場遺蹟（埃及）

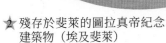

4 矗立於人面獅身像旁的龐培柱（埃及亞歷山大）

立於阿庇亞大道終點布林迪西的圓柱

參考文獻

史料（為便利讀者，在此附上譯本的資料）

奧古斯都 Gaius Julius Ceasar Augustus（西元前六十三年～西元十四年）

Res Gestae

《神君奧古斯都業績錄》，國原吉之助譯，收錄於岩波書店，《羅馬皇帝傳（穗德尼斯·波利納斯）上集》

阿庇亞諾斯 Appianus（西元二世紀）

Historia Romana

阿提奈歐斯 Athenaeus（西元前二世紀）

Deipnosophistai

《餐桌前的哲人》，柳沼重剛譯，西洋古典叢書，京都大學學術出版會，1997

《餐桌前的哲人》，柳沼重剛編譯，岩波書店，1992

安米亞努斯·馬爾凱里努斯 Ammianus Marcellinus（西元三三〇年～三九五年）

Historia

威圖爾維斯 Marcus Vitruvius Pollio（西元前一世紀）

De Architectura

大加圖 Marcus Porcius Cato（西元前二三四年～一四九年）

De agricultura

加雷努斯 Claudiud Galenus（西元一二九年～二一六年）

Gli antidoti

《關於自然功能》，種山恭子譯，西洋古典叢書，京都大學學術出版會，1998

賽爾蘇斯 Aulus Cornelius Celsus（西元一世紀）

De medicina

穗德尼斯・波利納斯 Gaius Suetonius Tranquillus（西元六十九年左右～一二二年以後）

De vita Caesarum

《羅馬皇帝傳　上、下》，國原吉之助譯，岩波文庫，1986

蘇托拉本 Strabon（西元前六十四年左右～二十三年左右）

Geographoia

斯帕提亞 Aelius Spartianus 等六人

Historia Augusta（西元四世紀末）

狄歐・卡修屋斯 Dio Cassius（西元一五〇年左右～二三五年）

Historiae Romanae

戴克里先 Gaius Aurelius Valerius Diocletianus（西元二三〇年～三一三年）

Edictum de maximis pritiis

迪歐德羅斯・希凱羅 Diodorus Siculus（西元前一世紀）
Bibliotheca Historica
提歐弗拉斯托 Theophrastus（西元前三二七年～二八七年）
De lapidibus
德爾圖良 Quintus Septimus Florens Tertullianns（西元一五五／一六〇年～二二二年以後）
De Spectaculis
希波克拉底 Hippocrates（西元前四六〇年～三七七年）
Corpus Hippocraticum
《關於古醫術及其他共八篇》，小川政恭譯，岩波文庫，1963
發溫提努斯 Faventinus（西元二／三世紀）
De Diversis Fablicis Architectonicae
大葡里尼斯 Gaius Plinius Secundus（西元二十三年～七十九年）
Naturalis Historia
《葡里尼斯博物誌》，大槻真一郎編，八阪書房，1994
小葡里尼斯 Gaius Plinius Caecilius Secundus（西元六十一、六十二年～一一三年左右）
Panegyricus ad Traianum
《葡里尼斯書簡集》，國原吉之助譯，講談社學術文庫，1999
葡羅科比斯 Procopius（西元四九〇年至五〇七年之間～五六五年左右）

Historia bellica

弗隆提努 Sextus Julius Frontinus（西元三十五年～一〇三年）

Da aquae ductu urbis Romae

賀隆 Heron of Alexandria（西元一世紀）

Mechanica

波里比屋斯 Polybius（西元前二二〇年～一一八年）

Historiae

後世的研究

ADAM, J. P., *La construction romaine. Materiaux et techniques*, Paris, 1984.

ALBENGA, G., *I ponti*, Torino, 1958.

ASHBY, Th., *The Classical Topography of the Roman Campagna*, British School at Rome I, II, III, IV, London, 1902–1907; *The aqueducts of ancient Rome*, Oxford, 1935; *The Roman Campagna in Classical Times*, London, 1970; *Un archeologo fotografa la campagna romana tra '800 e '900*, British School at Rome, London, 1986.

ASHBY-FELL, *The Via Flaminia*, London, 1921.

ASHBY-GARDNER, *The Via Traiana*, London, 1916.

ASHBY-PLATNER, *A Topographical Dictionary of Ancient Rome*, London, 1929.

AURIGEMMA, S., *Villa Adriana*, Roma, 1961.

BAGGI, V., *Costruzioni stradali ed idrauliche*, Torino, 1926.

BALDSON, J., *Life and Leisure in Ancient Rome*, London, 1969.

BALL, J., *Egypt in the Classical Geographers*, Cairo, 1942.

BEHR, C. A., *Aelius Aristides and the Sacred Tales*, Amsterdam, 1968.

BERNARDI, M., *L'igiene nella vita pubblica e nella vita privata di Roma*, Udine, 1941.

BIANCHI BANDINELLI, R., *L'arte romana nel centro del potere*, Milano, 1969.

BIRLEY, E., *Hadrian's Wall*, London, 1981.

BLAKE, M. E., *Ancient Roman Construction in Italy, I: From the Prehistoric Period to Angustus*, Washington, 1947; *II: From Tiberius through the Flavians*, Washington, 1959; *III: From Nerva through the Antonines*, Philadelphia, 1973.

BLOCH, H., *I bolli laterizi e la storia edilizia romana*, Roma, 1947.

BODEI GIGLIONI, G., *Lavori pubblici e occupazione nell'antichità classica*, Bologna, 1974.

BONACASA, N. 編, *Cirene*, Milano, 2000.

BORGHINI, G. 編, *Marmi antichi*, Roma, 1998.

BOWMAN, A. K., *Life and Letters on the Roman Frontier*, London, 1994.

CAPPELLI, R. 編, *Viae publicae romanae*, Roma, 1991.

CARCOPINO, J., *La vita quotidiana a Roma all'apogeo dell'impero*, Bari, 1978.

CARDINI, M., *L'igiene pubblica di Roma antica*, Prato, 1909; *Conduttore delle acque nell'antica*

Roma, Firenze, 1916.

CASSON, L., *Travel in the Ancient World*, London, 1974.

CASTAGNOLI, F., *Topografia e urbanistica di Roma antica*, Bologna, 1969.

CAVALIERI, G. 等2人, *Piemonte, Valle d'Aosta, Liguria, Lombardia*, Roma-Bari, 1982.

CAVALLO, D., *Via Cassia*, Roma, 1992.

CHARLESWORTH, M. P., *Trade Routes and Commerce of the Roman Empire*, Cambridge, 1926.

CHEVALLIER, R., *Les voies romaines*, Paris, 1972.

COARELLI, F., *Dintorni di Roma*, Roma, 1981; *Roma*, Roma-Bari, 1989.

COLONNA, G. 等5人, *La Via Aurelia*, Roma, 1968.

COZZO, G., *Ingegneria Romana*, Roma, 1970.

CROOK, J., *Law and Life of Rome*, London, 1967.

D'ARMS, J. H., *Romans on the Bay of Naples: A Social and Cultural Study of the Villas and Their Owners from 150 B.C. to 400 A.D.*, Cambridge, Mass., 1970.

DE ANGELIS D'OSSAT, G., *Civiltà romana: tecnica costruttiva e impianti delle terme*, Roma, 1943.

DE GAMP, L., *Ancient Engineers*, New York, 1963.

DE MARIA, S., *Gli archi onorari di Roma, e dell'Italia romana*, Roma, 1988.

DE RUGGIERO, E., *Lo stato e le opere pubbliche in Roma antica*, Torino, 1925.

DOLCI, E., *Carrara, cave antiche*, Carrara, 1980.

DONINI, A., *Ponti su monete e medaglie*, Roma, 1959.

D'ONOFRIO, C., *Le aque di Roma*, Roma, 1977.

DUNCAN-JONES, R., *The Economy of the Roman Empire*, Cambridge, 1974.

DUVAL, P. M., *La vie quotidienne en Gaule pendant la paix romaine*, Paris, 1952.

FERNANDEZ CASADO, C., *Historia del puente en España puentes romanos*, Madrid, 1955.

FERRI, S. 編 , *Vitruvio. De architectura,* Roma, 1960.

FOCILLON, H., *Gian Battista Piranesi*, Bologna, 1967.

FORBES, R. J., *Studies in Ancient Technology*, Leiden, 1965; *Notes on History of Ancient Roads and Their Construction*, Amsterdam, 1934.

FUSTIER, P., *La route*, Paris, 1968.

GALLIAZZO, V., *I ponti di Padova romana*, Padova, 1971; *I ponti romani*, Treviso, 1995.

GATTI, G., *Topografia ed Edilizia di Roma antica*, Roma, 1989.

GAZZOLA, P., *I ponti romani*, Firenze, 1963.

GIACOBELLI, M., *Via Clodia*, Roma, 1991.

GIACOMINI, P., *La rete idrica nelle citta antiche*, Bologna, 1985.

GIOVANNONI, G., *La tecnica della costruzione presso i Romani*, Roma, 1969.

GIULIANI, C. F., *L'edilizia nell'antichità*, Roma, 1995.

GNOLI, R., *Marmora romana*, Roma, 1971.

GRANT, M. & POTTINGER, D., *Romans*, Edinburgh, 1960.

GREGORY, J. W., *The Story of the Road*, London, 1938.

GRIMALE, P., *La civilisation romaine*, Paris, 1968; *Les jardins romains*, Paris, 1984.

GROS, P. & TORELLI, M., *Storia dell'urbanistica, il mondo romano*, Roma-Bari, 1998.

HAGEN, J., *Die Römerstrassen der Rheinprovinz*, Bonn-Leipzig, 1923.

HARRISON, D., *Along Hadrian's Wall*, London, 1962.

HEINZ, W., *Römische Thermen. Badewesen und Badeluxus in Römischen Reich*, München, 1983.

HIDE, W., *Roman Alpine Routes*, Philadelphia, 1935.

HODGES, H., *Technology in the Ancient World*, London, 1970.

HOMO, L., *Roma imperiale e l'urbanesimo nell'antichità*, Milano, 1976.

JENISON, M., *Roads*, London, 1949.

KAHANE, A. 等2人, *The Ager Veientanus, North and East of Rome*, British School at Rome, London, 1968.

KLEBERG, T., *Hotels, restaurants et cabarets dans l'antiquité romaine*, Uppsala, 1957.

KRETZSCHMER, F., *La technique romaine*, Bruxelles, 1966.

LANCIANI, R., *La distruzione di Roma antica*, Milano, 1971; *Forma Urbis Romae*, Roma, 1989.

LANDELS, J. G., *Engineering in the Ancient World*, London, 1978.

LEVI, A., *Itineraria picta, Contributo allo studio della Tabula Peutingeriana*, Roma, 1967.

LEZINE, A., *Architecture romaine d'Afrique, recherches et mises au point*, Tunis, 1963.

LUGLI, G., *Le grandi opere pubbliche*, Roma, 1934; *La tecnica edilizia romana*, Roma, 1957; *Itinerario di Roma antica*, Milano, 1970.

MACDONALD, W., *The Architecture of the Roman Empire*, London, 1986.

MARGARY, I., *Roman Roads in Britain*, London, 1957.

MARROU, L., *Histoire de l'education dans l'antiquité*, Paris, 1955.

MARTINEZ, A., *El puente romano de Mérida*, Badajoz, 1983.

MARTINORI, E., *Via Flaminia*, Roma, 1929; *Via Salaria*, Roma, 1931.

MESQUI, J., *Le pont en France avant le temps des ingénieurs*, Paris, 1986.

MILLER, J. I., *The Spice Trade of the Roman Empire, 29 B.C. to 641 A.D.*, Oxford, 1969.

MILLER, K., *Itineraria romana*, Stuttgart, 1916; *Die Peutingersche Tafel*, Stuttgart, 1962.

MOMMSEN, Th., *Der Maximaltarif des Diokletian*, Berlin, 1883.

MOONEY, W. W., *Travel among the Ancient Romans*, Boston, 1920.

PANIMOLLE, G., *Gli acquedotti di Roma antica*, Roma, 1968.

PAOLI, U. E., *Vita romana*, Firenze, 1973.

PASQUINUCCI, M. 編 , *Terme romane e vita quotidiana*, Modena, 1987.

PAVOLINI, C., *Ostia*, Roma-Bari, 1983; *La vita quotidiana ad Ostia*, Roma-Bari, 1986.

PELLATI, F., *L'ingegneria idraulica ai tempi dell'impero romano*, Roma, 1940.

PELLEGRINO, A., *Itinerari Ostiensi*, Roma, 1984.

PIRANESI, G. B., *Antichità romane, ponti, teatri portici e altri monumenti di Roma*, Roma, 1756.

QUILICI, L., *La Via Prenestina*, Roma, 1977; *La Via Latina*, Roma, 1978; *Dintorni di Roma*, Roma, 1981; *Via Appia da Porta Capena ai Colli Albani*, Roma, 1989; *Le strade Viabilita tra Roma-Lazio*, Roma, 1990.

RADKE, G., *Viae publicae romanae*, Bologna, 1981.

RIVOIRA, G. T., *Architettura romana, Costruzione e statica nell'eta imperiale*, Milano, 1921.

RODDAZ, J. M., *Marcus Agrippa*, Roma, 1984.

ROMANELLI, P., *Topografia e archeologia dell' Africa romana*, Torino, 1970.

ROSE, A. C., *Via Appia in the Days When All Roads Let to Rome*, Washington, 1935.

SALAMA, P., *Les voies Romaines de l'Afrique du Nord*, Alger, 1951.

SCHMIEDT, G., *Contributo della foto-interpretazione alla ricostruzione della situazione geografico-topografica dei porti antichi in Italia*, Firenze, 1964.

SINGER, C., *A History of Technology*, Oxford, 1956.

SQUASSI, F., *L'arte idrosanitaria degli antichi*, Tolentino, 1954.

STAHL, W., *La scienza dei Romani*, Bari, 1974.

STARR, C., *The Roman Imperial Navy*, Cambridge, 1960.

STERPOS, D., *Comunicazioni stradali attraverso i tempi, Roma-Firenze*, Novora, 1964;

Comunicazioni stradali attraverso i tempi, Roma-Capua, Roma, 1966; *La strada romana in Italia*, Roma, 1969.

TARACENA, B. 編，*Carta Arqueologica de España*, Madrid, 1941.

THOMSON, J., *History of Ancient Geography*, Cambridge, 1948.

TOMASSETTI, G., *La Campagna Romana antica, medioevale e moderna, vol. I: La Campagna Romana in genere; vol. II: Via Appia, Via Ardeatina e Via Aurelia; vol. III: Via Cassia, Via Clodia, Via Flaminia, Via Tiberina, Via Labicana, Via Prenestina; vol. IV: Via Latina; vol. V: Via Laurentina, Via Ostiense; vol. VI: Via Nomentana, Via Salaria, Via Portuense, Via Tiburtina*, Firenze, 1979–80.

TORELLI, M., *Innovazione nelle tecniche edilizie romane tra il I sec. a.C. e il I sec. d.C.*, Como, 1980.

TRANOY, A., *La Galice romaine*, Paris, 1981.

TUFI, S. R., *Archeologia delle province romane*, Roma, 2000.

VAN DEMAN, E. B., *The Building of the Roman Aqueducts*, Washington, 1934.

VENDITTI, E., *La Via Portuense*, Roma, 1992.

VILLA, C., *Le strade consolari di Roma*, Roma, 1995.

VON HAGEN, V. W., *The Roads that Led to Roma*, London, 1967; 同書伊譯，Roma, 1978.

WARD-PERKINS, J. B., *The Ancient Road*, London, 1957.

WHEELER, M., *Rome Beyond the Imperial Frontiers*, London, 1954.

WHITE, K. D., *Greek and Roman Technology*, London, 1984.

WISEMAN, F. J., *Roman Spain*, London, 1956.

著者多位：*Tabula Imperii Romani, Tergeste*, Roma, 1961; *Tabula Imperii Romani, Mediolanum-Aventicum-Brigantium*, Roma, 1966; *Tabula Imperii Romani, Aquincum-Sarmizegetusa-Sirmium*, Amsterdam, 1968; *Tabula Imperii Romani, Romula-Durostrum-Tomis*, Bucarest, 1969; *Tabula Imperii Romani, Lutetia-Atautuca-Ulpia-Noviomagus*, Paris, 1975; *Tabula Imperii Romani, Dyrrbachion-Scupi-Serdica-Thessalonike*, Ljubljana, 1976.

展覽會目錄：*Il Trionfo dell'Acqua, Acque e Acquedotti a Roma, IV sec. a.c–XX sec.*（全2卷），Roma, 1986; *Viae Publicae Romanae*, Roma, 1991.

圖片出處

本文圖片

・帝政時期的羅馬街道網路略圖與中國各個時代的萬里長城　地圖製作：綜合精圖研究所

・由羅馬到布林迪西之間的道路複線化　地圖製作：綜合精圖研究所

・羅馬大道的基本型態　繪圖：峰村勝子

- 阿庇亞大道的一號里程碑　櫻井紳二
- 羅馬大道的剖面圖　繪圖：峰村勝子
- 共和時期本國義大利的羅馬街道網路　地圖製作：綜合精圖研究所
- 沿著山腰修建的大道剖面圖　繪圖：峰村勝子
- 羅馬時代的舟橋與木橋

舟橋的復原模型　Giorgio Benni（構圖：M&M mediaservices）

舟橋部分圖　Vittorio Galliazzo, *I Ponti Romani*, Edizioni Canova, Treviso, 1995（本書引用自該本書籍的插圖，均取得作者或出版社的正式授權）

凱撒在萊茵河上搭建的木橋復原模型　Giorgio Benni（構圖：M&M mediaservices）

將木樁打入河底用的機械　Vittorio Galliazzo, I Ponti Romani, Edizioni Canova, Treviso, 1995（本書引用自該本書籍的插圖，均取得作者或出版社的正式授權）

- 羅馬時代的長橋

修築中的「長橋」復原模型　Giorgio Benni（構圖：M&M mediaservices）

五條「長橋」的修築過程示意圖　Vittorio Galliazzo, *I Ponti Romani*, Edizioni Canova, Treviso, 1995（本書引用自該本書籍的插圖，均取得作者或出版社的正式授權）

- 羅馬時代的石橋

於道路延長線上修築的羅馬石橋模型　Giorgio Benni（構圖：M&M mediaservices）

- 道路、橋梁的排水機制　繪圖：峰村勝子

- 橋墩施工法　（二張均為）Vittorio Galliazzo, *I Ponti Romani*, Edizioni Canova, Treviso, 1995
（本書引用自該本書籍的插圖，均取得作者或出版社的正式授權）
- 明石海峽大橋側面圖　繪圖：峰村勝子
- 南法尼姆地方的水道橋　新潮社寫真部
- 羅馬時代的各種橋梁
架在多瑙河上的圖拉真橋　繪圖：峰村勝子
義大利的卡斯特爾・狄・索理陸橋　Vittorio Galliazzo, *I Ponti Romani*, Edizioni Canova, Treviso, 1995（本書引用自該本書籍的插圖，均取得作者或出版社的正式授權）
架設在西班牙塔荷川的阿爾幹塔拉橋　繪圖：峰村勝子
- 道路、橋梁及水道必需用地的寬度　繪圖：峰村勝子
- 羅馬時代的郵務馬車浮雕　Erich Lessing
- 攀越阿爾卑斯山的羅馬大道（由瓦蘭斯至特里諾）沿線各種設備　繪圖：峰村勝子
- 四條攀越阿爾卑斯山通往高盧方面的路徑　地圖製作：綜合精圖研究所
- 羅馬時代旅行用的銀杯　Museo Nazionale Romano di Palazzo Massimo alle Terme
- 銀杯的表面展開圖以及由加地斯至羅馬的羅馬大道圖　繪圖：峰村勝子
- “Tabula Peutingeriana”的部份　Giorgio Benni（構圖：M&M mediaservices）
- “Tabula Peutingeriana”的部份圖　（二十三張均為）Giorgio Benni（構圖：M&M mediaservices）

- 羅馬時代的測量儀器
  - 葛羅馬（右） 繪圖：峰村勝子
  - 葛羅馬（左） Jean-Pierre Adam, *La construciotn romaine. Materiaux et techniques*, Editions A&J. Picard, Paris, 1984（本書引用自該本書籍的插圖，均取得作者或出版社的正式授權）
  - 水平儀 Jean-Pierre Adam, *La construciotn romaine. Materiaux et techniques*, Editions A&J. Picard, Paris, 1984（本書引用自該本書籍的插圖，均取得作者或出版社的正式授權）
- 休息中的旅人 Archivi Alinari
- 以雙頭馬車旅遊的家庭 Erich Lessing
- 雙輪馬車 Erich Lessing
- 羅馬水道的原型圖 繪圖：峰村勝子
- Domus的雨水利用法
  - 剖面圖與平面圖（二張均為）Jean-Pierre Adam, *La construciotn romaine. Materiaux et techniques*, Editions A&J. Picard, Paris, 1984（本書引用自該本書籍的插圖，均取得作者或出版社的正式授權）
  - Domus的復原模型 Giorgio Benni（構圖：M&M mediaservices）
- Porta Maggiore
  - Porta Maggiore附近的復原模型 Giorgio Benni（構圖：M&M mediaservices）

現今的 Porta Maggiore 附近的復原模型　Archivi Alinari

・馬庫斯・阿古力巴　CORBIS/Pacific Press Service　© Charles & Josette Lenars

・特雷威噴水池　Archivi Alinari

・由水源地到羅馬　地圖製作：峰村勝子

・羅馬市區內部的各水道　地圖製作：峰村勝子

・羅馬水道斷面圖　繪圖：峰村勝子

・“castellum”（分水設備）

龐貝的 castellum 外觀　CORBIS/Pacific Press Service　© Mimmo Jodice

castellum 的配水機制　繪圖：峰村勝子

castellum 的剖面圖　Jean-Pierre Adam, *La construciotn romaine. Materiaux et techniques*, Editions A&J. Picard, Paris, 1984（本書引用自該本書籍的插圖，均取得作者或出版社的正式授權）

・龐貝的共同水槽

龐貝的共同水槽　CORBIS/Pacific Press Service　© Gian Berto Vanni

平面圖與剖面圖　Jean-Pierre Adam, *La construciotn romaine. Materiaux et techniques*, Editions A&J. Picard, Paris, 1984（本書引用自該本書籍的插圖，均取得作者或出版社的正式授權）

・龐貝城的阿本坦札大街想像圖　Jean-Pierre Adam, *La construciotn romaine. Materiaux et techniques*, Editions A&J. Picard, Paris, 1984（本書引用自該本書籍的插圖，均取得作者或出版社的正式授權）

- 鉛管的製作方法　Jean-Pierre Adam, *La construcioth romaine. Materiaux et techniques*, Editions A&J. Picard, Paris, 1984（本書引用自該本書籍的插圖，均取得作者或出版社的正式授權）
- 哈德良長城旁的士兵用浴場遺蹟　CORBIS/Pacific Press Service　© Robert Estall
- 卡拉卡拉浴場平面圖　繪圖：峰村勝子
- 浴室的剖面圖及浴缸加溫的機制　Jean-Pierre Adam, *La construcioth romaine. Materiaux et techniques*, Editions A&J. Picard, Paris, 1984（本書引用自該本書籍的插圖，均取得作者或出版社的正式授權）
- 「華尼西之牛」　CORBIS/Pacific Press Service　© Mimmo Jodice
- 「勞康父子」　櫻井紳二
- 提貝利那島的復原模型　Giorgio Benni（構圖：M&M mediaservices）
- 阿斯克雷比斯神像　CORBIS/Pacific Press Service　© Mimmo Jodice
- 圓形競技場的階梯式觀眾席　繪圖：峰村勝子
- 診察患者的醫師（希臘浮雕）　CORBIS/Pacific Press Service　© Araldo de Luca
- 羅馬時代的醫學院校所在地　地圖製作：綜合精圖研究所
- 浴場內的樣子　（二張均為）Marinella Pasquinucci 編，Alberto Fremura 畫，*Terme romane e vita quotidiana*, Franco Cosimo Panini Editore, Modena, 1987（本書引用自該本書籍的插圖，

均取得作者或出版社的正式授權）

・占田軍團基地的軍醫院平面圖　地圖製作：綜合精圖研究所

・羅馬時代的算盤　Scala

・羅馬時代的學校風景　Erich Lessing

・公共浴場的中庭　Marinella Pasquinucci 編，Alberto Fremura 畫，*Terme romane e vita quotidiana*, Franco Cosimo Panini Editore, Modena, 1987（本書引用自該本書籍的插圖，均取得作者或出版社的正式授權）

彩色圖片

・阿庇亞大道　櫻井紳二

・各地修築的羅馬大道

龐貝遺蹟的道路　新潮社寫真部

普羅旺斯（法國）　COBIS　© Ruggero Vanni

薛拉・葛雷德斯山地（西班牙）　COBIS　© Francese Muntada

曼徹斯特附近（英國）　COBIS　© Robert Estall

迦太基（突尼西亞）　COBIS　© Bernard and Catherine Desjeux

狄翁（希臘）附近通往奧林帕斯山的道路　Erich Lessing

・克勞狄亞水道橋　櫻井紳二

- 各地修築的水道
  - 塔拉格那（西班牙） COBIS ©Archivo Iconografico, S.A.
  - 凱撒利亞（以色列） Erich Lessing
  - 愛菲索斯（土耳其） Erich Lessing
  - 迦太基水道的水源地之一札葛安（突尼西亞） 新潮社寫真部
  - 迦太基（突尼西亞）附近 櫻井紳二
- "Tabula Peutingeriana"
  - 全長6.75m的地圖"Tabula Peutingeriana" Giorgio Benni（構圖：M&M mediaservices）
  - 羅馬時代的三大都市 Giorgio Benni（構圖：M&M mediaservices）
  - "Tabula Peutingeriana"的部份圖 Giorgio Benni（構圖：M&M mediaservices）
- 圓形競技場（波佐里） 新潮社寫真部
- 哈德良帝的別墅（提柏利） 新潮社寫真部
- 奧古斯都帝凱旋門（利米尼） Scala
- 圖拉真帝的凱旋門（貝涅維特） 新潮社寫真部
- 萬神殿 （三張均為）櫻井紳二
- 卡拉卡拉浴場 （二張均為）櫻井紳二
- 特雷威噴水池 櫻井紳二
- 「真實之口」 COBIS ©Araldo de Luca

・羅馬文明博物館的羅馬復原模型

西元前六世紀的羅馬與君士坦丁時期的羅馬〔復原模型，羅馬文明博物館〕（上右）

地圖製作：綜合精圖研究所

西元前六世紀的羅馬與君士坦丁時期的羅馬〔復原模型，羅馬文明博物館〕（下）

櫻井紳二

羅馬市街略圖（帝政時期）　地圖製作：峰村勝子

・羅馬市內的遺蹟與復原模型

Circo Massimo（復原模型）　Giorgio Benni（構圖：M&M mediaservices）

Circo Massimo（現今的樣子）　櫻井紳二

羅馬廣場　新潮社寫真部

Colosseum（圓形競技場）　岡村崔

羅馬大道旁的墓碑　櫻井紳二

羅馬廣場內的馬克森提斯帝及君士坦丁帝會堂　櫻井紳二

圓形競技場與克勞狄亞水道橋（復原模型）　Giorgio Benni（構圖：M&M mediaservices）

聖．賽巴斯提亞諾門　（二張均為）櫻井紳二

奧古斯都靈廟　（二張均為）櫻井紳二

・羅馬市內的〔橋〕

米爾威奧橋　（二張均為）Giorgio Benni（構圖：M&M mediaservices）

阿耶利斯橋　（二張均為）Giorgio Benni（構圖：M&M mediaservices）
愛米留斯橋遺蹟　（二張均為）Giorgio Benni（構圖：M&M mediaservices）
西斯特橋　Giorgio Benni（構圖：M&M mediaservices）
法布里秋橋　Giorgio Benni（構圖：M&M mediaservices）
君士坦丁時代的「提貝利那橋」（復原模型）　Giorgio Benni（構圖：M&M mediaservices）
伽斯提奧橋　Giorgio Benni（構圖：M&M mediaservices）

- 龐貝遺蹟　新潮社寫真部
- 圓形競技場（義大利加）　COBIS　© Hans Georg Roth
- 劇場遺蹟（美里達）　COBIS　© Macduff Everton
- 阿爾幹塔拉之橋　Scala
- 水道橋（賽革比亞）　COBIS　© Bettmann
- 蘭貝茲的四柱門（阿爾及利亞）　COBIS　© Roger Wood
- 雷布提斯・馬格納的劇場遺蹟（利比亞）　COBIS　© Roger Wood
- 提姆加德的羅馬大道遺蹟（阿爾及利亞）　COBIS　© Roger Wood
- 迦太基郊外的水道橋遺蹟（突尼西亞）　COBIS　© Yann Arthus-Bertrand
- 尼姆的水道橋 "Pont du Gard"（法國）　新潮社寫真部
- 亞耳的圓形競技場（法國）　COBIS　© Yanni Archive
- 尼姆的神殿 "Maison Carree"（法國）　新潮社寫真部

- 特里爾城門（德國）　COBIS　© Adam Woolfitt
- 科隆的城牆護塔（德國）　Erich Lessing
- 尼祿皇帝紀念柱（德國梅因茲）　Erich Lessing
- 要塞（里奇巴勒）　COBIS　© Michael Nicholson
- 要塞遺蹟（奇切斯特）　COBIS　© John Farmar; Cordaiy Photo Library Ltd.
- 哈德良長城（諾札巴蘭）　COBIS　© Adam Woolfitt
- 羅馬時代的浴場（巴斯）　COBIS　© Michael S. Yamashita
- 圓形競技場遺蹟（聖・歐爾本斯）　COBIS　© Robert Estall
- 日耳曼長城沿線要塞遺蹟（德國艾尼）　Erich Lessing
- 圖拉真橋的骨架（南斯拉夫）　Erich Lessing
- 圖拉真帝戰勝紀念碑遺蹟（羅馬尼亞亞當克里西）　Erich Lessing
- 布達佩斯的遺蹟（匈牙利）　Erich Lessing
- 戴克里先帝宮殿遺蹟（克羅埃西亞共和國斯普利特）　COBIS　© Bettmann
- “Tabula Traiana”（南斯拉夫）　COBIS　© Adam Woolfitt
- 「腓利比會戰」的紀念像　Erich Lessing
- 哈德良帝城門（雅典）　新潮社寫真部
- 哥林斯的浴場遺蹟　Erich Lessing
- 腓利比近郊的艾格那提亞大道　Erich Lessing

- 阿波羅迪夏斯的競技場遺蹟 COBIS © Jonathan Blair
- 阿斯貢多斯的會堂 COBIS © Vanni Archive
- 愛菲索斯的遺蹟 （二張均為）Erich Lessing
- 愛菲索斯的圖書館遺蹟 Erich Lessing
- 沿著凱撒利亞海岸建造的水道橋（以色列） COBIS © Hanan Isachar
- 凱撒利亞遺蹟的拱門群（以色列） COBIS © Richard Y. Nowitz
- 馬薩達要塞攻防戰時搭建的羅馬基地遺蹟（以色列） Erich Lessing
- 列柱廣場（約旦捷拉許） Erich Lessing
- 巴爾貝格的神殿（黎巴嫩） Erich Lessing
- 圖拉真帝的浴場（利比亞薛哈塔） COBIS © Roger Wood
- 圖拉真帝紀念建築物（埃及斐萊） COBIS © Vanni Archive
- 亞歷山大的劇場遺蹟（埃及） COBIS © Araldo de Luca
- 龐培柱（埃及亞歷山大） COBIS © Araldo de Luca
- 阿庇亞大道的終點 Archive Alinari

國家圖書館出版品預行編目資料

羅馬人的故事X：條條大道通羅馬／塩野七生著;鄭維欣譯.－－修訂二版一刷.－－臺北市：三民，2023
面； 公分.－－(羅馬人的故事系列)

ISBN 978-957-14-7535-6（平裝）
1. 歷史 2. 羅馬帝國

740.222　　111014305

羅馬人的故事

羅馬人的故事X——條條大道通羅馬

著作人　塩野七生
譯者　鄭維欣

發行人　劉振強
出版者　三民書局股份有限公司
地址　臺北市復興北路386號(復北門市)
臺北市重慶南路一段61號(重南門市)
電話　(02)25006600
網址　三民網路書店 https://www.sanmin.com.tw

出版日期　初版一刷 2004年4月
初版四刷 2016年5月
修訂二版一刷 2023年7月
書籍編號　S740440
ISBN　978-957-14-7535-6

Rôma-jin no Monogatari 10. Subete no Michi wa Rôma ni Tsûzu

First published in Japan in 2001 by SHINCHOSHA Publishing Co., Ltd., Tokyo
Traditional Chinese translation rights arranged with SHINCHOSHA Publishing Co., Ltd.
through Japan Foreign-Rights Centre

三民書局